W0061459

Karl Link

Radrennsport

Karl Link

Radrennsport

Grundlagen, Technik und Training
für den Freizeit- und Rennsport

CD-Verlagsgesellschaft Böblingen

1. Auflage 1984. Copyright © 1984 by Central-Druck-Verlagsgesellschaft, Dornier-
straße 14, 7030 Böblingen. Alle Rechte der Veröffentlichung, des teilweisen oder
vollständigen Ab- oder Nachdrucks, der fotomechanischen Wiedergabe, der Verfilmung,
der Vervielfältigung und Verbreitung durch Ton- und Bildträger und der Übertragung
durch Rundfunkmedien im In- und Ausland sind vorbehalten.
Verfasser: Karl Link, Veilchenstr. 10, 7033 Herrenberg. Illustrationen: Karlheinz Grindler, Leinfelden. Fotos: Karl Link, 7033 Herrenberg; H. A. Roth, 5024 Pulheim; E. Kahlich,
7031 Deufringen; E. + D. Baumann, 7140 Ludwigsburg, und Hans Lutz, 7030 Böblingen.
Herstellung: Hausdruckerei des Verlages. Printed in Germany.
ISBN 3-921 432-23-5.

Vorwort

Der internationale Amateur-Radsport verzeichnet seit Beginn der 60er Jahre durch Ausdehnung der Weltmeisterschafts-Disziplinen eine heftige Aufwärtsentwicklung, welche vermehrt jungen Sportlern Motivation zum Hochleistungssport gibt. Davon profitierte auch in jüngerer Vergangenheit der Profi-Sport, denn junge, leistungsstarke Fahrer sahen nun wieder eine Chance, in diesem Sport zu sportlichem Ruhm und somit zu Geld zu kommen. Diese Entwicklung wiederum löste einen Nachahmungstrieb im Bereich des Breitensports aus, welcher dem verhältnismäßig teuren Radsport zu einem enormen Zulauf verhalf. Dabei lernten viele den Radsport als eine faszinierende Sportart kennen, deren Ausübung allerdings auch ständig neue Fragen aufwirft.

Da die Radsportverbände leider immer noch über zu wenige ausgebildete Trainer verfügen, ist zwangsweise ein Großteil der Anfänger, wie schon in der Vergangenheit, auf das persönliche Lernerlebnis mit all seinen Erfolgen und Mißerfolgen angewiesen, um seine Kenntnis in und über diesen Sport zu erweitern. Dieses Buch behandelt Technik, Taktik und auch die Einführung in die Trainingslehre der Sportart Radsport mit ihrem vielfältigen Disziplinangebot. Dabei geht es nur am Rande um das Sportgerät „Rennmaschine", sondern vielmehr um den Umgang mit diesem. Die Inhalte sollen Anleitung und Anregung bieten für den Renn-, aber auch für den ambitionierten Freizeitsportler, der mehr aus sich machen möchte.

Natürlich richtet sich das Hauptinteresse auf den Straßenrennsport. Ein Sportler aber, der mehr aus sich machen möchte, muß auch Grunderfahrungen in den anderen Disziplinen (Bahn und Querfeldein) des Radrennsports sammeln, um seine persönliche Leistungsfähigkeit zu verbessern.

Die in diesem Buch beschriebenen Disziplinen umfassen allerdings noch nicht vollständig den Radsport. In den nationalen Verbänden, vor allem in Mitteleuropa, gibt es außerdem noch den Hallenradsport mit seinen Disziplinen Kunstradsport als Einzel- und Mannschaftssport sowie Radpolo (Frauen) und Radball (Männer).

Gerade in der heutigen Zeit, wo immer intensiver auf Leistung hingearbeitet werden muß – wollen Erfolge erzielt werden –, muß zumindest in der Anfangsphase verstärkt Wert auf eine solide Grundausbildung im Technikbereich gelegt werden. Dieses läßt sich besonders günstig gerade im Bahn- und Querfeldeinsport erarbeiten.

Die Trainingslehre im Radrennsport basiert nach wie vor auf empirischen Erkenntnissen der daran beteiligten Personen. So stützt sich auch dieses Buch auf meine persönliche Erfahrung im Radsport (25 Jahre als Aktiver und Trainer). Es ist geprägt durch die Probleme des Nachwuchs-, bzw. des Anfängersports. Die zunehmende Bewegungsarmut – auch bereits der Kinder – erfordert für den Radrennsport ein Grundlagentraining mit vielen Sicherheitsübungen, das in den vorangegangenen Generationen als selbstverständlich vorausgesetzt werden konnte. Heute aber müssen diese Dinge den Anfängern bewußt vermittelt werden. Natürlich lernen Kinder diese Grundlagen bedeutend leichter und schneller als der erwachsene Anfänger, der lange Jahre nicht mehr auf dem Fahrrad gesessen hat. Aber auch der ambitionierte Rennsportler erhält Anregungen und Trainingsvorschläge, die ihm in seinem Streben nach Leistungsverbesserung hilfreich sein sollen. Es ist dabei sicherlich schon viel gewonnen, wenn manch aktiver Sportler zu einem Aha-Erlebnis und vielleicht anhand dieser Zeilen eine Lösung unbeantworteter Fragen findet.

In diesem Buch sammeln sich Erfahrungen mehrerer Rennfahrer-Generationen, denn auch ich habe von der Erfahrung meiner Vorgänger profitiert. Besonderer Dank gilt deshalb meinem langjährigen Berater Karl Weimer, den ich stellvertretend für den großen Kreis an Personen im örtlichen Bereich, auf regionaler und auf Bundesebene nennen möchte.

Karl Link

Inhaltsübersicht

IV. Voraussetzungen zum Radsporttraining

V. Körperliche Eigenschaften unter dem Aspekt des Radrennsports

VI. Das Training des Radsportlers

10

11

VII. Langfristige Leistungsentwicklung

VIII. Training und Wettkämpfe in den verschiedenen Alters- und Entwicklungsstufen

IX. Frauen-Rennsport

X. Radsport als Breitensport

XI. Disziplinspezifisches Training sowie taktische Möglichkeiten in einzelnen Disziplinen

XII. Literaturverzeichnis

Die sportlichen Erfolge des Autors

Karl Link, Jahrgang 1942, Dipl.-Sportlehrer, hat während seiner aktiven Laufbahn als Radrennfahrer in der Zeit von 1958 bis 1969 über 200 Siege auf Bahn und Straße errungen. Darunter waren Olympische Siege, Weltmeisterschaften und Deutsche Meisterschaften. Daneben sind auch seine Bestzeiten aus dem Jahre 1968 respektabel:

4000 m Bahn-Vierer
1968   in Mexiko, Halbfinale gegen Italien
           mit Henrichs, Hempel, Kissner, 4.15.75 min

1000 m Zeitfahren
1968   in Mexiko, Vorbereitungswettbewerb, 1.06.09 min

Internationale Meisterschaften
1964   Olympiasieger, Bahn-Vierer, Tokio (Claesges-Henrichs-Streng)
1964   Weltmeister, Bahn-Vierer, Paris (Claesges-Henrichs-Streng)
1966   Vize-Weltmeister, Bahn-Vierer, Frankfurt (Henrichs-Honz-Kissner)
1967   WM-Dritter, Bahn-Vierer, Amsterdam (Henrichs-Kissner-Podlesch)
1968   Silbermedaille, Olympische Spiele, Bahn-Vierer, Mexico
           (Henrichs-Hempel-Kissner/Podlesch)

Deutsche Meisterschaften
1962   1.   100 km Zweier-Mannschaft/Bahn (P. Glemser)
1963   2.   100 km Zweier-Mannschaft/Bahn (P. Glemser)
1963   2.   100 km Vierer-Straße (SC Stuttgart – P. Glemser-Fritsche-Spahr)
1964   2.   75 km Zweier-Mannschaft/Bahn (Mangold)
1964   3.   1000 m Zeitfahren
1964   3.   Sprint
1965   2.   4000 m Einzelverfolgung
1966   1.   75 km Zweier-Mannschaft/Bahn (Honz)
1967   3.   Sprint
1967   3.   Bahn-Vierer (SC Stuttgart – Maier-Klein-F. Glemser)
1968   2.   Sprint
1968   2.   1000 m Zeitfahren
1968   1.   Bahn-Vierer (SC Stuttgart – Honz-Fritz-Lutz)
1969   1.   1000 m Zeitfahren
1969   1.   4000 m Bahn-Vierer (SC Stuttgart – Honz-Lederer-Lutz)

Deutsche Meisterschaften auf Winterbahnen
2. u. 3.   75 km Zweier-Mannschaft (Honz)
2. u. 3.   Omnium

*Bahn-Vierer: Weltmeister und Olympiasieger 1964
v. l. Ernst Streng, Lothar Claesges, Karl Link, Karl-Heinz Henrichs*

*Das erfolgreiche Team für Deutschland bei den Olympischen Spielen 1964 in Tokyo –
v. l. Karl Link (Stuttgart), Ernst Streng (Köln), die Trainer Gustav Kilian (Dortmund),
Albert „Bubi" Aeymanns (Krefeld), Lothar Claesges (Krefeld), Karl-Heinz Henrichs
(Bocholt). Vorne die Tandem-Bronzemedaillen-Gewinner Klaus Kobusch (Bielefeld)
und Willi Fuggerer (Herpendorf)*

I. Radrennsport

Die aktive Beteiligung am Radsport, sei es im Freizeit- oder Rennsportbereich, findet in zunehmendem Maße begeisterte Anhänger. Wer einmal von dieser „Freiheit" auf dem Rad (der Rennmaschine) gekostet hat, kommt davon kaum mehr los. Vor allem der Kreis der an persönlicher Leistungsfähigkeit interessierten Radsportler, die diesen Sport als Leistungstraining, aber auch als Natur-Erlebnis nutzen, bringen entsprechende Impulse und neue Anforderungen an Vereine und Verbände. War der Radsport lange Jahrzehnte mehrheitlich ein Sport für wenige, welche besondere Belastungen auf sich nahmen, so ist er heute ein Sport für viele, weil Bewegung, körperliche Belastung und gleichzeitige Bewegung in der freien Natur einander ergänzen. Bei der Ausdehnung auf den Freizeitbereich spielten vor allem besondere Leistungen von Profi-Sportlern eine wichtige Vorbildfunktion. Angespornt durch die Leistungen dieser Sportler und entsprechende Publikationen in den Medien wurde manch Interessierter vom „Bazillus Radsport" infiziert. Die Bewegung des Radsports selbst war und ist im Grunde zu klein, um allen an dieser Sportart Interessierten ausgebildete, erfahrene Übungsleiter und Trainer zur Verfügung stellen zu können.

Selbst die aktiven Rennsportler hatten vor nicht allzu langer Zeit noch keine Trainer im herkömmlichen Sinne. Das gesamte Wissen wurde ausschließlich von ehemaligen Rennfahrern an die Folgegenerationen vermittelt, bzw. die Neulinge mußten sich durch persönliche Erfolgs- und Mißerfolgserlebnisse die gesamten technischen und taktischen Grundlagen auf mühsamem Wege aneignen. Dabei konnte es nicht ausbleiben, daß jeder nur so viel Erfahrungen sammeln konnte, wie es seinem persönlichen Engagement und seiner daraus resultierenden Leistungsfähigkeit entsprach.

Es gibt kaum eine vergleichbare Sportart, in welcher sich Technik und Taktik mit zunehmender Leistungsstärke so stark verändern wie im Radsport! Steigende Geschwindigkeiten, Leistungsanstieg auf breiter Ebene führen zu grundsätzlich veränderten Verhaltensformen auf und mit der Rennmaschine. Dies wird besonders deutlich, wenn unterschiedlich leistungsstarke Sportler über ein und denselben Wettkampf berichten: Der Leistungsschwächere, der froh war, im Feld oder in dessen Nähe zu bleiben, empfindet dabei den Wettkampf als körperliche Strapaze. Der Leistungsstarke dagegen, der den Wettkampf mitbestimmt hat, sieht dabei weniger den physischen Einsatz, sondern vor allem die darin ablaufenden taktischen Vorgänge.

Zunehmende Geschwindigkeiten (vor allem in ebenem Gelände, bzw. bei günstigen Witterungsverhältnissen) führen jedoch paradoxerweise dazu, daß auch weniger gut austrainierte Athleten sehr lange im Feld mitfahren und gar am Ende erfolgreich sein können. Dies sind die Ursachen, daß in verstärktem Umfang immer mehr große Gruppen gemeinsam zum Ziel kommen und die Entscheidung über Sieg und Placierung erst im Schlußsprint fällt. Nur noch extreme Strecken bzw. extreme Witterungsverhältnisse können in der Regel eine größere Zersplitterung eines Feldes herbeiführen.

Ähnliches können aber auch entsprechende Preise bewirken, nämlich dann, wenn nicht nur die ersten Fünfzehn oder Zwanzig Preise erhalten können und somit auch noch für hintere Plätzen gekämpft wird. Mancher geht dadurch eher ein Risiko ein, da er weiß, daß er am Ende trotzdem noch einen, wenn auch geringen Kostenersatz bekommen kann.

In der Geschichte des Radsports waren es ebenfalls die deutlich erhöhten Geschwindigkeiten der Rennfahrer gegenüber jenen der Fußgänger und der Pferdekutschen, die bereits zum Ende des 19. Jahrhunderts die Massen begeisterten. Anfänglich waren dies Wettbewerbe auf Radrennbahnen (Sprint und Steher-/Dauer-Rennen hinter Schrittmachern). Damit konnte demonstriert werden, wie schnell und wie ausdauernd der Mensch mit dem Hilfsmittel „Rennmaschine" war.

Bereits 1893 gab es die ersten Weltmeisterschaften für Amateure und ab 1895 auch für Profis im Sprint und im Steher-Wettbewerb. Zunehmende Motorisierung und Mobilität verlagerten die Interessen des Publikums auf andere, länger dauernde Wettbewerbe. So bekam vor allem der Ausdauer-Sport durch Straßenrennen über längere Distanzen immer mehr Anhänger.

Es dauerte jedoch bis 1921, ehe Amateur-, bzw. bis 1927 auch Profi-Weltmeisterschaften auf der Straße durchgeführt wurden. Trotz einer starken Amateur-Sport-Bewegung, getragen durch die nationalen Fachverbände, spielte der Amateursport gegenüber dem Profi-Sport stets eine untergeordnete Rolle.

Einzig die Zugehörigkeit zu den olympischen Sportarten seit Wiedereinführung der Olympischen Spiele (1896) war und ist es, welche den nationalen Verbänden und damit dem Amateur-Sport immer wieder neue Impulse verlieh. Vor allem der Druck des Internationalen Olympischen Komitees (IOC) Ende der 50er Jahre, die Radsport-Wettbewerbe nur im olympischen Programm zu belassen, wenn eine Trennung im internationalen Verband (UCI) nach Profis (FICP) und Amateuren (FIAC) erfolgt, brachte entscheidenden Einfluß. Um die olympischen Disziplinen zu fördern und gleichzeitig eine Ausdehnung des olympischen Programms zu erwirken, nahm der internationale Amateurverband (FIAC) und die UCI olympische Disziplinen in das jährliche Weltmeisterschafts-Programm auf (1962 100 km Straßen- und 4000 m Bahn-Vierer, 1966 1000 m Zeitfahren und Tandem). Gleichzeitig wurde die Einzel-Verfolgung (4000 m) olympisch (1964). Dadurch gelang ein entscheidender Aufschwung in diesen Disziplinen, der noch lange nicht sein Leistungsmaximum erreicht hat. Für die Sportler bedeutete dies, daß sich Möglichkeiten auf breiterer Basis als zuvor eröffneten und eine Betätigung im Amateur-Sport immer interessanter wurde.

Zu Beginn waren es vor allem die westlichen Nationen, die dank ihrer Struktur die Szene beherrschten. In zunehmendem Maße kommen Nationen nach vorne, die entweder keinen Profi-Sport haben, bzw. die sich auf die Anforderungen an die steigenden Leistungen durch strukturelle Änderungen anpassen können.

Spitzenleistungen im Amateur-Sport verlangen vom Sportler Höchstleistungen zum erforderlichen Zeitpunkt, z. B. WM. Solche Höchstleistungen sind außerdem nur über einen verhältnismäßig kurzen Zeitraum zu halten. Für den Sportler bedeutet dies, daß er in der Lage sein muß, während dieser kurzen Phase möglichst annähernd sein Leistungsmaximum zu erreichen, während der Rest der Saison auf einem etwas geringeren Leistungsniveau verlaufen kann. Hierin unterscheidet sich der Amateur- vom Profisport auch in absolut miteinander verwandten Disziplinen (Einer-Straße). Der Profi muß bei vielen Wettkämpfen erfolgreich sein, um seinen Bekanntheitsgrad zu halten bzw. zu steigern und somit sein entsprechendes Auskommen zu sichern.

Der Amateur dagegen muß am Tag der WM, der DM oder der Regionalmeisterschaft (je nach persönlichen Zielen) so leistungsfähig sein, seinen angestrebten Erfolg realisieren zu können. Versucht der Amateur dies mit gleichen Mitteln wie der Profi, kann er zwar konstant gute Leistungen erzielen, doch Spitzenleistungen zu einem bestimmten Zeitpunkt bleiben mit größter Wahrscheinlichkeit aus.

Es ist bekannt, daß mit guten Amateur-Leistungen und entsprechenden WM-Ergebnissen fast aus jeder Amateur-Disziplin ein entsprechender Profi-(V)-Ertrag gewonnen werden kann. Dies ist jedoch nur möglich, wenn die Ziele hintereinander und nicht gleichzeitig angestrebt werden. Zuerst sollte eine gezielte Vorbereitung auf die Amateur-Wettbewerbe und dann erst auf die Profi-Laufbahn erfolgen. Vermischt ein Sportler diese Ziele, bleibt zumindest seine Leistung als Amateur weit hinter seinen Möglichkeiten.

Eine entsprechende Spezialisierung kann nur dauerhaft erfolgreich sein, wenn in jeder Disziplin entsprechende Gegner zur Verfügung stehen. Dies verlangt von den Verbänden, Organisationsstrukturen zu schaffen, die einer jeweils größeren Anzahl motivierter Sportler Auskommen, zumindest einen Teilersatz für Materialaufwendungen und Verdienstausfall bietet. Die Leistungen werden dabei um so besser, je stärker diese vom möglichen Gewinn abhängig sind (Preise), ohne jedoch auf eine Mindestgarantie für jeden Teilnehmer zu verzichten.

Gleichzeitig muß die breite Masse der am Rennsport Begeisterten die Gelegenheit bekommen, sich gegenseitig zu messen. Diese Gruppe darf nicht ständig der Überlegenheit der Spitzenfahrer ausgesetzt sein, da beide davon wenig profitieren.

Der Sport auf breiter Ebene wird um so populärer, je erfolgreicher die nationalen Spitzenfahrer auf internationaler Ebene abschneiden. Beim Profi sind dies vor allem entsprechende Leistungen bei den wichtigsten internationalen Etappenrennen (Tour de France, Giro d'Italia usw.) oder Siege bei einem der Frühjahrsklassiker in Belgien und Frankreich. Der Amateur dagegen wird letztlich ausschließlich am Abschneiden bei Weltmeisterschaften oder Olympischen Spielen gemessen. Daraus wird ersichtlich, daß der Breitensportler seine persönlichen Motive beim Profi suchen und holen muß. Der motivierte Amateur dagegen soll zwar die technischen Vorgänge im Profi-Sport sehr genau studieren, doch muß er in seinem Leistungsaufbau andere Wege gehen, bzw. sich auf andere Werte konzentrieren, will er erfolgreich sein.

Der Freizeitsportler braucht das Profi-Vorbild, um sich an dessen Willensfähigkeiten aufzurichten und reproduzierbare Leistungen entwickeln zu können. Er braucht dieses Vorbild, das den langen und steilen Paß im Hochgebirge fährt, um selbst Ansporn und Auftrieb für ähnliche Leistungen im Kampf gegen das eigene Ego zu finden. Er sollte aber auch vom taktischen Geschehen einiges übernehmen, um am Sonntag beim

Training mit Freunden und Gleichgesinnten durch gute Technik das Geschwindigkeits-erlebnis, das durch die Gruppe möglich wird, auskosten zu können.

Aus diesem Grund muß sich jeder am Radsport Interessierte mit der gesamten Proble-matik der Technik und Taktik des Bewegungsablaufes, zuvor mit der Technik der Rennmaschine und letztendlich mit der Taktik im Umgang (Kampf) mit seinen Gegnern auseinandersetzen. Vorbilder und Lernerfahrung dafür findet er beim Beobachten und Nachvollziehen.

Jeder, der diesen Sport einigermaßen ernsthaft betreibt, sollte sich dabei nicht nur mit dem Straßensport, sondern mit sämtlichen Disziplinen, die der Rennsport bietet, befas-sen. Der Rennsportler ist automatisch dazu gezwungen, da er nicht nur Straßen-, sondern in weit größerer Anzahl Rundstreckenrennen und Kriterien fährt. Er kann durch Beteiligungen an den Disziplinen des Bahnsports seine technisch/taktische Vervoll-kommnung im Hochgeschwindigkeitsbereich und im Querfeldeinsport zusätzlich Sicher-heit bzw. Lerngewinn zur Automatisation der technischen Abläufe auf der Rennma-schine „erfahren". Selbst der Freizeitsportler sollte sich zumindest die theoretischen Ansätze dieser Disziplinen zunutze machen, am besten sogar selbst ausprobieren, um seine Handlungen auf und mit der Rennmaschine ökonomisch zu gestalten.

Nur mit einer umfassenden Grundausbildung kann ein Sportler seine tatsächlichen Leistungsgrenzen erreichen. Dies wird gerade bei der rapiden Verbreitung des Rad-sports mißachtet, so daß zwar eine Vielzahl relativ leistungsstarker Sportler daraus hervorgeht, deren Leistungsentwicklung jedoch vorzeitig zum Stillstand kommt.

Meist handelt es sich dabei um Sportler, von denen behauptet wird, daß sie nur an der Spitze oder am Ende eines Feldes fahren können. In Wirklichkeit sind sie jedoch nicht in der Lage, sich in einem größeren Feld ohne Ängste zu bewegen. Weiterhin müssen bei der Entwicklung zu einem leistungsfähigen Sportler die Trainingsinhalte, Schwerpunkte der Vorbereitung und Einsätze bei Wettkämpfen dem Alter und Entwicklungsstand angepaßt werden.

Jedem jungen Sportler muß klargemacht werden, daß auch sein Vorbild einmal klein angefangen hat.

Radsport kann auf eine vielfältige Art Erfüllung bringen: Der erfolgreiche Rennfahrer findet sie in seinen Erfolgen, der weniger Erfolgreiche im Durchstehen der Distanzen und gleichzeitig einigermaßen guter Resultate oder tendenzieller Verbesserung. Der Freizeit-Sportler findet vor allem im Kampf gegen die eigene Schwäche Erfüllung bzw. im Wohlbefinden nach vollbrachter Leistung. Gerade im Freizeit-Sport haben viele Frauen und Männer erkannt, daß zeitgleich neben der (wohltuenden) körperlichen Betätigung, die Natur, in der sie sich bewegen, trotzdem voll erlebt werden kann, und somit synchron zum täglichen Arbeitsstreß ein positiver psychischer Ausgleich geschaf-fen wird. Erfüllung kann es dabei auf vielfältige Art geben: Sei es im Durchstehen bestimmter Distanzen, Überwindung von hochprozentigen Steigungen oder gar längster Touren bzw. Bezwingen von Pässen in den Alpen. Gerade dort dürften nach Passieren eines Passes beim Radsportler ähnliche Gefühle wie beim Bergsteiger entstehen, der den angestrebten Gipfel erstiegen hat.

Ähnlich ist es auch beim Rennsportler, der nach langer, intensiver Vorbereitungszeit sein persönlich angestrebtes Ziel erreicht hat. Dabei ist es unwichtig, ob es sich um nationale oder höchste internationale Ziele handelt. Natürlich findet jeder nur beim Erreichen dessen Erfüllung, wonach er auch gestrebt hat. So bedeuten einem Sportler mit internationalen Zielen auf dem Wege dahin nationale Ziele des anderen nicht halb so viel, als dem auf diese Ziele fixierten Athleten.

Bis es zu einer solchen Zufriedenheit bei einem Sportler kommt, muß dieser Höhen und Tiefen in seinen vorbereitenden Wettkämpfen und auch im Training durchmachen. Oftmals stehen davor bittere Niederlagen bzw. größte körperliche Schwächungen in vorangehenden Wettbewerben und im Training. Deshalb kann sich im Radsport nur der durchsetzen, der gelernt hat, zu kämpfen bzw. sich selbst zu überwinden und vor allem Niederlagen einzustecken. Er muß gerade aus Niederlagen neuen Kampfesmut schöpfen. Erfahrungen aus dem Schüler-, Jugend-, Junioren- oder Erwachsenensport können dabei kaum miteinander verglichen werden, da vor allem im Bereich der Jüngsten Erfolge stark von der körperlichen Leistungsfähigkeit als Folge unterschiedlicher Akzeleration abhängig sind. Im Erwachsenen-Sport dagegen spielen Trainingsfleiß, zielgerichtetes Training, Einsatzbereitschaft und auch das Wegsteckenkönnen von Niederlagen die wichtigsten Rollen. Vor allem der Sportler, der nicht von Anfang an lernt, verlieren zu können bzw. zu verlieren, wird auf größte Schwierigkeiten im Bereich des Erwachsenen-Sports stoßen, da dort Seriensiege wie in den Klassen der Jüngsten kaum möglich sind.

Grundsätzlich ist auch im Erwachsenen-Sport der talentierte Sportler im Vorteil, jedoch nur so lange, wie er auch die oben angeführten Eigenschaften einsetzt.

II. Die Wettkampfdisziplinen des Radrennsports

Der Radsport zählt zur Gruppe der zyklischen Sportarten. Zyklisch deshalb, weil sich die Bewegungsausführung (Tretbewegung) ständig in gleichbleibender Form wiederholt. Zyklische Sportarten (Lauf, Schwimmen, Ski-Langlauf, Radsport) zählen gleichzeitig zur Gruppe der Ausdauer-Sportarten.

Die körperliche Leistungsfähigkeit, bzw. die spezielle Kondition, entscheidet in den Ausdauersportarten vorrangig über das Endergebnis. Die Wettkampftaktik hat einen zwar wichtigen Einfluß, doch erstreckt sich diese in den zyklischen Sportarten vornehmlich auf die Wahl der Geschwindigkeit in den einzelnen Streckenabschnitten. Dies ändert sich nur in Wettkämpfen mit Massenstart: Bereits der Läufer benötigt Taktik, um seine Gegner mürbe zu machen oder vor dem Finale zu überraschen. Aber auch dort treten diese taktischen Verhaltensweisen deutlich hinter der reinen körperlichen Leistung zurück. Ähnlich ist es bei Einzelstartwettbewerben des Radsports (Zeitfahrwettbewerbe).

Anders wird es bei Radsportkämpfen mit Massenstart (Straßen- und Bahnrennen). Sie sind in ihrer Art und Ausführung, ebenso in ihrer Leistungsanforderung nicht mit anderen Sportarten zu vergleichen. Hohe Geschwindigkeiten, die durch das Sportgerät ,,Rennmaschine" möglich werden, sowie aerodynamische Probleme ermöglichen Taktiken, die in anderen Sportarten weitgehend unbekannt sind.

Aus diesen unbekannten, vielfältigen Taktik-Möglichkeiten resultiert die Faszination für den Radsport. Es kann dabei Sieger geben, die während des Rennens nicht zu den Stärksten zählten, dafür die bessere, manchmal am Ende auch die glücklichere Taktik einschlugen.

Die spannendsten Wettkämpfe werden vor allem auf ausgewogenen Strecken möglich, weil dort einerseits die Fahrer mehr aus sich herausgehen und andererseits der Taktik eine größere Bedeutung beigemessen werden muß. Trotzdem sind am Ende solcher Rennen in der Regel Fahrer vorne, die auch schon vor dem Start zum Kreis der Favoriten zählten. Erstaunlicherweise werden Wettkämpfe um so defensiver, je größer die Schwierigkeitsgrade der Streckenführung werden. Die Ursachen sind in der Angst vor der zu erwartenden Schwierigkeit (Steigung) zu suchen. Ausnahme bilden nur Wettkämpfe auf kurzen Rundstrecken mit hohen Schwierigkeitsgraden. Dort gibt es keine Ausweichmöglichkeiten mehr, das heißt die teilnehmenden Sportler müssen von Anfang an voll aus sich herausgehen und der unbeteiligte Zuschauer bekommt ein wahres Bild über die Leistungsfähigkeit der Athleten.

Dies sind gleichzeitig die Inhalte der Querfeldeinrennen. Sie haben zwar den Vorteil, ein relativ objektives Bild über die wahren Leistungsverhältnisse der Fahrer zu erhalten, doch bleiben dabei die taktischen Fähigkeiten unberücksichtigt. Aus diesen Gründen

Fahrer im Windkanal

darf es nicht überraschen, daß ein Spitzenfahrer nicht ständig in Hochform sein kann. Über einen längeren Zeitraum wird allerdings deutlich sichtbar, wer zum Kreis der Spitzenfahrer gehört und wer nicht.

Spitzenfahrer verfügen nicht nur über eine höhere Grundkondition, sondern auch über größeres Taktik-Verständnis bzw. ein hohes Maß an Rennübersicht und Tempogefühl, das mit rationellem Krafteinsatz zur Anwendung gebracht wird.

Je mehr ein Sportler Gefühl für die aerodynamischen Möglichkeiten bekommt, um so mehr kann er seine, ihm zur Verfügung stehende Kondition rationell einsetzen: Fährt ein Fahrer alleine, so muß er sich gegen den Luftwiderstand, teilweise gegen Gegenwind durchsetzen. Gleichzeitig erschweren die hinter ihm auftretenden Wirbel die Fahrt. Er wird von vorne und hinten, zwar in unterschiedlichen Dimensionen, gebremst. Bereits ein weiterer am Hinterrad mitfahrender Fahrer nimmt dem Vordermann die Last des Soges ab, da er diesen durchbricht. Je größer Gruppen werden, um so günstiger läßt es sich in einer solchen fahren. Hinzu kommt, daß am Hinterrad mit bedeutend geringerem Kraftaufwand gefahren werden kann. Diese eingesparte Kraft kann von technisch guten Fahrern in höhere Geschwindigkeiten umgesetzt werden.

Je größer eine Gruppe wird, um so weniger Kraft müssen die einzelnen Fahrer aufwenden – sie können rationeller fahren –, vorausgesetzt sämtliche Fahrer beteiligen sich gleichermaßen an der Führungsarbeit. So kann es vorkommen, daß ein großes Feld eine lange, nicht allzu steile Steigung in einem weit über der Geschwindigkeit eines

Einzelfahrers liegenden Tempo überwinden kann. Gleichzeitig haben die Fahrer dieser Gruppe keinen allzu hohen, zumindest geringeren Kraftaufwand, als wenn sie alleine fahren würden. So ist es nicht verwunderlich, daß einzelne Ausreißer ihren relativ großen Vorsprung binnen weniger Kilometer einbüßen und andererseits aus dem Feld zurückfallende Fahrer, die zudem körperlich geschwächt sind, gleich einen Rückstand von mehreren Viertelstunden bekommen.

Bei Amateur-Rennen wird ein solch ideales Tempo selten möglich. Unterschiedliche Leistungsfähigkeit und Motivation der Fahrer verhindern dies. Die Ursachen hierfür sind im taktischen Geschehen zu suchen: Bei großen Feldern (über 100 Fahrer) kann naturgemäß nicht aus jeder Position im Feld ein Angriff abgewehrt oder gar gestartet werden. Bei einer solch großen Gruppe ist es notwendig, daß sich der betreffende Fahrer zumindest im ersten Drittel des Feldes aufhält. Da viele Fahrer in das erste Drittel des Feldes drängen, davon wiederum nur wenige die Führungsarbeit übernehmen wollen, entsteht hier ein steter Kampf um eine günstige Position. In kleineren Feldern kommt es ebenfalls nur selten zu einem einheitlichen Tempo, da auch hier viele Fahrer nur mitfahren und nicht selbst führen wollen/können.

Folgen sind in beiden Fällen Ausreißversuche von Fahrern, die sich vor dem Hauptfeld in einer kleineren Gruppe ein relativ gleichmäßiges Tempo erhoffen. Sie suchen eine Gruppe, die ,,rollt"! Da diese Möglichkeiten allen Fahrern bekannt sind und sich viele eine solche erhoffen bzw. herbeiführen wollen, kommt es zu ständigen Ausreißversuchen. Naturgemäß kann demzufolge nicht jeder Versuch erfolgreich sein. Auf jeden Fall bringt er zusätzliche Schwankungen im Tempo des Feldes.

Der einzelne Fahrer kann sich aus konditionellen Gründen nicht an sämtlichen Versuchen beteiligen. Er muß ständig abschätzen, zu welchem Zeitpunkt er selbst angreifen, bzw. Angriffe seiner Konkurrenten abwehren oder mitfahren kann. Für die an einer

Die beiden Italiener Francesco Moser und Giuseppe Saronni gehören, trotz ihrer unterschiedlichen körperlichen Voraussetzungen (Größe, Gewicht), zur Weltelite der Profis

Ausreißergruppe beteiligten Fahrer bedeutet dies, ihren persönlichen Kraftaufwand entsprechend der Erfolgschancen auf eine länger dauernde (vielleicht bis zum Ziel) Flucht einzuteilen. Es gilt dabei abzuwägen, wie stark die Gruppe ist, ob sich alle Fahrer an der Führungsarbeit beteiligen, wie lange noch zu fahren ist und welche Schwierigkeiten noch zu erwarten sind. Fahrer, die in ausgeglichenen Gruppen während des Rennens fahren konnten – vor allem in den Endphasen des Rennens – sprechen später von „es lief" oder es „hat gerollt".

Einen weiteren, wichtigen Faktor im Verhalten eines Feldes bildet die Anzahl der im Rennen befindlichen „Favoriten". Dieser Fahrerkreis beobachtet sich gegenseitig sehr genau und wird gleichzeitig von den schwächeren Fahrern bewacht, da diese sich erhoffen, mit diesem guten Fahrer evtl. vom Felde wegzukommen. Je schwächer ein Feld besetzt ist, um so stärker richtet sich die Aufmerksamkeit auf die verbliebenen Favoriten. Dort können Favoriten nur bestehen, wenn sie ihre Aktionen sinnvoll ansetzen und bei eventuellen Fehlversuchen nicht hektisch werden. Leistungsstarke Fahrer lieben aus diesem Grund gut besetzte Rennen, da sie dort mehr persönliche Freiheiten haben bzw. bei ihren Aktionen leichter ähnlich motivierte, konditionsstarke Mitstreiter vorfinden.

Die Hauptursachen für die verschiedenen taktischen Einstellungen der Sportler sind in deren unterschiedlichen konditionellen Voraussetzungen zu suchen. Diese wiederum sind zu einem großen Teil von deren körperlichen Anlagen und Eigenschaften abhängig.

Der Straßenradsport hat den Vorteil, daß in ihm Sportler mit voneinander stark abweichenden körperlichen Voraussetzungen zum Erfolg kommen können. Dies ergibt sich aus den langen Distanzen mit den von Wettbewerb zu Wettbewerb wechselnden äußeren Voraussetzungen (Streckenprofil, Wetter und Zusammensetzung des Feldes). Während eines Wettkampfes gibt es eine Fülle von taktischen Möglichkeiten, so daß fast jeder entsprechend trainierte Athlet seine individuellen Leistungs- und Erfolgserwartungen annähernd erfüllen kann. Sowohl körperlich kleine als auch große Athleten können in gleichem Maße Erfolge erringen. Dies erklärt sich einerseits damit, daß Kleine eine geringere Windangriffsfläche als Große aufzuweisen haben und so mit ihrer geringeren Körperkraft ein ähnlich gutes Resultat wie Stärkere erzielen können. Dies bedeutet, daß die Körpergröße kein Maßstab für die Leistungsfähigkeit eines Radrennfahrers sein kann. Vielmehr ist diese vom Körperbau eines Fahrers abhängig. Im Wesentlichen kann eine solche Unterscheidung in zwei Hauptgruppen vorgenommen werden:

Leptosomer Typ: Er ist in der Regel von schlankem und schmalem Wuchs. Sein spezifisches Körpergewicht ist eher als gering zu bezeichnen (z. B. 175 cm/62 kg). Dieser Fahrertyp kann über gute bis sehr gute Ausdauer-Fähigkeiten verfügen, ebenso über eine gute Fahrtechnik. Von seinen Anlagen her ist er jedoch eher langsam und antrittsschwach. Dies bedeutet, daß er als Rennfahrer zwar ständig weit vorne placiert

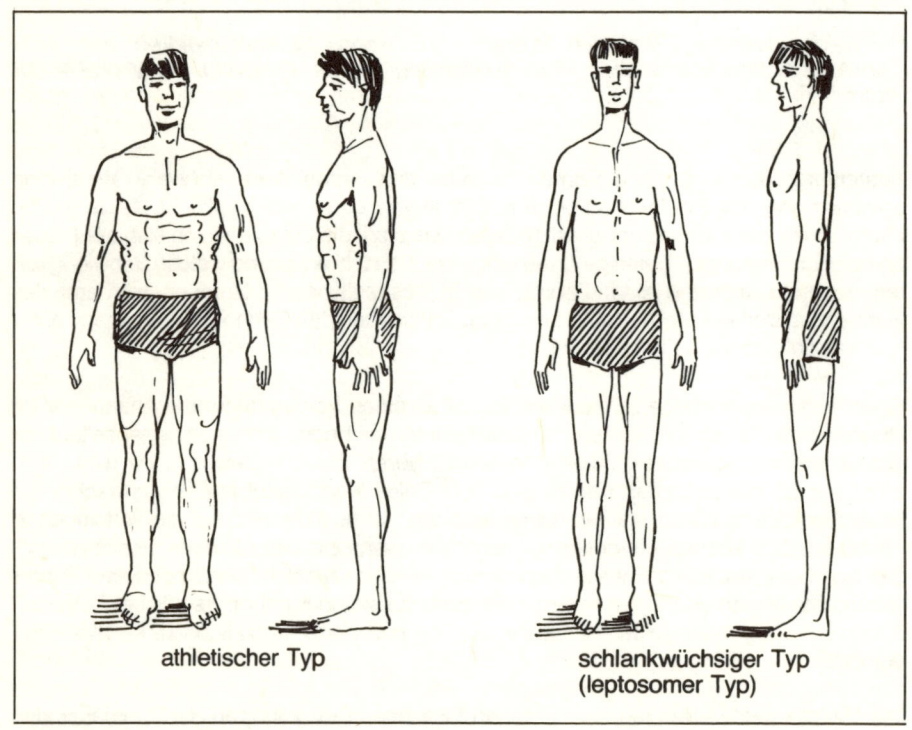

athletischer Typ

schlankwüchsiger Typ
(leptosomer Typ)

Vergleich athletischer, leptosomer Typ!

sein kann. Will er jedoch gewinnen, muß er alleine ankommen. Sein Problem ist, daß er meist nur bei schwierigsten äußeren Bedingungen (Steigung, Wind) seinen Konkurrenten alleine davonfahren kann. Aus diesem Kreis kommen viele gute Etappenfahrer.

Athletischer Typ: Äußeres Merkmal ist ein ausgeprägter athletischer Körperbau. Sportler, die diesem Typus nahekommen, verfügen über eine relativ hohe Schnellkraft und sind somit antritts- und sprintstark. Bei solchen Athleten besteht die Gefahr, daß sie von Anfang an verstärkt von ihrer Kraft und weniger von ihren technisch-taktischen Fähigkeiten profitieren. Fahren diese zu viel mit „Kraft", so sind ihre persönlichen Fähigkeiten bei längeren Straßen- oder gar Etappenrennen eingeschränkt. Eine entsprechend ungeeignete Muskelstruktur kann unter Umständen trotz hervorragender technisch-taktischer Leistung zu denselben Resultaten führen. Im taktischen Bereich haben es diese Athleten selten nötig, alleine anzukommen. Sie verfügen auf Grund ihrer körperlichen Eigenschaften über entsprechende Sprint-Eignungen, so daß sie auch aus kleineren oder größeren Gruppen ihre Erfolge erringen können.

Innerhalb der beiden Gruppen gibt es eine weite Skala an Unterschieden: Wichtigstes Merkmal dabei ist das spezifische Körpergewicht. So können z. B. leptosome Athleten mit einem erhöhten spezifischen Körpergewicht hervorragende Zeitfahrer sein, ebenso wie Fahrer, die dem Kreis des athletischen Typs angehören.

Athletische Typen mit geringem spezifischem Körpergewicht verfügen oft über gute Sprintqualitäten, doch reichen deren Kraftreserven nicht aus, früher als auf den letzten Kilometern ins Renngeschehen einzugreifen. Gezwungenermaßen muß sich ein solcher Fahrer auf eine defensive Fahrweise beschränken. Anders könnte er keine Erfolge erringen. Seine Fähigkeiten sind jedoch ab einem bestimmten Niveau am Ende, bzw. Erfolge sind nur noch von einem für ihn günstigen Rennverlauf abhängig.

Athleten mit mittlerem spezifischem Körpergewicht dagegen sind für den Amateur-Sport am besten geeignet. Sie sind – vorausgesetzt gut austrainiert – leistungsstark, angriffsfreudig und auch mehr oder weniger sprintschnell. Ebenso sind sie oft gute Etappenfahrer.

Am schwierigsten wird es für den Athleten mit einem hohen spezifischen Körpergewicht. Dieser kann zwar noch kürzere Berge mit der ihm zur Verfügung stehenden Kraft überwinden. An steilen Bergen ist sein Latein am Ende. Seine Fähigkeiten auf der Ebene können enorm sein, ebenso natürlich bei Sprints.

Viele Sportler machen gewisse körperliche Nachteile oftmals durch ein Übermaß an Willenskraft mehr als wett, doch bei wichtigsten internationalen Veranstaltungen benötigt ein Athlet das nötige Talent, gepaart mit einer absoluten Willenskraft, um bestehen zu können. Willenskraft ist dabei auch Ausdruck der Trainiertheit des Athleten!

Ein guter Rennfahrer muß nun seine persönliche Taktik auf die körperlichen Eigenschaften seiner Mitkonkurrenten ausrichten. Zu diesem Zweck muß er seine Gegner während des Wettkampfes sorgfältig über deren Fähigkeiten beobachten. Gegner, die er kennt, kann er mit wenigen Beobachtungen einschätzen. Gegner, die ihm jedoch unbekannt sind, muß er sorgfältig überwachen und gegebenenfalls die persönliche Taktik kurzfristig ändern. Vor allem Fahrer mit eventuell guten Sprinteigenschaften können einen weniger guten Sprinter dazu verleiten, daß er viel zu früh angreift, das heißt sie können diesen Fahrer zu einer völlig ungewohnten Taktik verleiten und somit ihr Ziel leicht erreichen. Beobachtungen erstrecken sich auf Führungsarbeit (regelmäßig, gelegentlich oder gar nicht), auf Fähigkeiten/Verhalten auf der Ebene, am Berg etc.

1. Einzelstraßenrennen

Distanzen bei Weltmeisterschaften, bzw. Olympischen Spielen:
Profis: 250 – 280 km
Amateure: 160 – 185 km
Frauen: 50 – 65 km

Das Einzelstraßenrennen hat nicht nur einen hohen Stellenwert, sondern ist gleichzeitig Ausgangspunkt des gesamten Radrennsports. Jeder junge Fahrer, auch wenn dieser später in andere Disziplinen wechselt, beginnt mit Wettbewerben auf der Straße. Er holt sich dort die technisch/taktischen Grundlagen für seine weitere Laufbahn. Ebenso die notwendige Härte und Durchsetzungskraft.

Das Reglement des Einzelrennens ist einfach: Der Fahrer, der am Ende als Erster die Ziellinie überquert, ist Sieger. Bis es jedoch dazu kommt, laufen viele Aktionen durch die

beteiligten Sportler, die den Wettbewerb prägen und erst richtig interessant machen. Aktionen im Feld, herbeigeführt durch die beteiligten Fahrer, laufen nie nach einem einheitlichen Schema ab. Diese richten sich stets nach ständig wechselnden äußeren Merkmalen: Witterung, topographische Anlage der Strecke, Rundkurs oder Langstreckenrennen, Anzahl der Teilnehmer und gegebenenfalls Vorgaben durch leistungsschwächere Klassen. Weiterhin sind die inneren Merkmale entscheidend: Stellenwert der Veranstaltung, Zusammensetzung des Feldes und selbstverständlich Motivation und Tagesform des einzelnen Athleten.

Obwohl jedes Radrennen anders abläuft, können bestimmte Grundtendenzen von Anfang an erkannt werden. Auf einer Distanz von mehr als 150 km kann ein Athlet nicht wahllos mit seiner ihm zur Verfügung stehenden Kraft umgehen. Er muß sie entsprechend einteilen! Der Rennfahrer ist sich bewußt, daß gelungene Ausreißversuche nicht immer von der Leistungsfähigkeit des/der Athleten abhängen, sondern auch vom Glück, keinen bzw. nur geringen Widerstand zu finden.

Jeder muß sich bewußt sein, daß manchmal noch so unsinnige oder gerade die am unsinnigsten scheinenden Aktionen von Erfolg gekrönt sind. Werden sie vom gleichen Fahrer zu oft angewandt, verpufft deren Wirkung, da die Gegner solche Aktionen erwarten. Hierzu aus einer Vielzahl von Möglichkeiten drei grob beschriebene Verhaltensmuster bei Einzelrennen:

1. Je günstiger das Wetter und je weniger Wind herrscht, um so mehr können sich die Fahrer auf einen relativ ruhigen Beginn einrichten. Trotzdem herrscht an der Spitze des Feldes keine Ruhe, vielmehr laufen ständig Ausreißversuche. Aktionen werden meist erst dann gestoppt, wenn entweder Favoriten beteiligt sind oder die Gruppen zu groß werden und somit die Gefahr einer erfolgreichen Aktion entsteht.

Erst mit Dauer des Rennens und zunehmender Ermüdung der Teilnehmer, bzw. topographischen Schwierigkeiten, erhöhen sich die Chancen von Ausreißergruppen, vorne bleiben zu können.

In kleinen Feldern ist es wichtig, zu der erfolgreichen Gruppe zu gehören, da im Feld in der Regel zu wenige Favoriten bleiben. Verpaßt ein Favorit den rechtzeitigen Absprung, wird er besonders bewacht, da die anderen hoffen, mit diesem Fahrer noch vom Felde wegzukommen. Trotz aller Bemühungen von Ausreißergruppen kann es bei einem solchen Rennen leicht passieren, daß das gesamte Feld zum Schlußsprint noch beisammen ist. Die Gründe liegen im höheren Grundtempo, bzw. der ökonomischen Fahrweise im großen Feld.

2. Weht vor dem Start ein starker Wind und die Strecke führt zusätzlich in der Startphase über freies Feld, kann vorausgesetzt werden, daß das Tempo von Anfang an sehr hoch ist. Für den einzelnen Fahrer bedeutet dies, daß er sich sehr gut warmfahren muß, da er von Anfang an voll leistungsfähig sein muß.

Bei starkem Seiten- oder Gegenwind bildet sich von Anfang an eine lange Reihe, weil jeder Fahrer versucht, Windschatten durch seinen Vordermann zu erhalten. An der Spitze bildet sich eine „Staffel" gegen die Windrichtung über die gesamte Straßenbreite.

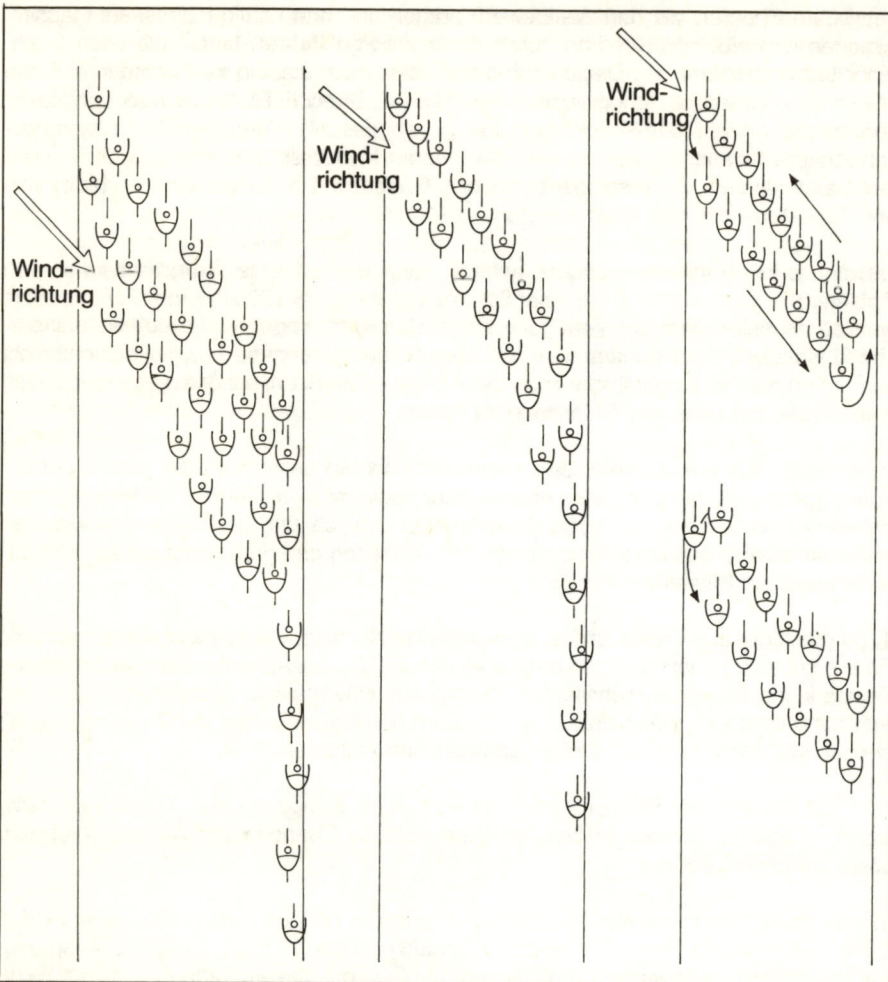

Links:
Durch den bestehenden Seitenwind staffelt sich das Fahrerfeld weg von der Windrichtung. Diejenigen Fahrer, welche keinen Unterschlupf in der Hauptgruppe finden, sind gezwungen, den minimalen Windschatten des Vordermannes am Straßenrand zu nutzen.

Mitte:
Im weiteren Verlauf können sich nur so viele Fahrer in einer Doppelreihe an der Spitze behaupten, wie es die Straßenbreite und die Windrichtung zuläßt.

Rechts:
Letztendlich finden sich einzelne Gruppen (Staffeln).

Die weiteren Fahrer, die in dieser Staffel keinen Platz finden, fahren hinter dem letzten Fahrer der Staffel am Straßenrand. Die Fahrer, die Platz in der Staffel finden, lösen sich in der Führungsarbeit gegenseitig ab. Durch diese Führungswechsel, nach denen die Fahrer sich anschließend ans Ende der Staffel zurückfallen lassen, entsteht eine ständige Bewegung in der Staffel. In der Anfangsphase eines Rennens, bzw. einer Staffelbildung, erfolgt allerdings am Ende einer solchen Staffel ein großes Gedränge, da auch noch von hinten kommende Fahrer in diese Staffel hineinwollen. Daher ist Durchsetzungsvermögen und eine sichere Fahrtechnik erforderlich, um sich in die kleinste Lücke quetschen zu können. Grundsätzlich ist es leichter, sich aus dem Zurückfallenlassen wieder einzuordnen als aus hinteren Regionen unterzukommen.

Hinter einer solchen Staffel, an der sich je nach Straßenbreite und Windverhältnissen bis zu 25 Fahrer beteiligen können (Kreisel in Doppelreihe), formiert sich die beschriebene Reihe. Diese wird jedoch über kurz oder lang dezimiert. Ausschlaggebend ist der erhöhte Kraftaufwand, der bei eingeschränktem Windschatten und ohne kurze Erholungsphase ständig aufgewendet werden muß. Läßt ein Fahrer in einer solchen Reihe „abreißen", indem er das Hinterrad seines Vordermannes nicht mehr „halten" kann, wird es auch für die folgenden Fahrer fast unmöglich, die entstandene Lücke zu schließen. Bereits wenige Meter Abstand können dabei zu unüberwindbaren Hindernissen werden. Aus diesem Grund bilden sich meist mehrere Gruppen, die anfangs in relativ geringem Abstand hintereinander herfahren.

Da naturgemäß das Niveau der Leistungsfähigkeit von Gruppe zu Gruppe geringer und unausgeglichener wird, führt dies im Laufe der Zeit zu deutlichen Abständen zwischen den einzelnen Gruppen.

Je größer die Abstände werden, um so mehr stabilisieren sich die einzelnen Gruppen, indem die Positionen gefestigt und somit der Kraftaufwand, trotz gleichbleibendem Tempo (keine Hektik beim Wieder-Einordnen), reduziert werden kann.

Erst in der Endphase, wenn auch gleichzeitig die Leistungsfähigkeit entsprechend dem Leistungsniveau der einzelnen unterschiedlich abfällt, entstehen wieder Einzelaktionen. Die Fahrer versuchen, entsprechend ihren Fähigkeiten, ihren persönlichen Erfolg abzusichern.

3. Rennen auf Rundstrecken unterliegen grundsätzlich anderen Gesetzmäßigkeiten. Hier konzentriert sich alles auf die topographischen Schwierigkeiten. Selbstverständlich spielt auch die Witterung eine wichtige Rolle. Die ständig wechselnden, jedoch wiederkehrenden Verhältnisse machen erforderlich, daß der Fahrer ständig im Bilde sein muß.

Dies erfordert, daß er sich ständig im vorderen Drittel des Feldes aufhalten muß. Da natürlicherweise auf einem Rundkurs viele Fahrer vorne sein wollen, erhöht sich das Grundtempo von Anfang an. Je größer die Anzahl an Favoriten, um so höher das Tempo! Fahrer, die eine defensive Kampfführung bevorzugen, müssen bei einem solchen Rennen auf ihr Glück hoffen, denn in den seltensten Fällen kommen größere Gruppen im Kampf um den Sieg an.

Diese drei Beispiele können beliebig erweitert werden. Generell ist dazu anzumerken, daß es speziell bei Amateurrennen kein einheitliches Rennschema gibt. Kleine Unterschiede sind jedoch zwischen einzelnen Regionen auf Grund der topographischen Verhältnisse und der Leistungsdichte zu erkennen.

Im Profi-Sport gibt es dagegen ein Grundschema, das fast jedem Rennen zugrunde liegt. Die Ursachen sind in den längeren Distanzen (bis über 300 km) zu suchen. Dort wird nach Möglichkeit in der Anfangsphase ruhig und in einem möglichst gleichmäßigen Tempo gefahren. Erst mit zunehmender Dauer des Wettbewerbs wird dieses gesteigert, so daß zum Ende nur noch die Besten in vordersten Positionen verbleiben können. Ein solcher Wettkampfaufbau wird durch die strengen hierarchischen Gliederungen der einzelnen Mannschaften möglich, wo die Aufgaben der einzelnen Fahrer genau festgelegt sind und sich somit der Kreis der Favoriten von Anfang an auf die Besten der einzelnen Mannschaften einengt.

Dadurch wird es möglich, daß die Spitzenfahrer, die sich zuvor relativ gut schonen konnten, in der Endphase weit schneller fahren können, als bei Amateurrennen üblich, und für dieses hohe Tempo gibt es im gesamten Profi-Sport nur ganz wenige Sportler, die geeignet sind.

Aus diesen unterschiedlichen Anforderungen wird ersichtlich, daß z. B. ein guter, erfolgreicher Amateur nicht automatisch ein guter und erfolgreicher Profi werden muß. Vielmehr entscheiden hierüber oftmals die entsprechenden körperlichen Voraussetzungen.

2. Etappenrennen

Etappenrennen sind Mehrtagerennen, bei denen in der Regel die gefahrenen Zeiten der einzelnen Etappen addiert werden. Sieger ist der Fahrer, bzw. die Mannschaft, die über die kürzeste Fahrzeit verfügt. Diese Wettbewerbsform ist bei den Rennfahrern sehr beliebt. Eine Teilnahme bietet große Anreize. Gleichzeitig kann dabei die spezielle Kondition verbessert werden. Allerdings besteht die Gefahr, daß ein Zuviel an Etappenrennen genau ins Gegenteil umschlägt und die spezielle Kondition negativ beeinflußt.

In Wirklichkeit ist es etwa so, daß die Möglichkeit eines Formgewinnes oder -verlustes sehr dicht beieinander liegen. Immer dann, wenn ein Athlet über ein gutes und solides Konditionsfundament verfügt und im Augenblick des Etappenrennens keine (auch geringe) körperliche Schädigung aufweist, kann die spezielle Kondition positiv beeinflußt werden. Bereits leichte gesundheitliche Schwächungen (z. B. Schnupfen), in Verbindung mit einer „harten" Etappe, können das Gegenteil bewirken.

Im Profi-Sport haben Etappenrennen einen besonderen Stellenwert. Beispielsweise die Tour de France und Giro d'Italia sind im publizistischen Stellenwert fast höher einzuschätzen als eine Weltmeisterschaft. Bei den Amateuren hat dagegen der WM-Titel einen bedeutend höheren Stellenwert als Etappenrennen, obwohl es auch dort eine Reihe hochwertiger Rennen gibt (Friedensfahrt/CSSR, DDR, Polen – GP Tell/Schweiz – Tour de l'Avenir/Frankreich – Rheinland-Pfalz-RF. usw.). Aus diesem Grund sollten Etappenrennen der Amateure eher als Mittel zum Zweck, also einer zielgerichteten Vorbereitung dienen. Außerdem spricht das geringere Alter und die damit verbundene geringere Leistungsstabilität der Fahrer gegen zu häufige Teilnahme an Etappenrennen.

Rennverlauf bei Etappenrennen/Taktik-Verhalten: In der Regel werden Etappenrennen für Mannschaften ausgeschrieben (Amateure: 3 bis 6 Fahrer – Profis: bis 12 Fahrer). Trotz der Teilnahme von Mannschaften bleibt der Einzelsieg das begehrenswerteste Ziel. Die Mitglieder der einzelnen Mannschaften versuchen, sich gegenseitig so weit als möglich zu unterstützen.

Da Amateure innerhalb ihrer eigenen Mannschaften sich oftmals gegenseitig nicht gerade gut gesinnt sind, kann mangelnder Zusammenhalt oder gar verstecktes Gegeneinanderarbeiten entsprechend negative Folgen haben. In Profi-Mannschaften dagegen, vor allem in gut funktionierenden Teams, gibt es kein Gegeneinander, da der Verdienst von der Harmonie innerhalb der Mannschaft abhängt. Hier kann sich kein Fahrer erlauben, gegen seine Mannschaftskameraden zu arbeiten, da dies weit größere Auswirkungen auf seinen Geldbeutel hat als beim Amateur. Trotzdem sind auch dort vor allem schwächere Mannschaften nicht frei von Rivalitäten.

In Amateur-Auswahlmannschaften, wo die einzelnen Fahrer auf Grund von guten, vorangegangenen Leistungen Aufnahme finden (Landesverbands- oder Nationalteams), gibt es in den seltensten Fällen von vorne herein einen Chef, der auch von seinen Kollegen von Anfang an akzeptiert wird. Hier entscheiden über die Hilfen untereinander teilweise auch Zufälle: In der Regel werden jeweils die Fahrer unterstützt, die einen Spitzenrang im Gesamtklassement einnehmen. Dies bedeutet, daß praktisch jeder Fahrer einer Mannschaft auf der oder den ersten Etappen Freiheiten hat, seine eigene Chance zu nutzen. Sobald jedoch ein Fahrer einen Spitzenrang im Klassement einnimmt, helfen ihm seine Teamkollegen, diesen Platz zu halten, wenn möglich sogar noch zu verbessern oder zu festigen. Ab diesem Moment bekommt jeder Fahrer seine Aufgaben, von Tag zu Tag neu, die er nach Möglichkeit erfüllen soll. Der Beste der Mannschaft konzentriert sich dabei auf seine direkten Gegner, die ihm am gefährlichsten werden könnten, bzw. die im Gesamklassement direkt vor oder hinter ihm liegen. Die weiteren Konkurrenten werden von den Mannschaftskameraden überwacht.

Je länger ein Rennen läuft und die einzelnen Placierungen gefestigt sind, um so defensiver werden die Taktiken der Spitzenfahrer. Jeder wartet dann nur noch auf erkennbare Schwächen seiner direkten Gegner, um dadurch eine Resultatsverbesserung zu erwirken. Defensive Kampfführung der Spitzenfahrer wird immer dann erkennbar, wenn einzelne oder Kleingruppen aus hinteren Gesamträngen zu Tageserfolgen kommen, während die Spitzenfahrer passiv bleiben.

Die meisten Offensiven gehen von den Mannschaften aus, deren Spitzenfahrer noch nicht auf einem vorderen Rang stehen. Meist wird es aus diesem Grund für die „Verteidiger" leicht, ihre Gegner anrennen zu lassen und gegebenfalls daraus selbst Nutzen zu ziehen. Es ist leichter, Angriffe zu kontern, in Ausreißer-Gruppen nicht führen zu müssen und statt dessen am Ende noch Reserven für ein gutes Finale zu besitzen. Am günstigsten ist es, wenn mehrere Fahrer einer Mannschaft auf vorderen Rängen zu finden sind. Diese können, entsprechend den einzelnen Situationen, offensiv werden – auch wenn sie eigene Mannschaftskameraden dabei von guten Plätzen verdrängen. Voraussetzung muß dabei sein, daß sie später einen besseren Rang einnehmen können.

Aus all diesen Problemen wird ersichtlich, daß der Arbeit des Trainers/Teamchefs besondere Bedeutung zukommt: Er muß seine Fahrer dazu bringen, in gemeinsamer Absprache eine entsprechende Strategie/Taktik von Tag zu Tag zu überprüfen und auf die jeweilige Situation einzustellen. Dazu muß der Trainer als neutraler Beobachter über die Form seiner Fahrer und auch der der Gegner Bescheid wissen.

Ähnliche taktische Verhaltensweisen der Mannschaften werden selbstverständlich auch bei Einzelrennen angewandt. Vor allem bei Weltmeisterschaften ist die Hilfe der Mannschaftskameraden unerläßlich. Aber auch bei nationalen Rennen gibt es oftmals „Mannschaften", die nach außen hin nicht als solche erkennbar sind. Hier finden bestimmte Interessengruppen (Kombinen) zusammen, die sich auf Grund ihres Zusammenschlusses bessere Placierungen erhoffen. Gute Einzelfahrer, die nicht auf die Hilfe anderer bauen wollen oder können, beobachten deshalb sorgfältig den gesamten Rennverlauf, um herauszufinden, wer wann wem nachfährt, wer passiv bleibt usw. Auf Grund dieser Beobachtungen können sie erkennen, ob und welche Fahrer zusammenarbeiten. Auf Grund dieser Kenntnisse müssen sie ihre eigene Taktik so gestalten, daß ihr persönlicher Erfolg nicht zu sehr gefährdet ist. Sie suchen sich einen wichtigen Fahrer dieser Gruppe aus, beschatten ihn unauffällig, um mit ihm eventuell die Entscheidung gemeinsam herbeizuführen. Damit kann es gelingen, gegebenenfalls die gesamte Kombine zu überlisten, bzw. einen guten Platz zu belegen. Kombinen können nicht grundsätzlich verdammt werden. Sie entstehen dann, wenn sich zwei Sportler freundschaftlich gesinnt sind und sich gegenseitig nicht angreifen. Kombinen sind aber dann abzulehnen, wenn aus einem solchen Pakt eine defensive Strategie entwickelt wird, indem die Aktionen der Gegner nur gestört oder gar (mit unlauteren Mitteln) verhindert werden.

3. Zeitfahrwettbewerbe

Im Radsport gibt es eine Reihe von Zeitfahrwettbewerben auf Bahn und Straße, die einem Außenstehenden völlig unterschiedlich erscheinen. Sie sind es auch, wenn ausschließlich die körperlichen Belastungen der einzelnen Disziplinen betrachtet werden.

Werden allerdings die einzelnen Zwischenzeiten in Diagrammen wiedergegeben, so zeigen sich erstaunliche Parallelen in der Verlaufsform der einzelnen Wettkämpfe.

Entscheidend ist dabei offensichtlich die Fähigkeit von Einzelfahrern oder Mannschaften, einen schnellen Start auszuführen und nachfolgend weiterhin voll leistungsfähig zu bleiben. Auswertungen haben ergeben, daß in sämtlichen Disziplinen nur Fahrer und Mannschaften bestehen können, die auch schon in der Startphase am schnellsten sind.

Dies ist beim 1000-m-Fahrer das Tempo der ersten 200 m und bei einer Straßen-Vierermannschaft das Tempo der ersten 3 bis 5 km. Diese Leistung ist wiederum abhängig vom Leistungsvermögen des/der Athleten, der/die bei jedem Start, egal ob 1000 m oder 100 km, zwar in unterschiedlicher Intensität, kurzfristig unter anaeroben Bedingungen fahren muß/müssen (anaerob – Eingehen einer Sauerstoffschuld im Organismus).

Im weiteren Verlauf muß der Organismus seine Energie wieder auf aerobem Wege (im Sauerstoffgleichgewicht) bereitstellen. Selbst der 1000-m-Zeitfahrer wird kurzfristig aerob fahren, ehe er zum Ende wieder unter anaeroben Bedingungen fahren muß.

Zusätzlich muß zwischen Bahn- und Straßendisziplinen beachtet werden, daß auf der Bahn (durch Starrlauf) bereits mit dem Renngang angefahren werden muß, während auf der Straße für die Startphase ein kleinerer (leichterer) Gang gewählt werden kann.

Dieser wird erst mit Erreichen der erforderlichen Kurbel-Umdrehungszahl auf die gewünschte Größe angepaßt.

Vergleiche der Zwischenzeiten der jeweils ersten Drei bei Olympischen Spielen oder Weltmeisterschaften – 100-km-Vierer/Straße – 4000-m-Mannschaftsverfolgung – 1000-m-Zeitfahren.

Tabelle 1

100-km-Vierer/Straße
Olympische Spiele 1972 München – Strecke: München-Garmisch/Rundkurs, 2 × 50 km
10 km-Zwischenzeiten

km	1. UdSSR Zeit	Platz	2. Polen Zeit	Platz	3. Holland Zeit	Platz
10	12.29 min	7	12.21 min	2	12.13 min	1
20	11.07	4	11.00	2	11.02	1
30	16.20	3	16.18	2	16.22	1
40	11.17	3	11.20	1	11.29	2
50	14.07	2	14.07	1	14.26	3
60	12.42	2	12.50	1	12.54	3
70	11.06	2	11.13	1	11.31	3
80	16.29	1	16.39	2	16.45	3
90	11.25	1	11.35	2	11.34	3
100	14.17	1	14.27	2	14.11	3
Ges.	2.11.17.8 Std.		2.11.47.5 Std.		2.12.27.1 Std.	

Die unterschiedlichen 10-km-Zeiten ergeben sich aus dem unterschiedlichen Strecken-profil (Steigungs- und Flachstückanteil).
Der schnelle Beginn des holländischen Teams führte zu einem wesentlich langsameren Tempo in der Mitte des Rennens, wo viel Zeit verloren wurde.
Besonders die Startzeiten der ersten 10 km im Vergleich zur Zeit auf der gleichen Teilstrecke in der zweiten Runde verdeutlichen, mit welch hohem Tempo in der Startphase gefahren werden muß.

Tabelle 2

4000-m-Mannschaftsverfolgung
Olympische Spiele 1976 Montreal – Viertel-Final-Läufe der 3 ersten Mannschaften
285-m-Holzbahn in klimatisierter Halle

	1. Bundesrepublik	2. UdSSR	3. England
1000 m	1.08.01 min	1.08.01 min	1.07.96 min
2000 m	1.04.01	1.04.49	1.04.20
3000 m	1.03.96	1.04.30	1.05.30
4000 m	1.04.12	1.04.51	1.06.32
Endzeit	4.20.10 min	4.21.31 min	4.23.78 min

Auch hier wird die Bedeutung der Startgeschwindigkeit besonders deutlich. Wenn auch die Abstände relativ gering bleiben, so wirken sie sich auf den weiteren Verlauf aus.

36

Tabelle 3

1000-m-Zeitfahren/Bahn
Weltmeisterschaften 1981 Brünn
Vergleich der 200-m-Zwischenzeiten der drei Ersten
400-m-Zementbahn

	1. Thoms/DDR	2. Schmidtke/GER	3. Kopylov/UdSSR
200 m	15.9 sek	16.3 sek	15.8 sek
400 m	11.6	11.6	11.3
600 m	11.9	11.8	12.2
800 m	12.9	12.6	13.1
1000 m	13.55	13.72	14.16
Ges.	1.05.85 min	1.06.02 min	1.06.56 min

100-km-Vierer/Straße
Olympische Spiele 1972 München

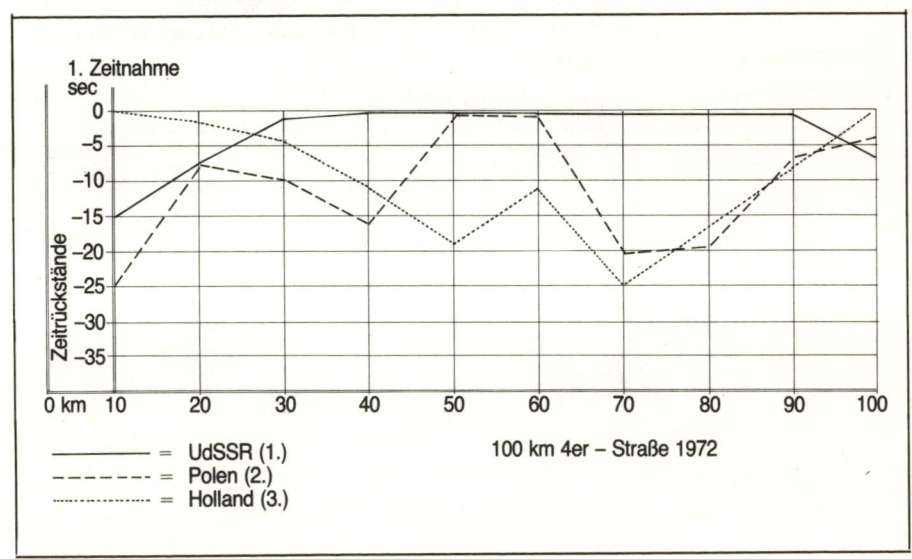

Vergleich der gefahrenen Zeiten der drei Erstplazierten:
UdSSR (1.) durchgezogene Linie
Polen (2.) gestrichelte Linie
Holland (3.) punktierte Linie
Auf der Null-Linie ist jeweils die Bestzeit des jeweiligen Abschnitts zu erkennen.

4000-m-Bahn-Vierer/Viertelfinale – Olympische Spiele 1976

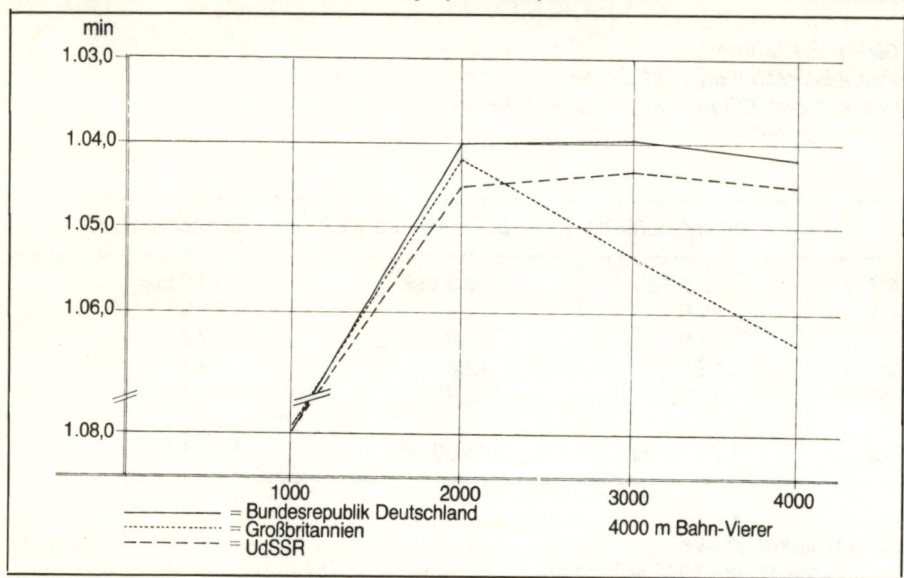

Vergleich der 1000-m-Zwischenzeiten der spateren drei Erstplazierten:
Bundesrepublik Deutschland (1.) durchgezogene Linie – UdSSR (2.) gestrichelte Linie –
Großbritanien (3.) punktierte Linie.

1000-m-Zeitfahren – Weltmeisterschaften 1981

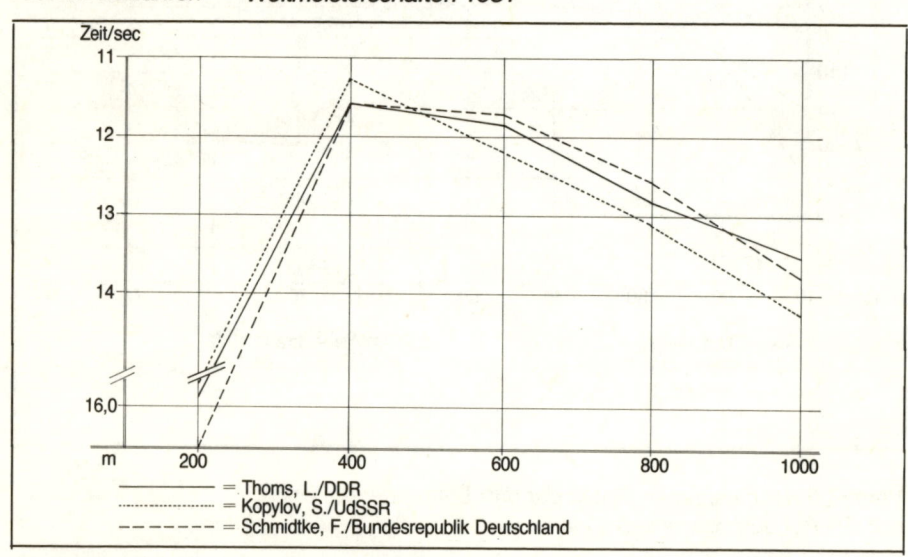

Vergleich der 200-m-Zwischenzeiten der drei Ersten:
L. Thoms/DDR (1.) – F. Schmidtke/GER (2.) – S. Kopylov/UdSSR (3.).

38

3.1 Vierermannschafts-Zeitfahren/Straße

Distanzen: Amateure bis 100 km, Junioren bis 70 km

Erwachsene Rennsportler erreichen ihre optimale Leistungsfähigkeit in einem Drehzahlbereich von 90–100 Kurbelumdrehungen/min. Jugendliche dagegen erreichen diese bei geringfügig höheren Umdrehungszahlen (95–105 U/min).

Entsprechend der Leistungsfähigkeit der Fahrer muß die Hauptübersetzung (auf Flachstücken) nach diesen Merkmalen ausgewählt werden. Dabei ist erforderlich, daß alle Fahrer mit gleichen Übersetzungen fahren, um einen möglichst einheitlichen Rhythmus einhalten zu können. Dies setzt voraus, daß die Übersetzungen dem Leistungsvermögen des schwächsten, zumindest des drittbesten Fahrers der Mannschaft angepaßt sein müssen.

Entscheidend für einen einheitlichen Rennverlauf ist die Harmonie innerhalb der Mannschaft. Das heißt trotz der ständigen Führungswechsel muß das Tempo konstant gehalten werden. Konditionsunterschiede sollten sich nur in unterschiedlich langen Führungen und nicht in Tempowechseln ausdrücken. Dies setzt voraus, daß auch die starken Fahrer nicht mit aller Gewalt das Tempo steigern dürfen, sondern länger führen müssen, während die Schwachen bei gleichem Tempo entsprechend kürzer die Führung übernehmen. Kann ein Fahrer nicht mehr führen, so muß er entweder stets mit

Straßen-Vierer

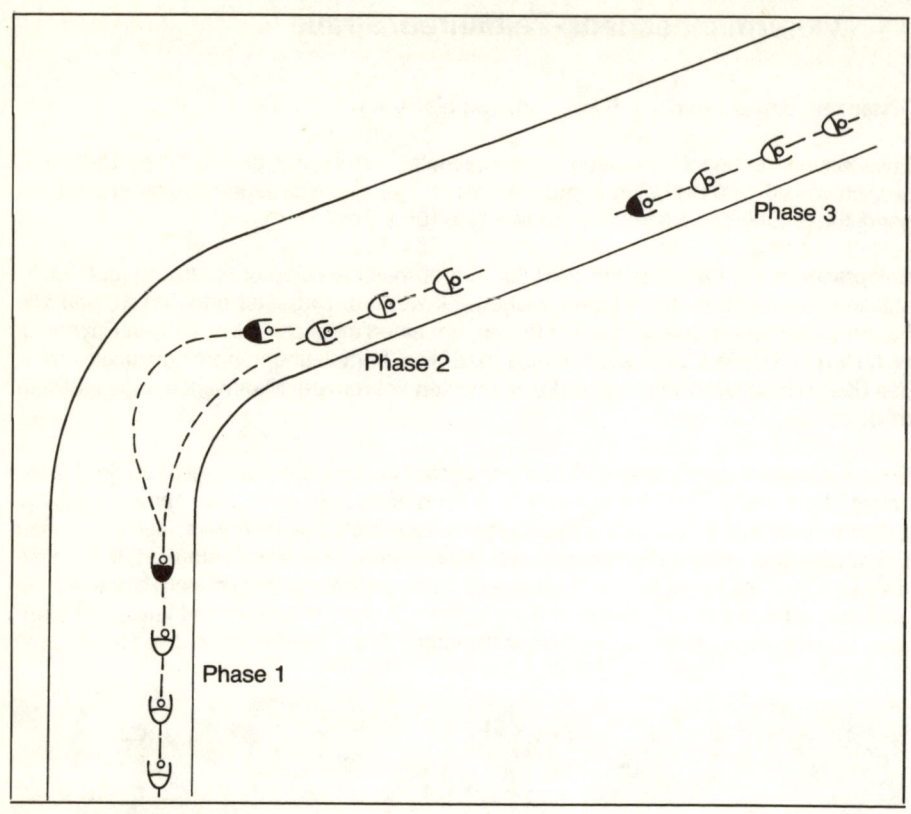

Phase 3

Phase 2

Phase 1

Ablösen durch Ausscheren im Kurveneingang

seinem Vordermann gleichzeitig ablösen (technisch schwierig, jedoch für die Regenerationsfähigkeit günstiger). Sicherer ist, wenn der Schwache nicht mehr mitfährt, das heißt am Ende der Mannschaft stets für die abgelösten Fahrer eine Lücke läßt. Er hat dabei die Aufgabe, die abgelösten Fahrer durch Zuruf über die veränderte Situation zu informieren.

Unabhängig von den konditionellen Voraussetzungen muß die Führungsdauer stets dem jeweiligen Gelände angepaßt werden: An Steigungen, wo unter Umständen das Tempo stark zurückgeht, müssen die Führungen verlängert werden (gegebenenfalls während der Steigung nur eine Führung). Sowie diese überwunden ist, muß das volle Renntempo wieder schnellstens erreicht werden, indem man kurzfristig mit erhöhtem Krafteinsatz fährt. Je schneller dies geschafft wird, um so günstiger für die Fahrer.

Auf Abfahrten dagegen werden die Führungen gegenüber denen auf der Ebene deutlich verkürzt – entsprechend dem gefahrenen Tempo. Oftmals ist dabei mehr gewonnen, wenn die einzelnen Fahrer praktisch nicht mehr führen, sondern nur noch gegenseitig

40

aneinander vorbeifahren (Kreisel). Würde auf einem solchen Gefällstück ein einzelner Fahrer zu lange führen, wäre er überfordert, während seine Kameraden unterfordert blieben.

Vor einer Kuppe ist es zum Beispiel sinnvoll, die Führung auf den Kulminationspunkt auszudehnen und sich erst auf der Ebene bzw. der folgenden Abfahrt (z. B. Autobahnbrücke) wieder einzuordnen. Ähnlich ist es vor Richtungsänderungen: Ist die Straße breit genug und die Ablösung kann in den freien Teil der Straße erfolgen (kürzere Ablösezeit), sollte diese Form genutzt werden. Ist dagegen die Straße schmal, muß der Führende um die Kurve führen bzw. sollte erst nach der Kurve ablösen. Löst er kurz vorher ab, kann er dadurch seine Kameraden behindern. Ebenso muß vor Wendepunkten entweder lange vorher oder erst nach vollzogener Wende abgelöst werden.

Kurvenschneiden: Meist ist es sinnvoller, eine Mannschaft fährt dauernd in einem gleichmäßigen Abstand zum Straßenrand und versucht nicht, jede noch so geringe Richtungsänderung abzukürzen. Die gewonnenen Zentimeter gehen dabei leicht durch Konzentrationsverluste und Unruhe in der Mannschaft verloren (Wellen etc.). Ein unruhiger Vierer ermöglicht seinen Fahrern nur eine eingeschränkte Erholungsphase am Hinterrad, während ein im Fahrtverlauf ruhiger Vierer eine relativ optimale Erholungsphase garantiert und dadurch schneller fahren kann.

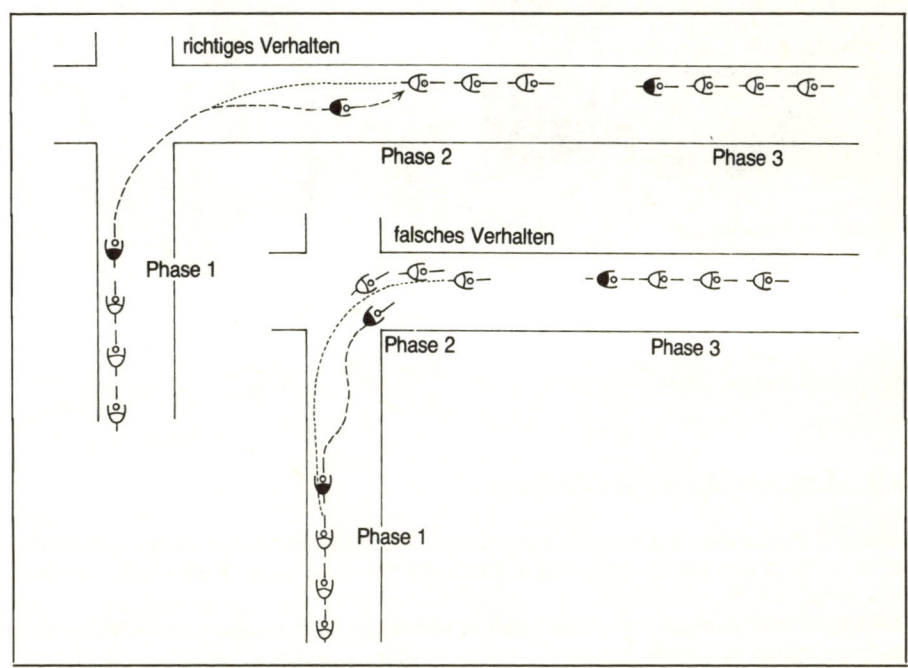

Ablösen erst nach dem Umfahren der Kurve, um gegenseitige Behinderungen zu vermeiden

41

Einzelzeitfahrer/Straße

Start beim 1000-m-Zeitfahren ▶

3.2 Einzelzeitfahren/Straße

Für das Einzelzeitfahren gelten im wesentlichen dieselben Prinzipien wie für das Vierer-Rennen. Auch hier liegt der günstigste Drehzahlbereich auf dem Niveau eines Vierers.

Der Rennfahrer muß darauf achten, daß er während des Rennens trotz wechselndem Gelände, einen möglichst gleichbleibenden Rhythmus (Trittgeschwindigkeit) beibehalten kann. Dies setzt voraus, daß relativ oft geschaltet werden muß. Meist genügen jedoch zwei bis vier „Gänge", um sowohl Rücken- als auch Gegenwind und topographische Schwierigkeiten zu meistern.

Informationen von außen

Durch gute, sinnvolle Informationen von außen kann die Leistung beim Zeitfahren beeinflußt werden. Der/die Fahrer muß/müssen wissen, und zwar so schnell wie möglich, wie der Abstand in der Anfangsphase zu den Gegnern ist. Nur in dieser Phase, bzw. im ersten Drittel, bestehen noch Möglichkeiten zu einem Tempowechsel. Später gibt es praktisch keine Gelegenheit mehr.

Zu diesem Zweck müssen ein bis zwei Personen etwa drei bis vier km nach dem Start die Zeiten der einzelnen Teilnehmer erfassen und so schnell wie möglich (am günstigsten über Funk) an den Trainer des Fahrers/der Mannschaft weitergeben. Wichtig ist, daß die Information an den Trainer und nicht direkt an Fahrer/Mannschaft gegeben wird. Der Trainer muß entscheiden, welche Informationen er weitergibt.

3.3   1000-m-Zeitfahren/Bahn

Obwohl der Rennfahrer bei diesem Wettbewerb keinen direkten Gegner hat und beim Start selbst entscheidet, wann er wegfahren will (5-Sekunden-Regel – der Starter pfeift und danach muß der Fahrer innerhalb der nächsten 5 Sekunden losfahren), gehört diese Disziplin neben dem Sprint zu den wohl nervenaufreibendsten im Radsport. Dem Zeitfahrer ergeht es ähnlich wie dem Speerwerfer, wobei der Rennfahrer den Nachteil hat, daß er nur einen einzigen Versuch machen kann. Bereits der kleinste Fehler in der Startphase, bzw. die geringste Tempoabweichung vom gewünschten Tempoverlauf, kann im Spitzenbereich den angestrebten Erfolg vereiteln. Der Zeitfahrer muß seine optimale Geschwindigkeit von Anfang an finden. Er darf dabei weder zu schnell noch zu langsam angehen, um auch im weiteren Rennverlauf noch genügend Kraftreserven zur Verfügung zu haben. Geht er zu schnell an, läuft er Gefahr zu früh „sauer" zu werden. Folge wäre, daß er sein eingeschlagenes Tempo nicht mehr halten kann. Geht er zu langsam an, fährt er stets der verlorenen Zeit nach. Dabei geht ihm offensichtlich das Empfinden für das richtige Grundtempo verloren, das heißt, wenn der Rennfahrer erkennt, daß er zu langsam ist, versucht er zu steigern und verliert aber dabei seinen Rhythmus.

3.4   4000-m-Einzelverfolgung/Bahn

Größere Verfolger-Wettbewerbe werden in Turnierform ausgetragen. Bei Weltmeisterschaften bedeutet dies, daß ein Finalist insgesamt fünf Läufe in zwei Tagen bestreiten muß.

In der Zeitqualifikation (die schnellsten 16 kommen weiter) kommt es ausschließlich auf die Zeit an. Diese ist ausschlaggebend für die weitere Einteilung (Laufzusammenstellung). Dabei trifft in jeder Serie der Laufschnellste auf den langsamsten Sieger usw. Die Verlierer der einzelnen Läufe scheiden aus, bzw. die Verlierer der Halbfinalläufe bestreiten den Finallauf um Platz drei und vier.

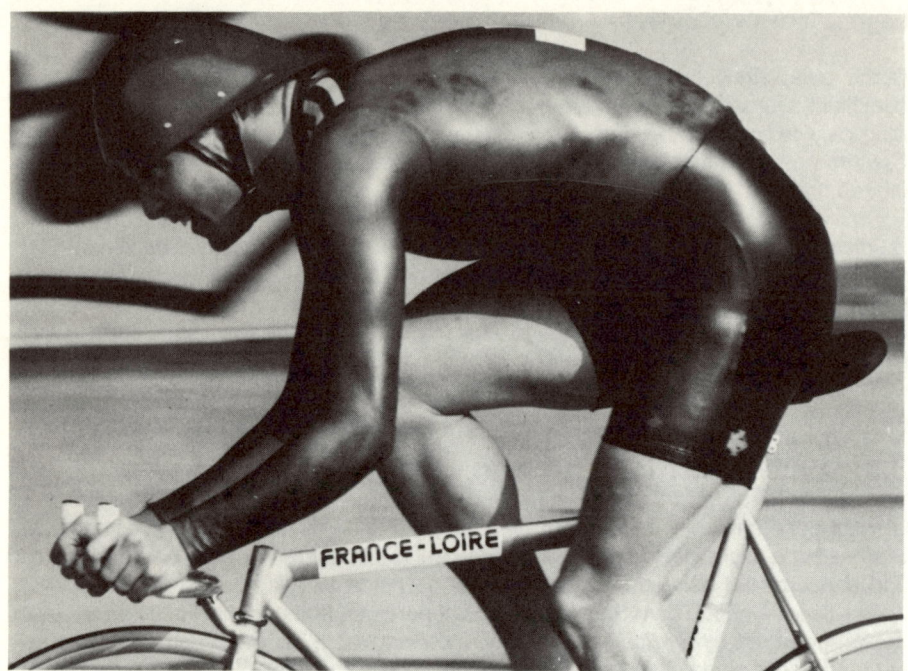

4000-m-Verfolgung

Bei einem Verfolger-Turnier muß ein Fahrer mit seinen Kräften haushalten und trotzdem noch so schnell fahren, daß er nicht zu früh auf die stärksten Gegner trifft. Dies bedeutet, daß nicht in jedem Lauf mit aller Macht die Bestzeit angestrebt werden muß. Grundsätzlich ist dabei jeweils der leistungsfähigere Athlet favorisiert. Bei ähnlichen konditionellen Voraussetzungen entscheidet jedoch die bessere Grundtaktik bzw. die besseren Fähigkeiten im Verlauf der Startphase.

Stets ist der Fahrer im Vorteil, der schneller anfahren kann als sein Gegner. Hauptgrund ist wahrscheinlich, daß sich sämtliche Fahrer stets am aktuellen Rennstand orientieren – selbst wenn sie wissen, daß sie einen Rückstand in der Schlußphase wieder wettmachen könnten. Die Fahrer gehen in einer solchen Situation in der Regel von ihrer vorgesehenen Taktik ab, um den Rückstand nicht zu groß werden zu lassen. Spitzenreiter haben allerdings den Vorteil, daß durch das Gefühl, in Führung zu liegen zusätzliche Kräfte für den Endkampf leichter mobilisiert werden können. Der Zurückliegende dagegen hat, wenn er psychisch instabil ist, selten die nötige Moral, um zu kämpfen.

Interessanterweise scheint es zwischen der 4000-m-Distanz der Amateure und der 5000-m-Distanz der Profis große Unterschiede im Rennverlauf zu geben. Dort fahren die Fahrer trotz weitaus langsameren ersten 1000 m selbst über die 4000-m-Distanz ähnliche Zeiten wie die Amateure. Würden dieselben Fahrer auf die besten Amateure treffen (über 4000 m), wären sie chancenlos.

Ausnahmen bilden auch hier Fahrer, die den ersten Kilometer sehr schnell anfahren können. Selten gibt es jedoch Fahrer, die danach auf den weiteren 4000 m noch ein volles Tempo fahren können. So gab es nur wenige Amateur-Weltmeister, bzw. Olympiasieger (Altig, Braun), die sich mit einer solchen Taktik auch bei den Profis durchsetzen konnten.

3.5 4000-m-Mannschafts-Verfolgung/Bahn

Der Bahn-Vierer-Wettbewerb, ebenfalls in Turnierform ausgetragen (bei WM), wird durch ein bedeutend höheres Grundtempo als bei Einzelwettbewerben geprägt. Die Trittgeschwindigkeiten steigen bei Spitzenmannschaften durchschnittlich auf bis zu 130 U/min an.

Der Unterschied zum Straßen-Vierer liegt darin, daß der Technik-Hintergrund stärker beachtet werden muß bzw. eine größere Bedeutung hat. Die hohen Geschwindigkeiten (etwa 55 km/h) und die relativ dicht aufeinanderfolgenden Führungswechsel (alle halbe oder volle Runde/160–280 m) erfordern von den einzelnen Fahrern enorm viel Tempogefühl. Bei einem Führungswechsel aus der zweiten in die erste Position einer Mannschaft muß der betreffende Fahrer seinen Krafteinsatz (Druck auf das Pedal) so ändern, daß er das von seinem Vordermann übernommene Tempo beibehalten kann. Auf offenen Bahnen wird dies eventuell noch durch zusätzlichen Wind beeinflußt. Dabei wechselt der Wind innerhalb jeder Runde von Gegen- in Rückenwind. Die Fahrer können diese Druck-Unterschiede etwas ausgleichen, indem sie auf der Rückenwindseite mit geringerem Krafteinsatz als auf der Gegenwindseite fahren. Ziel muß sein, das eingeschlagene Grundtempo beizubehalten.

Die Hauptschwierigkeiten liegen jedoch wie in den anderen Zeitfahrwettbewerben in der Startphase: An den Anforderungen der Startphase scheitern viele Fahrer. Sie sind auf den folgenden Teilstrecken nicht mehr in der Lage, die erwartete Leistung zu bringen. Viele Fahrer benötigen während der Startphase so viel Energie, daß ihr Organismus praktisch auch während der Erholungsphasen am Hinterrad nicht mehr auf aerobe Energiebereitstellung zurückschalten kann und sie somit konditionsmäßig immer mehr abbauen und die Qualität ihrer Führungsarbeit nachläßt.

Wird das Tempo eines Vierers unruhig, so leiden darunter vor allem die bereits geschwächten Fahrer, deren Erholungsmöglichkeiten immer mehr eingeschränkt

4000-m-Mannschaftsverfolgung

45

werden. In der Startphase sollte sich eine Mannschaft so reibungslos steigern können, daß bereits zu diesem Zeitpunkt die im Windschatten Fahrenden so weit als möglich geschont werden.

Die Taktik-Möglichkeiten erstrecken sich in einem Vierer-Rennen auf das Finden des idealen Starttempos, das Erkennen der Leistungsfähigkeit untereinander, eventuell kurzfristige Änderungen bei Defekten, Organisation des Zieleinlaufs usw. Ein Großteil dieser Probleme kann nur durch Erfahrung bei entsprechenden Wettbewerben erlernt werden.

4. Sprint

Der Sprint gehört zu den ältesten Radsportdisziplinen. Seine Faszination liegt im direkten Kampf zweier oder mehrerer Gegner. Die Distanzen führen über maximal 1000 m.

Die Inhalte des Sprinterrennens setzen sich aus der Kraft, der Schnelligkeit und den aerodynamischen Möglichkeiten (Windschatten), hervorgerufen durch die sehr hohen Geschwindigkeiten (bis annähernd 70 km/h), zusammen. Die möglichen maximalen Geschwindigkeiten verlangen enorm hohe Körperkräfte und gleichzeitig ein ausgeprägtes Koordinationsvermögen (Trittgeschwindigkeit). Dies bedeutet, daß sich hier hauptsächlich Fahrer mit einem hohen spezifischen Körpergewicht durchsetzen können.

Die speziellen Fähigkeiten im Sprint

Kraft: Für ein optimales Beschleunigungsvermögen und zur Aufrechterhaltung des maximalen Tempos. Dieses kann in der Regel nur über wenige Sekunden gehalten werden (10 – 12 Sek.).

Schnelligkeit: Koordinationsvermögen, trotz der enorm hohen Drehzahlen (bis 155 U/min), einen technisch einwandfreien Bewegungsablauf durchzuführen.

Aerodynamische Möglichkeiten: Durch die hohen Geschwindigkeiten entsteht hinter dem Fahrer genügend Windschatten (bis zu fünf Meter), in dem der oder die Gegner mit geringerem Kraftaufwand fahren können.

Psychische Möglichkeiten: Da Bruchteile von Sekunden genügen, um den Gegner zu überraschen, praktisch mattzusetzen, ist es für den hinteren Fahrer leichter, die Aktionen des Vordermannes zu erkennen. Der Vordermann dagegen muß zusätzlich noch ständig zurückschauen, was dessen Konzentration mindert. Weiterhin ist es im Hochgeschwindigkeitsbereich leichter, einen Rückstand aufzuholen (weil man den Gegner ständig beobachten kann), als einen Vorsprung zu halten.

Diese Bedingungen prägen die Taktik von Sprint-Rennen. Beginnt beispielsweise ein Fahrer den Endkampf zu früh und der Gegner kann im Windschatten bleiben, so wird

Sprint-Zieleinlauf

der Verfolger nach einiger Zeit relativ leicht an seinem Vordermann vorbeifahren können, da dieser konditionell abbaut.

Die Taktik richtet sich stets nach der eigenen Leistungsfähigkeit und der des Gegners. Ebenso wird die Taktik durch die Anlage der Bahn geprägt. Auf Bahnen mit kurzen Geraden kann ein Sprint relativ leicht von der Spitze aus gewonnen werden, während auf Bahnen mit langen Geraden die Chancen für die Hinterleute (in der Regel vor allem des an zweiter Position fahrenden Fahrers) steigen.

Weiterhin unterscheiden sich die Taktiken in Zweier- und Dreier-Läufen. Vor allem in Dreier-Läufen wird das Rennen verstärkt durch die Endgeschwindigkeit der Fahrer, während beim Zweier-Lauf zusätzlich die Fähigkeiten der Beschleunigungsphase zur Geltung kommen.

Ein Sprinter-Rennen nimmt etwa folgenden Verlauf: Bereits vor dem Start wird die Startreihenfolge ausgelost. Der Fahrer, der in der ersten Runde die Führung übernehmen muß, stellt sich am unteren Bahnrand an den Start. Über ihm stehen seine Gegner in der ausgelosten Reihenfolge. Der Fahrer, der führen muß, darf während der ersten Runde nicht stehenbleiben. Dafür kann er beispielsweise auf steilen Bahnen oben so langsam fahren, daß seine Gegner keinen Abstand nehmen können oder diese gar (aus Angst vor dem Abrutschen) die Führung selbst übernehmen. Erst nach Überfahren des Zielstriches darf der führende Fahrer stehenbleiben. Ein „Stehversuch" ist nur sinnvoll, wenn die Gegner in unmittelbarer Nähe fahren/stehen. Bei großen Abständen besteht – vor allem beim Aufbau des Stehversuchs – die Gefahr, daß der Fahrer überrascht werden kann. Im weiteren Rennverlauf spielt die richtige Positionseinnahme (letzte Positionsveränderung spätestens bei Beginn des Endsprints) eine bedeutende Rolle.

Vom Rennverlauf her ist ein langer Sprint nur sinnvoll, wenn es dabei gelingt, die Gegner durch einen unerwarteten Angriff zu überraschen und einen genügend großen Abstand (mehr als 30 m) herauszuarbeiten. Ansonsten müssen die Fahrer das tatsächliche Höchsttempo so lange wie möglich hinauszögern. Die in hinteren Positionen fahrenden Fahrer dagegen müssen den Führenden so treiben (durch taktische Maßnahmen), daß dieser so früh wie möglich mit vollem Krafteinsatz fährt. Die Entscheidung über den Rennausgang wird in der Regel zwischen der 300-m- und 200-m-Marke eingeleitet.

5. Keirin

Im Profi-Sport entwickelt sich eine in Europa neue Disziplin, das Keirin-Rennen. Diese Disziplin ernährt in Japan etwa 4000 Profis und fast das Dreifache an fest angestellten Mitarbeitern im dortigen Profi-Verband. Die Popularität erklärt sich damit, daß mit diesem Wettbewerb ein Totalisator-Betrieb in ganz Japan aufgezogen wurde.

Keirin gehört zur Kategorie der Sprint-Disziplinen. An jedem Rennen sind sieben bis neun Fahrer beteiligt. Um eine möglichst große Chancengleichheit zu schaffen, wird das Grundtempo allmählich auf das spätere Sprint-Eingangstempo gesteigert. Kein Fahrer darf dabei an dem führenden Fahrer (dieser fungiert als Schrittmacher und scheidet vor der letzten Runde aus) vorbeifahren. Sämtliche Positionsveränderungen spielen sich hinter dem Rücken des Schrittmachers (in Japan ein Radfahrer, da dieser ein weitaus besseres Tempogefühl hat) ab. Nachdem der Sprint freigegeben ist (letzte Runde – Distanz maximal 4000 m), entscheiden die Fahrer durch ihre Tempowahl über den Ausgang des Rennens.

Aus der Beschreibung des Sprints ist bekannt, daß ein Fahrer sein maximales Tempo nur über etwa 12–15 Sek halten kann. Bei Keirin-Rennen dauert die eigentliche Sprintphase etwa 20–23 Sek. Aus diesem Grund kann der zu Beginn des Endkampfes führende Fahrer auf keinen Fall mit vollem Tempo weiterfahren – vielmehr muß er dieses dosieren. Dies eröffnet für die hinteren Fahrer die Chance, ebenfalls noch zur Spitze zu kommen. So wird praktisch ein Sieg aus jeder Position möglich. Letztendlich entscheidet das Grundtempo zu Beginn des Finales, die daraus möglichen Aktionen der Fahrer und selbstverständlich die Leistungsfähigkeit der einzelnen Teilnehmer über Sieg und Platz.

Keirin: Der Schrittmacher (vorne) darf bis zu dessen Ausscheiden aus dem Rennen (ca. 350 m vor dem Ziel) nicht überholt werden. Trotzdem kämpfen die Fahrer um günstige Ausgangspositionen

Finale beim Keirinrennen

6. Zweiermannschafts-Rennen

Die für den Laien komplizierteste Disziplin des Bahnsports ist das Zweier-Mannschafts-Rennen. Der Unbeteiligte ist dabei vom Rennverlauf so verwirrt, da ständig einige Fahrer die Bahn langsam umkreisen, während die anderen schnell fahren. Selbst der Fachmann muß vor allem auf kurzen Winterbahnen enorm aufpassen, um den aktuellen Rennstand erkennen zu können. Nur die Fahrer und das Kampfgericht wissen in der Regel ständig Bescheid.

Dieser Wettbewerb kann bis zu 100 km und mehr ausgedehnt werden. Je zwei Fahrer gehören einer Mannschaft an. Diese beiden teilen sich das Rennen, indem sie sich wechselseitig ablösen. Der abgelöste Fahrer fährt dann am oberen Bahnrand langsam, bis sein Partner wieder von hinten kommt und läßt sich von diesem ins Rennen schieben. Der abgelöste Fahrer kann sich während der kurzen Langsamfahrt etwas erholen. Die Folge davon ist, daß das im Rennen gefahrene Durchschnitts-Tempo höher wird (auf Hallenbahnen bis etwa 55 km/h – auf offenen Bahnen bis etwa 50 km/h.

Zur Ablösung ordnet sich der abzulösende Fahrer rechtzeitig vor dem Feld auf der zu erwartenden Fahrlinie seines Partners ein, damit dieser ihn möglichst problemlos findet.

Zweier-Mannschaft beim Ablösen

Zum Zwecke der Ablösung haben die Fahrer in der linken Gesäßinnenseite ihrer Rennhose einen „Ablöser" (Schaumstoffwulst oder ähnliches). An diesem Ablöser faßt der Partner an und schiebt ihn ab.

Profis bevorzugen den „Schleudergriff" (Handablösung). Mit dieser Technik können größere Tempodifferenzen leicht überbrückt werden. Dies hat für die Fahrer den Vorteil, daß sie zum Ablösen nicht zu stark antreten (beschleunigen) müssen. Die Wechsel erfolgen etwa in Intervallen von 1½ bis 2 Runden. Je langsamer der abgelöste Fahrer am Bahnrand fährt, um so öfter können die Fahrer ablösen. Dabei verkürzt sich die Verweildauer im Rennen, was wiederum einen positiven Effekt auf die Leistungsfähigkeit ergibt.

Die höchsten Geschwindigkeiten werden auf geschlossenen Hallenbahnen erreicht. Am schwersten wird es für die Fahrer auf offenen Zementbahnen, wo neben dem bereits erhöhten Rollwiderstand durch den Betonbelag zusätzliche Erschwernisse durch eventuellen Wind auftreten.

Zweier-Mannschaftsrennen werden nach gleichem System wie Punkterennen oder Kriterien auf der Straße ausgetragen. Während des Rennens gibt es in regelmäßigen Abständen Wertungen, wobei die ersten vier Fahrer Punkte erhalten (5, 3, 2, 1 Punkte). Die Punktzahl der Schlußwertung wird verdoppelt. Rundengewinne zählen mehr als Punktegewinne.

Neben der Popularität bei Sechstagerennen der Profis bedeuten Zweier-Mannschaftsrennen eine sehr gute Vorbereitungsmöglichkeit für alle anderen Radsportdisziplinen.

Vor allem die Fahrer von Bahn-Vierern ziehen besonderen Nutzen daraus. Voraussetzung muß jedoch dazu sein, daß genügend Mannschaften am Start sind. Bei zu geringen Teilnehmerzahlen werden solche Rennen zur Qual mit einem gleichzeitig verringerten Schulungserfolg.

7. Steher-Rennen

Dies sind Rennen, welche hinter Schrittmacherführung (Motorradfahrer) durchgeführt werden. Der Name „Steher" hat nichts mit dem auf dem Motorrad aufrecht stehenden Schrittmacher zu tun. 'Steher' bedeutet, eine lange Strecke bei hoher Geschwindigkeit durchzustehen.

Bis Ende der 60er Jahre wurden Distanzen bis zu 100 km gefahren. Durch kleinere Motoren (früher bis 2500 ccm, heute 400 – 700 ccm) reduzierten sich die Distanzen auf maximal eine Stunde (Profi-WM). Die erzielten Geschwindigkeiten liegen dabei je nach Bahn durchschnittlich bei etwa 70 km/h. Unerläßliche Voraussetzung für eine gute Leistung ist die Harmonie zwischen Schrittmacher und Fahrer (Gespann) bzw. das Wissen um die Fähigkeiten des Partners.

Der auf dem Motorrad stehende Schrittmacher erzeugt hinter sich einen Sog, in dem der Rennfahrer fährt. Dadurch erklären sich die hohen Durchschnittsgeschwindigkeiten.

Steher-Gespann, vorne der Schrittmacher und in dessen Windschatten der Fahrer. Je günstiger sich der Schrittmacher samt seinem weiten Lederanzug auf der Maschine plaziert, um so besser wird der Sog für den Fahrer

Diese bringen gegenüber anderen Disziplinen völlig andere technische und taktische Möglichkeiten mit sich, welche das Gespann für sich so gut als möglich nutzen muß.

An einem Rennen nehmen bis zu acht Gespanne teil. Diese erzeugen zusätzlich zu den bestehenden Windverhältnissen Luftwirbel, die den Rennverlauf erheblich erschweren.

Die Grundtaktik eines jeden Fahrers wird durch die ausgeloste Startreihenfolge geprägt. Das Gespann, das von Anfang an vorne fahren kann, muß danach trachten, diese Spitzenposition zu verteidigen. Die Gespanne auf den folgenden Plätzen müssen dagegen angreifen. Je nach Startposition kann es dem Führenden passieren, daß er von Anfang an verteidigen muß. Besonders gefährlich wird es, wenn sich mehrere Gespanne zu einer ,,Kombine" vereinigen und ein Gespann davon auf den Gegner wartet (sich fast überrunden läßt), während gleichzeitig der andere anzugreifen versucht. Dadurch wird der Angegriffene zu einem höheren Tempo gezwungen, wobei er gleichzeitig auf seinen vorne fahrenden Gegner auffahren und in dessen Luftwirbeln zusätzlich Kraft lassen muß. Deshalb trachtet jeder Schrittmacher, einen Gegner so schnell als möglich zu überholen, um seinem Fahrer wieder einen optimalen Sog und damit Erholungsmöglichkeit zu geben.

Die gesamte Renntaktik wird entscheidend vom Können und Mut des Schrittmachers geprägt. Der Schrittmacher versucht bereits vor dem Start seinen Lederanzug so anzuordnen, daß hinter ihm ein größtmöglicher Sog entstehen kann. Während der Fahrt kann er durch geschicktes Nutzen der Bahn, genaues Beobachten der Gegner und Haltungsveränderungen seinem Fahrer einen guten Sog und seinen Gegnern viel Wind zukommen lassen. Rennentscheidend bleibt letztendlich die spezielle Kondition des Fahrers, bzw. dessen spezielle Fähigkeiten hinter dem Motor. Jeder Fahrer hat auch hier seine Schwächen und Stärken, die oftmals auf ähnliche Probleme im Startverhalten, ähnlich den Zeitfahrwettbewerben, zurückzuführen sind. So gibt es Fahrer, die bei einer ungehinderten Tempoentwicklung in der Startphase im weiteren Rennverlauf regelrecht um die Bahn „segeln" und ihre Gegner geradezu wie Anfänger aussehen lassen. Dieselben Fahrer bekommen jedoch Schwierigkeiten bei Angriffen direkt nach dem Start. Vor allem, wenn ein solcher Fahrer zusätzlich noch eine große Übersetzung fährt, kann es passieren, daß bereits dieser erste Kampf den Fahrer über ein Mittelmaß nicht hinauskommen läßt. Grund dürfte auch hier eine zu starke Übersäuerung in der Muskulatur sein, von der sich der Fahrer nicht mehr genügend erholen kann. Gleichzeitig kann vom Schrittmacher nicht mehr das angestrebte Tempo erreicht werden. Die Folge davon ist ein zu geringer Sog.

8. Querfeldein-Rennen

Diese Rennart wird vornehmlich in den Wintermonaten auf unbefestigtem Gelände (Wiese, Wald, unbefestigte Wege) durchgeführt. Die Distanzen führen dabei bis zu 25 km, das heißt die Wettbewerbsdauer sollte etwas über einer Stunde liegen.

Obwohl ursprünglich diese Rennen als Wettkampfvorbereitung für Straßenfahrer gedacht war, entwickelte sich auch hier ein Spezialistentum, das natürlich dieser Sportart in Technik und Taktik entscheidende Impulse gab.

Querfeldein-Wettbewerbe ähneln in ihrer Belastung stark dem Einzelzeitfahren. Querfeldein-Rennen werden jedoch zusätzlich durch den jeweiligen Massenstart, bei dem bereits eine Vorentscheidung über den Rennausgang fällt, erschwert. Will ein Fahrer am Ende vorne dabei sein, muß er bereits während der Startphase zur Spitzengruppe gehören.

Dies verlangt, daß die Fahrer bereits am Start voll einsatzfähig (gut aufgewärmt) sein müssen, um einen der begehrten Spitzenplätze einnehmen und auch in der Folgezeit halten zu können. Im weiteren Verlauf des Rennens muß der Fahrer seine Geschwindigkeit auf dem Fahrrad und auch während der Laufpassagen so dosieren, daß er praktisch ständig an seiner individuellen Ausdauergrenze arbeiten kann. Dazu gehört, daß er möglichst keinen Stopp in seine Bewegungsabläufe bringt, um nicht zusätzlich Kraft beim Beschleunigen auf sich nehmen zu müssen. Je weniger sein Wettkampftempo wechselt (Pulsbelastung), um so leistungsfähiger bleibt der Fahrer. Die Bewegungsgeschwindigkeit der Beine, ob beim Fahren oder Laufen, muß etwa auf gleichem Niveau liegen.

Querfeldeinrennen

III. Beweggründe zur sportlichen Leistung

Talent, das heißt entsprechende körperliche Anlagen, sind in jeder Sportart Grundvoraussetzung zu einer hohen sportlichen Leistung. Obwohl dies im Radsport nicht an äußeren Merkmalen zu erkennen ist, kann trotzdem im internationalen Bereich nur ein entsprechend talentierter Athlet erfolgreich sein. Die gesamten vorhandenen körperlichen Anlagen nutzen jedoch wenig, wenn dem betr. Sportler die notwendigen Antriebskräfte fehlen.

Im Ausdauer-Sport **Radsport** kann ein Sportler nur bestehen, wenn er über die entsprechenden Willenskräfte verfügt, die ihn, z. B. auch nach schweren Niederlagen und entsprechenden moralischen Tiefs, wieder zu neuen Leistungen in Training und Wettkampf antreiben.

In sämtlichen Disziplinen des Radsports kann sich ein Sportler über eine längere Phase nur halten, wenn er zumindest als junger Fahrer die überaus harte Schule des Straßenfahrers mitgemacht und überstanden hat. Als Junior (16–18 Jahre) lernt der junge Sportler die Schwierigkeiten und Probleme des Radsports kennen. Bereits dort lernt er, sich gegen äußere Einflüsse (Witterung) und gleichzeitig gegen seine Mitkonkurrenten durchzusetzen.

Den tatsächlichen, vollkommenen Spitzenathleten gibt es selbstverständlich nicht alle Tage. Zu einem wirklich guten Sportler sind eine Reihe von Eigenschaften notwendig, die in den seltensten Fällen in einem Sportler vereinigt sind. Oftmals haben vor allem die „großen Talente" auf anderen Gebieten Schwächen, die letztendlich deren mögliche Leistung lange vor dem erreichbaren Optimum zum Stillstand kommen lassen.

Die Wege, die einen Menschen zum Radsport führen, sind vielschichtig. Dies kann durch Freunde, Bekannte, Eltern oder einfache Zufälle erfolgen. Kein Mensch jedoch beginnt diesen Sport mit festen Zielen. Er will erst einmal probieren und dann weitersehen. Ist einmal diese Testphase überwunden, meist durch gewisse Erfolgserlebnisse, ist es an der Zeit, aus dem Zufallstraining ein zielgerichtetes, weiterführendes Vorbereitungsprogramm zu entwickeln (bei älteren Jugendlichen und Erwachsenen). Dazu muß sich der betreffende Athlet drei Fragenkomplexe selbst beantworten und entsprechend handeln:

Zusammengefaßt ergeben sich etwa folgende Schwerpunkte: Talent – Motivation zur Leistung – Realistische Selbsteinschätzung – Streßtauglichkeit – Soziales Umfeld

1. Talent

Die körperlichen Eignungen zum Talent werden an anderer Stelle beschrieben (V. Körperliche Eigenschaften). Nach außen hin drückt sich Talent vor allem in einer guten Technik (Bewegungsablauf) und im sogenannten Renninstinkt aus. Darunter wird ein gutes Gefühl für die einzelnen Situationen und den sich daraus notwendigen Handlungsnotwendigkeiten verstanden.

2. Motivation zur Leistung

Die inneren Antriebe eines Sportlers entscheiden über dessen Engagement in dieser Sportart. Dabei muß unterschieden werden zwischen den Sportlern, die aus Spaß an Wettbewerben teilnehmen und mit den mehr oder weniger zufällig erreichten Ergebnissen zufrieden sind, und diejenigen, welche mit schwachen Ergebnissen nicht zufriedengestellt sind. Letztere sind gewissermaßen erfolgsmotiviert! Innerhalb dieser Gruppe gibt es selbstverständlich wiederum Sportler mit einer breiten Skala von Motiven zur Leistung. Hier sollen nur zwei Hauptgruppen kurz dargestellt werden: Einmal die Gruppe, die so stark erfolgsmotiviert ist, daß sich diese Sportler über Niederlagen und weitere Schwierigkeiten hinwegsetzen, um das sich selbst gesteckte Ziel zu erreichen.

Sodann gibt es auch im Spitzenbereich eine weitere Kategorie von Sportlern, die Gruppe der sogenannten Mißerfolgsvermeidungsorientierten! Dieser Kreis wird ebenfalls zu intensiven Leistungen angetrieben. Der Antrieb zum gesteigerten Training und persönlichen Einsatz ist jedoch die Angst vor möglichen Mißerfolgen.

3. Realistische Selbsteinschätzung

Eine ansprechende sportliche Leistung kann nur dauerhaft über längere Zeit aufrechterhalten werden, wenn der Sportler sich selbst realistisch einzuschätzen weiß. Da in den Disziplinen mit Massenstart die erzielten Erfolge nicht immer mit der erbrachten Leistung gleichgesetzt werden können, finden sich speziell im Radsport verhältnismäßig viele Sportler, deren persönliche Leistungsbeurteilung nicht mit ihrer tatsächlichen Leistungsfähigkeit identisch ist.

Bei Straßenrennen, Kriterien und Bahndisziplinen mit Massenstart können die erbrachten Leistungen kaum untereinander verglichen werden. Die Leistungsbeurteilung beruht fast ausschließlich auf subjektiven Aussagen. Dadurch kann eine unrealistische Selbsteinschätzung zu unliebsamen Überraschungen vor allem bei stärker besetzten Wettbewerben führen.

An einem solchen Punkt muß die Hilfe vertrauter Personen des Sportlers einsetzen, die den Sportler auf eine realistische Selbsteinschätzung zurückholen. Die Gefahr bei diesem Problem liegt darin, daß der Personenkreis um den Sportler zu falscher Einschätzung verführt. In einem solchen Fall werden dann bei Mißerfolgen sämtliche weiteren Institutionen und Personen, mit denen dieser Sportler zu tun hat, für den Mißerfolg verantwortlich gemacht. Der Sportler selbst findet in den seltensten Fällen einen positiven Ausweg. In der Mehrzahl der Fälle gibt er entmutigt auf.

4. Fähigkeit einer zielgerichteten Vorbereitung

Ein Sportler, der in einer Disziplin zur Spitze kommen will, muß in der Lage sein, seine individuelle Vorbereitung so aufzubauen und zu steuern, daß er seine Top-Form auch zu dem von ihm angestrebten Zeitraum erreicht. Dazu muß er grundsätzlich unterscheiden lernen, welche Wettbewerbe für ihn wichtig bzw. unwichtig sind. Er muß bewußt auch einmal im Training Umfang und Intensität steigern und auch zum richtigen Zeitpunkt zurücknehmen können, um in entscheidenden Phasen die tatsächlich angestrebte Leistung erbringen zu können.

5. Streßtauglichkeit

Je bedeutender ein Wettbewerb wird, um so mehr stehen die daran teilnehmenden Athleten unter psychischem Druck. Dieser entsteht aus den Erwartungen, die der Athlet sich selbst vorgibt, bzw. die sein Umfeld an ihn heranträgt. Sportler, die diesem Druck nicht standhalten, versagen in den entscheidenden Wettbewerben. In anderen Wettbewerben dagegen, die für sie keine so wichtige Bedeutung haben, bringen sie wieder ihre gewohnte Leistung. Dieser Druck kann z. B. entstehen, wenn Erwartungen an ihn herangetragen werden, von denen dieser zumindest in seinem Inneren weiß, daß er sie nicht erfüllen kann. Bei anderen wiederum treten diese Symptome auf, wenn sie sich der Wichtigkeit des Wettbewerbs bewußt werden und davor Angst bekommen. Diese Symptome treten besonders bei internationalen Meisterschaften und zu Favoriten gestempelten Sportlern auf.

6. Soziales Umfeld

Allgemein wird diesem Problemkreis eine besondere Bedeutung zugemessen. In Wirklichkeit aber spielen diese Voraussetzungen eine untergeordnete Rolle, denn **der** Athlet, welcher entsprechenden Willen zur Leistung und Motivation besitzt, setzt sich fast gegen jedes Hindernis durch, das sich ihm in den Weg stellt. Der motivierte Athlet erreicht oftmals ein besseres und dauerhafteres Leistungsniveau, wenn er in seiner Entwicklungsphase gegen Schwierigkeiten im sozialen Umfeld zu kämpfen hat, während der, welcher von zu Hause jede Unterstützung erhält, bei unvorhergesehenen Schwierigkeiten leicht aufgibt. Erst wenn ein Sportler einmal gelernt hat, sich gegen äußere, schwierige Einflüsse durchzusetzen – in der Regel, wenn er den Aufstieg zur nationalen Spitze geschafft hat – ist er auch in der Lage, günstigere Voraussetzungen (Arbeits- und Trainingsbedingungen) zu einer weiteren Leistungssteigerung zu nutzen.

7. Aufgabe der Trainer

Jeder Sportler braucht in der Regel eine Vertrauensperson, mit welcher dieser seine persönlichen Probleme besprechen kann. Diese Person sollte der Trainer oder ein Betreuer seines engeren Umfeldes (Verein) sein. Der Trainer hat die Aufgabe, dem jungen Sportler die Freude an dem von ihm gewählten Sport zu vermitteln. Er muß ihn während schwieriger Situationen trösten, andererseits auch bei überschießenden Reaktionen bremsen können. Von der Fähigkeit des Trainers, den Sportler zu begeistern, ist die Leistungsbereitschaft des Athleten abhängig.

Je umfangreicher das Wissen des Trainers über die Sportart und Disziplin, um so besser kann die Beratung erfolgen. Diese Vertrauensperson muß dem jungen Sportler im Laufe der Zeit so viel an Wissen vermitteln, daß sich dieser im Laufe derZeit selbst trainieren und entsprechend einschätzen kann.

Konflikte zwischen Trainer und Athleten entstehen meist dann, wenn der Sportler in höher geordnete Auswahlmannschaften oder Kader aufgenommen wird. Dort ergeben sich Konflikte durch die größere Zahl ähnlich motivierter Sportler und durch unterschiedliche Zuständigkeiten der Trainer. Lösungsmöglichkeiten gibt es dabei nur, wenn diese Trainer zusammenarbeiten, das heißt der Heimtrainer bereit ist, die Vorstellungen des übergeordneten Trainers zu akzeptieren und annähernd deckungsgleich durchzuführen.

Weicht der Heimtrainer von dieser gemeinsamen Linie ab, bringt er den Athleten in Konflikte, die bei ihm zu einem Leistungsabfall führen können.

Jeder Trainer muß sich bewußt sein, daß sich sein ihm anvertrauter Schützling in seiner Persönlichkeit und Leistung verändert und somit aus einem Schüler im Laufe der Zeit ein Partner wird.

8.   Erreichen des gesteckten Zieles

8.1   Was soll erreicht werden?

Das Trainings-und Wettkampfprogramm kann nur sinnvoll geplant und realisiert werden, wenn bestimmte Ziele feststehen. Diese sollten auf realistischen Einschätzungen basieren, ebenso dem Alter und Leistungsstand des Athleten entsprechen.

Eine Saisonplanung sollte neben einem Hauptziel (Saisonhöhepunkt) auch ein bis zwei Teilziele umfassen (je nach Zeitpunkt des Hauptzieles), um dem Athleten Sicherheit zu geben, bzw. den eigenen Leistungsstand zu erkennen. Liegt beispielsweise ein Hauptziel bereits im ersten Teil der Saison, muß der Athlet mindestens ein weiteres Teilziel für das letzte Drittel festsetzen, da er sonst zu wenig Antrieb zu einem geregelten, weiterführenden Training hat.

Die Zielsetzung für Training und Wettkämpfe muß sich entsprechend den Altersgruppen, nicht nur wegen der unterschiedlichen Klassenziele, sondern auch wegen der unterschiedlichen Leistungsstabilität und Konzentrationsfähigkeit, deutlich unterscheiden: **Schüler** und teilweise noch **Jugendliche** können sich kaum auf ein bestimmtes Saisonziel langfristig, bewußt vorbereiten. Diese Gruppe braucht Teilziele, teilweise von Woche zu Woche neu. Für den Trainer bedeutet dies jedoch nicht, daß er von seinem Rahmentrainingsplan abgehen muß.

Jugendliche und **Jung-Amateure** brauchen Saisonziele (regionale, nationale oder gar internationale Meisterschaften), auf die sich ihre Konzentration und Vorbereitung richten muß.

Erst bei **Erwachsenen,** die bereits ein bestimmtes Leistungsniveau aufweisen, wird es sinnvoll, auch längerfristige Ziele, zum Beispiel Weltmeisterschaften, anzustreben.

Selbst **Freizeit-** bzw. **Breitensportler**, die regelmäßig trainieren wollen, brauchen als Voraussetzung und Antrieb zum Training bestimmte Ziele. Diese können sich von

Motiven eines gewissen Gewichtslimits bis zu denen größerer Touren, wenn möglich einer ausgedehnten Jahrestour erstrecken. Grundsätzlich wird jeder Sportler, vor allem der ehemalige Aktive das Problem kennen, ohne bestimmte Trainings- oder ähnliche Ziele auch keine Motiveation, bzw. nur eine geringe Motivation zum Training zu besitzen.

Ziele eines Rennsportlers müssen grundsätzlich auf Wettkampfleistungen ausgerichtet werden. Sie sollen nicht auf Kader-Aufnahmen (im Regional- oder Bundesverband) ausgerichtet sein, da dann mit Erreichen eines bestimmten Kader-Zieles die Leistungen des Athleten nicht mehr weitersteigen (er hat ja sein Ziel erreicht). Aus diesem Grunde ist es bedeutend besser, Wettkampfziele anzustreben, da auf Grund positiver Leistungen anschließend über kurz oder lang eine Aufnahme in den entsprechenden Kader erfolgt.

Speziell in den Nachwuchsklassen, aber auch noch in den Amateur-Klassen, ist es wenig sinnvoll, um Aufnahme in einen Kader zu streiten. Hintergrund ist dabei jeweils die Leistungsfähigkeit des betreffenden Athleten, der offensichtlich leistungsmäßig nicht vorbehaltlos von jedem anerkannt wird und somit sicherlich in diesem „neuen" Kreis gewisse sportliche Nachteile aufzuweisen hätte. Der Sportler ist dann der eigentliche Leidtragende, da er sehr schnell an einer zu großen Aufgabe scheitert und oftmals sogar schnell aufgibt bzw. den Sport an den Nagel hängt.

Ebenso wäre es falsch, bestimmte feste Placierungen anzustreben. Beim Bahnfahrer und teilweise auch bei Zeitfahrwettbewerben auf der Straße über Standard-Distanzen (z. B. 100 km Vierer) können klare Zeitziele auf fixierten Strecken (z. B. Testkurs) angestrebt werden. In Wettbewerben mit Massenstart dagegen muß grundsätzlich nur auf gute Leistungsfähigkeit hingearbeitet werden, da dort sichere Aussagen über den Wettbewerbsausgang absolut Hypothese bleiben.

8.2 Womit soll Leistung erbracht werden?

Jeder Athlet, ob allein oder in Zusammenarbeit mit seinem Trainer, muß sich im klaren sein, welche Möglichkeiten er zur Realisierung seiner Ziele hat. Er muß dabei folgendes berücksichtigen:

Zur Verfügung stehende Zeit zum Training, sowie zu Wettkämpfen.

Trainingsmöglichkeiten mit oder ohne Trainer: Danach richten sich die Inhalte, die mit einem Trainer günstiger, also durchaus intensiver gestaltet werden können.

Im Trainingsprozeß muß weiterhin berücksichtigt werden, ob und welche Trainingspartner zur Verfügung stehen. Ist das Leistungsgefälle einer Trainingsgruppe zu groß bzw. ist keine vorhanden, kann während intensiver Trainingsphasen teilweise auf das Hilfsmittel „Motorrad" oder „Derny" ausgewichen werden.

Technische Hilfsmittel im Training, sowie Reisemöglichkeiten zu den Wettkämpfen: Trotz großem Trainingsumfang kann auch ein Spitzenfahrer bis auf national höchste Ebene noch seiner Arbeit nachgehen bzw. sein Trainingsprogramm während seiner Freizeit absolvieren. Erst wenn er dieses Niveau erreicht hat und noch weiter nach oben kommen will, muß er die entsprechende zusätzliche Zeit zum Training und vor allem zu Wettkampfreisen (auch ins Ausland) haben.

Trotz solcher Belastungen ist es für einen Spitzenathleten noch immer am günstigsten, wenn er trotz Zeitaufwand für Training und Wettkampf einer regelmäßigen, jedoch verkürzten Arbeit nachgehen kann. Sportler, die zu viel unkontrollierte Freizeit haben, auch Profis, lassen oft in ihren Leistungen deutlich nach. Sie unterliegen keinen Zeitzwängen und da die Motivation zum Training nicht ständig hoch sein kann, „verschiebt" jeder Sportler oftmals sein Training gerne um Stunden – im Laufe der Zeit sogar um Tage!

Trainingsplanung beginnt bereits bei der Freizeit. Auch regelmäßig arbeitende Sportler mit Teilzeitbeschäftigung sollten dabei nicht über das gesamte Jahr die gleiche Freizeit haben. Diese sollte jeweils nur den Anforderungen der augenblicklichen Trainingsbelastung entsprechen. Z. B. im Hochsommer an zwei Tagen späterer Arbeitsbeginn, um somit zweimal täglich (Vormittag, Abend) trainieren zu können. An einem weiteren Tag dagegen am Nachmittag frei, um lange Ausdauer-Distanzen absolvieren zu können.

8.3 Wie soll Leistung erbracht werden?

Die Ausführung des **Wie** ist abhängig von den persönlichen Eigenschaften des Sportlers. Damit wird dokumentiert, welch wichtige Rolle das **Wie** im Trainings- und Vorbereitungsprozeß spielt. Ein Athlet kann noch so viel Talent und Möglichkeiten zum Training haben. Fehlen ihm die inneren Antriebe, kann er keine seinem Talent entsprechende Leistung realisieren.

Demnach braucht er auch ein hohes Maß an psychischen Eigenschaften:

Beharrlichkeit

Als Antrieb zum Training, auch wenn augenblicklich wenig Motive vorhanden sind.

Training auch bei schwierigen Witterungsbedingungen oder nach Mißerfolgen.

Im direkten Training: Trotz großer Ermüdung den vorgegebenen Trainingsplan weitestgehend einhalten, auch wenn kein Trainer dabei ist.

Im Wettkampf: Wenn das Rennen bereits „gelaufen" scheint (nach gefallener Vorentscheidung etc.) noch einmal anzugreifen, auch wenn es selbst leistungsmäßig nicht mehr allzu weit her ist. Das heißt in wichtigen Wettkämpfen nicht aufgeben, auch wenn die Lage aussichtslos scheint!·

Selbständigkeit

Das Trainingsprogramm allein gestalten zu können. Dies ist jedoch ohne Lernprozeß und Hilfen durch den/die Trainer kaum möglich.

Die eigenen Leistungsgrenzen erkennen, wissen, wann das Optimum erreicht ist. Im Wettkampf eigenständig handeln, vor allem dann, wenn durch veränderte Situationen eine zuvor abgesprochene Taktik nicht mehr eingehalten werden kann.

Experimentierfreudigkeit

Im Training und teilweise auch im Wettkampf bis an die Grenze der Leistungsfähigkeit (ohne bestimmte Erfolgsabsichten) gehen. Nur auf diese Weise kann ein Athlet seine Grenzen erfahren.

Im kleinen, unbedeutenden Rennen neue Taktiken erproben, das heißt besondere Risiken einzugehen.

Eigen- und Fremdbeobachtung

Aufzeichnung der in Training und Wettkampf erbrachten Leistungen (mittels Trainings-buch). Wichtig ist dabei gleichzeitig, persönliche Empfindungen über die eigene Leistungsfähigkeit mit aufzuzeichnen.

Realistische Leistungsbeurteilung durch Analyse der persönlichen Leistungen. Das eigene Taktik-Verhalten des vorangegangenen Wettkampfes rekonstruieren. Stärken und Schwächen herausarbeiten, über mögliche neue/andere Varianten nachdenken.

Bei anderen Wettkämpfen zuschauen (Jugend-Fahrer dem Amateur) und damit Technik- und Taktik-Vorgänge erkennen, um sie später nachzuvollziehen. Im Technik-Bereich immer erst Teil-Bereiche bewußt beobachten (z. B. bei einem Querfeldein-Rennen beobachten, auf welche Weise der beobachtete Athlet sein Fahrrad beim Übergang Fahren/Laufen aufnimmt). Erst danach allmählich die Beobachtungen auf komplexe Übungen ausdehnen.

Beobachtetes Verhalten anderer Fahrer mit dem Trainer und/oder Freunden besprechen.

Konzentrationsfähigkeit

Das Vorbereitungstraining kann umsonst sein, wenn die Konzentrationsfähigkeit des betreffenden Fahrers eingeschränkt ist.

Streßanfälligkeit kann unter Umständen nicht vollständig beseitigt werden. Sie wird in vielen Fällen beseitigt, zumindest eingeschränkt, wenn das Training zielgerichtet und konzentriert abläuft und die Eigen- und Fremdbeurteilung zusammenpassen.

61

Die Konzentrationsfähigkeit eines Athleten kann bei einem zielgerichteten Trainingsprozeß gleichzeitig bewußt während des Trainings bzw. durch zusätzliche Übungen, verbessert werden. Hierzu gibt es mehrere Übungen. Grundsätzlich sollen alle nachfolgend angesprochenen Formen kurzzeitig auch eine körperliche Entspannung herbeiführen.

Die einfachste Form kann durch Atemübungen im Liegen, Sitzen oder Stehen (angelehnt) erfolgen. Der Athlet schließt die Augen und atmet (Bauchatmung) gleichmäßig tief durch die Nase ein. Die Ausatmung erfolgt in ebenso langsamen Rhythmus durch den Mund.

Gleichzeitig kann versucht werden, die Augen (bei geschlossenen Lidern) auf einen Punkt (Nasenspitze) zu richten. Nach einiger Zeit sollte der Athlet dann sein Rennen in Gedanken vor sich ablaufen lassen. Der Straßenfahrer muß sich dabei

Letzte Konzentration vor dem Start eines Sprint–Rennens

bestimmte Streckenabschnitte, seine schärfsten Rivalen und möglichst deren taktische Gewohnheiten noch einmal vor Augen halten. Der Sprinter dagegen konzentriert sich auf seine Fähigkeiten und Taktik. In einem länger zurückliegenden Konzentrationstraining (z. B. nach Erhalt der Laufeinteilungen) muß er sich die Möglichkeiten seiner Gegner und seine eventuelle Taktik zurechtlegen.

Besonders wichtig ist, daß die Konzentrationsübungen in aufgewärmtem Zustand (nach dem Warmfahren) durchgeführt werden. Günstig, wenn entsprechende Trainingskleidung zusätzlich wärmt! Wirkungsvoller werden einzelne Konzentrationsübungen, wenn Spannungs- und Dehnungsübungen einzelner Muskelgruppen den Atemübungen folgen:

Muskelgruppen werden jeweils separat im Wechsel etwa 3–5 Sekunden angespannt und danach wieder gelöst (zum Beispiel Zehen anziehen nach oben/unten, Oberschenkel-, Gesäß-, Bauch-, Armmuskulatur spannen, Fäuste machen etc.). Ziel der Konzentrationsübungen muß es sein, sich von der Umgebung abzukapseln, um sich anschließend auf die zu erwartende Anstrengung konzentrieren zu können. Eine weitere Steigerung bietet das autogene Training, zu dessen Erlernen jedoch spezielle Literatur herangezogen werden sollte.

Jede Art von Konzentrations-Übungen muß genau so trainiert werden wie das reine Leistungstraining. Je sicherer die Übungen beherrscht werden, um so sicherer fühlt sich der Sportler vor dem Wettkampf.

Sportgerechte Lebensführung

Schlaf-Erholungspausen nach dem Training

Aus den Ausführungen zum Training wird ersichtlich, daß auch den folgenden Erholungspausen nach einzelnen Trainingseinheiten besondere Bedeutung zukommen: Zur Erholung/Regeneration gehört vor allem ausreichender Schlaf während der Nachtstunden (9–10 Stunden). Gleichzeitig muß ein Sportler danach trachten, auch nach beendetem Training bestimmte Erholungspausen einzuhalten. Diese werden um so wirkungsvoller, je entspannter – nach genügendem Ausrollen – ein Athlet aus dem Training kommt. Während solcher Erholungspausen sollte der Sportler nach Möglichkeit bis zu einer Stunde liegen, um seinen Kreislauf völlig zu beruhigen. Besteht kaum Zeit zu einer solchen Ruhepause, so kann statt dessen mittels eines Kopfstandes während kürzester Zeit (etwa 5–10 Minuten) eine ähnliche Entspannung erfolgen.

Hygiene-Maßnahmen, Abhärtung

Zum Training gehört auch der anschließende obligatorische Reinigungsvorgang (duschen, baden, waschen). Das Waschen mit Alkohol gehört zu direkten Wettkampfvorbereitungen (nach dem Aufwärmen bzw. bei mehrfachen Starts und gleichzeitigem Trikotwechsel).

Der Reinigungsvorgang sollte mit warmem Wasser durchgeführt werden. Da durch das warme Wasser die Poren der Haut geöffnet werden und dadurch zusätzlich Wärme verloren geht, gleichzeitig bei entsprechender Witterung die Infektionsgefahr größer wird, soll nach Möglichkeit als Abschluß mittels eines Kaltwassergusses über sämtliche Körperregionen das Schließen der Poren beschleunigt werden. Mit Wasch-Alkohol wird ähnliches erreicht, da dabei die Haut durch den Alkohol gereizt wird und sich dadurch schließt. Der Nachteil der Alkohol-Reinigung liegt jedoch darin, daß Schweiß-Rückstände nur ungenügend entfernt werden.

Abhärtung erfolgt außerdem bei Schlaf in ungeheizten und gelüfteten Räumen. Zusätzliche Bürstenmassagen mit einem Massagehandschuh oder einer Bürste am offenen Fenster oder im Freien erhöhen den Abhärtungseffekt. Auch dadurch schließen sich die Poren und die Körperwärme bleibt erhalten. Die Selbstmassage mit Handschuh oder Bürste erfolgt nach den gleichen Prinzipien der Massage: Grundsätzlich wird die Haut in Richtung des venösen Blutstromes (stets in Richtung des Herzens) bestrichen. Rumpfmassagen werden in kreisenden Bewegungen durchgeführt.

Abhärten im Trainingsprozeß bedeutet auch, daß während der Vorbereitungsphase selbst bei schlechter Witterung im Freien trainiert werden muß. Würde ein Sportler nur in der Halle und mit dem Rad auf einem Heim-Trainingsgerät trainieren, wäre dieser völlig ungeschützt gegen jegliche Witterungs- und folgende Infektprobleme! Zusätzlich zur Abhärtung im direkten Trainingsprozeß und bei Maßnahmen zu Hause können Sauna-Besuche, Wechselbäder und Kneipp-Behandlungen das Programm abrunden. Zu leichte Kleidung in Training und Wettkampf hat dagegen nichts mit Abhärtung, sondern eher mit Leichtsinn zu tun.

Saubere Trainings- und Wettkampfkleidung, gut gereinigte Sitzleder in den Rennhosen bilden ebenfalls wichtige Hygiene-Voraussetzungen. Weitere Hygiene- und Abhärtungsmaßnahmen bilden das Abhärten des Sitzfleisches, das Rasieren der Beinhaare und Maßnahmen zum Warmhalten der Muskulatur:

Jeder Rennfahrer kennt den Schmerz der Sitzbeschwerden! Diese Können zwar durch Abhärtung des Fleisches und der Haut nicht beseitigt, wohl aber das Verletzungsrisiko klein gehalten werden.

Nach jeder Dusche oder Waschen muß die Sitzfläche grundsätzlich kalt abgewaschen werden. Auch Bürstenmassage hilft hierbei sehr gut. Bestehen bereits Entzündungen, so müssen entsprechende Medikamente eingesetzt werden.

Im Radsport ist es üblich, die Beinhaare zu rasieren. Dafür gibt es mehrere Gründe:

Bei etwaigen Stürzen entstehen in der Hauptsache Hautverbrennungen. Ohne Beinhaare kann ein etwaiger Verband fast schmerzfrei gewechselt werden.

Bei Massagen können keine Hautwurzelentzündungen entstehen. Der Rennfahrer darf dabei die Haare an möglichen Reibungspunkten (Oberschenkelinnenseite) nicht entfernen, da sonst unnötige Entzündungen entstehen.

Letztendlich hat die Rasur auch etwas mit der Moral des Rennfahrers zu tun! Durch die glatten Hautflächen bekommt er ein ähnlich positives Hautgefühl wie der Schwimmer, der dank veränderter Hautreize im Wasser tatsächlich schneller schwimmen kann.

Warmhalten der Muskulatur

Grundsätzlich muß beim Aufwärmen vor Wettkämpfen oder zum Warmhalten zwischen den einzelnen Starts entsprechende Trainingskleidung getragen werden. Vor allem vor Wettbewerben, bei denen es von der ersten Sekunde an „darauf ankommt", muß sich ein Athlet entsprechend schützen. Durch die zusätzliche Kleidung bleibt die Muskulatur elastisch bzw. voll einsatzfähig. Ein Athlet, der in diesem Punkt nachlässig ist, kann auf keinen Fall die geforderte, gewünschte Leistung bringen.

Je kühler die Außentemperatur ist, um so stärker muß die Muskulatur geschützt werden.

Im Wettkampf wird dies durch hyperämisierende Mittel erreicht. Diese Wärmemittel werden jedoch nur wirksam, wenn sie richtig angewandt werden. Das heißt Wärmemittel erzeugen auf der Haut einen enormen Wärmeeffekt, öffnen jedoch gleichzeitig die Poren, so daß diese Wärme verlorengeht. Aus diesem Grund sollten Mittel mit gleichzeitigem Ölgehalt oder aber über den Wärmemitteln ein Haut- oder Massageöl aufgetragen werden.

64

Ähnlich den Kanalschwimmern müssen auch Straßenfahrer bei Kälte und vor allem Regen eine dicke Fettschicht (Hautöl) zusätzlich aufbringen. Wer Probleme mit den Knien hat, kann vor dieser gesamten Prozedur Wärmepflaster auf die noch trockene Haut aufbringen.

Je höher (wärmer) die Außentemperaturen werden, um so sparsamer sollte mit Wärmemitteln umgegangen werden. Im Hochsommer benötigt die Haut in den seltensten Fällen einen besonderen Schutz. Einzig bei Zeitfahrwettbewerben sollte mit leichten Wärmemitteln gearbeitet werden.

Erste Hilfe (Selbsthilfe) bei kleineren Verletzungen

Ein Rennfahrer kann sich bei den meisten Verletzungen selbst helfen; vor allem bei Hautabschürfungen. Größere Verletzungen müssen selbstverständlich vom Arzt behandelt werden. Grundsätzlich muß ein Radsportler dafür sorgen, daß er wirksam gegen Tetanus immunisiert ist (Eintragung im Gesundheitspaß).

In der Regel hat ein Fahrer Probleme mit Hautabschürfungen. Diese muß er nach Beendigung des Trainings oder Wettkampfes unter der Dusche auswaschen, so daß keine Schmutzrückstände mehr vorhanden sind. Erst danach die Wunde desinfizieren.

Wird sie nur desinfiziert, entwickelt sich durch den vorhandenen Schmutz in der Wunde Eiter und führt zu langwierigem Heilprozeß. Wird die Wunde jedoch ausgewaschen, verkürzt sich die Heilungszeit um ein Vielfaches. Im Sommer sollte die Wunde möglichst an der Luft trocknen und auch in der folgenden Zeit offen gelassen werden. Im Frühjahr dagegen, wenn Kleidungsstücke darüber getragen werden, muß die Wunde verschlossen bleiben. Hierzu mit sterilem Gittertüll und durch Verbandmull als Polster die Wunde abdecken, gegebenenfalls Wundsalbe verwenden. Das Abgedeckte mit Heftpflaster oder einem Netzverband befestigen. Der Verband sollte in täglichem, wenigstens zweitägigem Turnus gewechselt werden. Chlorwasser hat im übrigen einen hohen Desinfektionswirkungsgrad!

Um sich selbst helfen zu können, ist es sinnvoll, daß jeder Sportler über eine kleine Hausapotheke in seiner Sporttasche verfügt.

Darin sollten enthalten sein:
Wundsalbe, Mercuro Chrom, Gittertüll, Mullbinden/Zellstoff, Netzverband, Heftpflaster, Schere.

Wichtig bei Stürzen ist, daß der betroffene Athlet so schnell als möglich wieder aufsteht und weiterfährt – zumindest sich bewegt. Bleibt er liegen, bzw. passiv, treten verstärkt Blutergüsse auf, die das Bewegen in den folgenden Tagen während des Aufwärmens zur Qual machen können. Fährt ein Fahrer so schnell wie möglich weiter, bleiben größere Ergüsse in der Regel aus.

Die Ernährung im Trainingsprozeß

Die Ernährung spielt eine wichtige Rolle im Trainingsprozeß eines Athleten. Trotzdem darf deren Wichtigkeit nicht überschätzt werden. Vorrangig für die Leistung eines Athleten bleibt dessen Trainingsvorbereitung. Ernährung kann eine Hilfe sein, die Trainingsleistungen auch in gute Wettkampfergebnisse umzuwandeln.

Es ist also wenig sinnvoll, einen jungen Sportler mit übermäßig zusätzlichen Präparaten und Sonderverköstigungen in der Familie hochzupäppeln, bevor dieser nicht ein bestimmtes nationales oder internationales Leistungsniveau erreicht hat. Erst im Spitzenbereich, wenn es um echte Titel geht, sollte die Ernährung so weit als möglich den idealen Bedingungen nahekommen.

Gerade in diesem Bereich ergeben sich oft Schwierigkeiten, da die Sportler dort auf das Angebot der entsprechenden Hotelküchen angewiesen sind und so das angebotene Essen sicherlich nicht immer den tatsächlichen Anforderungen entspricht. Ein Athlet, der von zu Hause aus zu sehr verwöhnt ist, bekommt spätestens dann größte Probleme mit sich selbst. Aus diesem Grund sollte eine sportgerechte Ernährung nur im Rahmen der Eßgewohnheiten der gesamten Familie gelöst werden. „Sondersteaks" für den Rennfahrer, während der Rest der Familie Kartoffeln ißt, sollten tatsächlich bis auf wenige Ausnahmen, nach Möglichkeit sogar ganz vermieden werden.

Ein Sportler kann sich selbst zusätzlich motivieren, wenn er in den letzten Wochen vor seinem persönlichen Wettkampfziel seine Ernährungsgewohnheiten so weit als möglich an die Wettkampf- und Trainingsanforderungen anpaßt. Dies kann so aussehen, daß der Eiweißbedarf (Quark, Käse, Fisch, Fleisch) angehoben und gleichzeitig Fette und in Fetten angerichtete Kohlehydrate (Pommes Frites etc.) eingeschränkt werden. Selbst das Weglassen lieb gewordener Eßgewohnheiten (Schokolade etc.) bringt zusätzlich Moral. Aus persönlicher Erfahrung weiß man, was es bedeutet, auf solch wohlschmeckendes Nahrungsmittel zu verzichten. Es entsteht tatsächlich das Gefühl, leistungsfähiger zu werden. Wahrscheinlich sind diese Symptome eher im psychisch/moralischen Bereich zu suchen – und schließlich ist eine gute Moral die wichtigste Stimulanz für einen positiven Wettkampfausgang.

Ernährung im Umfeld von Wettbewerben

Die Grundnahrungstoffe unserer Ernährung sind Kohlehydrate, Fette und Eiweiß. Sie kommen in praktisch allen Nahrungsmitteln in unterschiedlicher Konzentration vor. Die Hauptenergien zur Arbeit im Sport bezieht der Organismus aus den Kohlehydraten. Eiweiße gelten als Bausteine, das heißt, sie sind zur Zellerneuerung notwendig und halten so die Körperfunktionen aufrecht. Fette sind ebenfalls große Energiespender, vor allem bei harten körperlichen Belastungen im Arbeitsleben. Im Sport sind Fette jedoch hinderlich.

Der Brennwert von 1 g Fett ergibt 9,3 Kalorien, der von einem Gramm Kohlehydrate oder Eiweiß jeweils 4,1 Kalorien.

Fette bringen nominal mehr Kalorien, jedoch benötigen sie einen um etwa 10 % höheren Sauerstoffbedarf, um diese Energie abbauen zu können. Dies wiederum kann ein Sportler auf die Dauer kaum verkraften, das heißt seine Leistungen würden sich vorzeitig erschöpfen.

Der Rennfahrer kennt das Problem, daß er beim Spazierenfahren über längere Zeit plötzlich einen enormen Hunger-„Ast" bekommt, obwohl er dabei kaum Leistung aufwenden mußte. Bei einem solch extensiven Training schaltet der Organismus auf Fettverbrennung, während gleichzeitig das Hungergefühl ansteigt.

Durch eine Tempobeschleunigung über eine kurze Phase kann der Normalzustand wieder hergestellt werden. Falsch wäre dagegen, zur Beseitigung des Hungergefühls das nächste Café anzusteuern, da eine solche Maßnahme nur unnötig zusätzliche Kalorien bringen würde.

Eiweiß eignet sich ebenfalls nur kurzfristig als Energiespender zur Arbeit, da trotz gleichem Brennwert wie für Kohlehydrate der Nährwert geringer ist.

Die Ernährung eines Rennfahrers muß ausgewogen sein. Er kann auf keinen der drei Grundnahrungsstoffe verzichten: Der erwachsene Leistungssportler benötigt täglich etwa 20–30 g Fett. Dieses nimmt er meist mit der normalen Nahrung auf. In der Regel zu viel davon. Die Butter auf dem Frühstückstisch deckt in der Regel den Tagesbedarf. Zusätzlich dazu werden weitere Fette aufgenommen, die zur Zubereitung der Mahlzeiten notwendig sind.

Während harter Trainingsphasen im Winter und Sommer sind bis zu 3 g/kg Körpergewicht Eiweiß notwendig. Die Eiweißernährung muß dabei nicht nur aus Fleisch bestehen. Hier bieten sich vor allem Milchprodukte (Quark, Käse, Joghurt) an.

Den Hauptbrennstoff bezieht der Mensch aus den Kohlehydraten. Aus diesem Grund sollte der Hauptteil der Nahrung aus Kohlehydraten bestehen. Auch diese Forderung wird praktisch durch das tägliche Essensangebot in den Familien erfüllt. Sämtliche Zutaten wie Kartoffeln, Teigwaren, Reis bestehen in der Hauptsache aus Kohlehydraten. Je mehr diese jedoch verkocht bzw. mit Fetten angereichert sind, um so weniger sind sie für den Leistungssportler als Nahrung geeignet. Zusätzlich dazu enthalten dunkle Brotsorten und Haferflocken enorm hohe Konzentrationen an Kohlehydraten.

Vorwettkampf- und Wettkampfnahrung

Bereits am Tag vor einem Wettkampf, bei besonderen Veranstaltungen bis zu vier Tagen, sollte die Ernährung vornehmlich aus Kohlehydraten bestehen, um so genügend hohe Brennstoffreserven anzulegen.

Ähnlich ist es in der direkten Wettkampfvorbereitung, wo an Stelle eines Steaks am frühen Morgen auch Haferflocken/Müsli mit Säften oder Milch (hierbei mit Vorbehalten) günstiger sind. Dazu kann ein normales, jedem gewohntes Frühstück eingenommen werden.

Nach dem Wettkampf können die verbrauchten Energien durch erhöhte Eiweiß- und erst später durch erhöhte Kohlehydratzufuhr wieder auf das Ausgangsniveau aufgefüllt werden.

Die Ernährungswissenschaft schlägt vor, nach Belastungen durch eine umfangreiche Kohlehydratkost die entleerten Depots aufzufüllen. Die praktische Erfahrung zeigt jedoch, daß dies innerhalb der ersten beiden Stunden, besonders nach harten Wettbewerben, fast unmöglich ist. Hier ist es günstiger, direkt nach den Wettkämpfen Weichspeisen zu essen, da infolge der Spannung durch den vorausgegangenen Wettkampf andere Nahrung praktisch nicht geschluckt werden kann. Besonders bei Etappenrennen, wo es darauf ankommt, die verbrauchten Energien binnen kürzester Frist wieder aufzufüllen, muß dieser Umstand beachtet werden. Je höher die Außentemperaturen und je besser der Trainingszustand eines Athleten ist, um so weniger muß dieser während eines Wettkampfes feste Nahrung zu sich nehmen. Sobald es sehr kalt wird und bei Regen muß auf erhöhte Nahrungszufuhr geachtet werden.

Grundsätzlich muß die Rennverpflegung kohlehydratreich sein. Je wärmer die Außentemperaturen, um so mehr muß diese Nahrung entweder in flüssiger Form oder leicht zu kauen (hoher Wasseranteil) sein. Diese kann aus Trocken- oder Frischobst bestehen, ebenso aus Fruchtschnitten, Reiskuchen etc.

Bei Kälte dagegen kann die Nahrung zunehmend fester werden. Ebenso sollte der Zuckeranteil erhöht sein. Bei Hitze dagegen ist Zucker nicht zu empfehlen, da gleichzeitig der Durst ansteigen würde.

Die mitgeführte Nahrungsmenge sollte der Streckenlänge und dem Trainingszustand angepaßt sein. Bei einem 100-km-Rennen im Hochsommer kann unter Umständen auf zusätzliche Nahrung vollkommen verzichtet werden. Ebenso ist es bei Zeitfahrwettbewerben oder einem schnellen Kriterium, wo praktisch die Nahrung flüssig sein muß, da feste Verpflegung infolge der gleichzeitig hohen körperlichen Belastung nicht aufgenommen werden kann.

Als günstiges Getränk bot sich in der Vergangenheit ausschließlich Tee mit Honig und etwas Salz (zur Deckung des Mineraliendefizits) an. Zur Zeit gibt es ein großes Angebot an Mineraldrinks mit allen erforderlichen Zusätzen. Diese können einen Teil der Ernährung im Wettkampf übernehmen. Dies hat den Vorteil, daß auch bei Zeitfahrwettbewerben die erforderliche Nahrung mit der Flüssigkeitsaufnahme verbunden werden kann. Auch hier sollte beachtet werden, daß bei kühler Außentemperatur die Kohlehydrat-Konzentration in den Getränken erhöht werden sollte. Bei Hitze dagegen kann diese Konzentration geringer sein. Dagegen müssen die Mineralanteile erhöht werden.

Mineraldrinks eignen sich am besten zur Flüssigkeitsaufnahme. Sie sind am wirkungsvollsten nach größeren Trainings- und Wettkampfbelastungen einzusetzen. Zur normalen Flüssigkeitsaufnahme genügen jedoch die üblichen Getränke (Mineralwasser, Säfte, Tee etc.).

Es ist bekannt, daß Kinder einen größeren Flüssigkeitsbedarf als Erwachsene haben. Die Erziehung junger Rennsportler muß jedoch dahin gehen, bei kurzen Wettbewerben nach Möglichkeit nichts oder nur äußerst wenig zu trinken. Damit soll eine gewisse Härteschulung für die folgende Zeit als Amateur betrieben werden. Dort steht in den seltensten Fällen genügend Flüsssigkeit während des Wettkampfes zur Deckung des Bedarfs bereit. Aus diesem Grund sind auch bei den Amateuren die Fahrer im Vorteil, welche ihre Durstgefühle länger als ihre Gegner unterdrücken können.

Nahrungszufuhr während des Wettkampfes

Die Versorgung durch Nahrung für den Wettkampf beginnt im Grunde bereits mit der Nahrungsaufnahme vor dem Wettkampf. Hierfür gilt der Grundsatz, daß der zeitliche Abstand zum Wettkampf um so größer sein muß, je intensiver die zu erwartenden Leistungen erbracht werden müssen. Ein Sprinter oder Zeitfahrer auf der Bahn muß seine letzte Nahrung mindestens vier Stunden vor Wettkampfbeginn zu sich nehmen. Zeitfahrer auf der Straße benötigen ebenfalls drei bis vier Stunden. Nur der Straßenfahrer kann teilweise in kürzerem Abstand vor dem Wettkampf die letzte Mahlzeit einnehmen.

Im Wettkampf selbst muß der Sportler darauf achten, daß er seine Nahrung in regelmäßigen Abständen aufnimmt. Wer zu essen vergißt, kann unter Umständen eine böse Überraschung erleben, nämlich dann, wenn der gefürchtete ,,Hungerast" eintritt. Besonders oft wird dies von einem Sportler erlebt, wenn er während längerer Jagden zu essen vergißt. Hier muß jedoch jeder Sportler eigene Erfahrungen über Mengen und Verträglichkeit der Nahrung machen.

IV. Voraussetzungen zum Radsporttraining

1. Material

1.1 Die Rennmaschine

Das Fahrrad als Gebrauchsgegenstand hat sich zu einem Sportgerät von höchster Präzision entwickelt. Wohl hat sich an den Grundformen des Fahrrades wenig geändert, doch in den Details werden Unterschiede deutlich erkennbar.

Die gesamte Materialentwicklung verläuft dabei parallel zum besseren Ausbau unserer Straßen und Radrennbahnen. Vor Jahren, als noch mehrheitlich Kopfsteinpflaster- oder Sandstraßen vorherrschten, mußten die Rahmen elastisch genug sein, die Unebenheiten der Straßen einigermaßen aufzufangen bzw. zu dämpfen. Ähnlich war es im Bahnsport, wo Rennfahrer für Sommer- und Winterbahnen bzw. Zement/Asphalt- und Holzbahnen unterschiedliche Rahmen haben mußten.

Die damals sicherlich zweckmäßigen Rennräder waren allesamt länger und durch die flacheren Rohrwinkel elastischer gebaut als die heutigen Modelle. Die heutigen guten Asphaltstraßen erlauben jedoch einen steileren Rahmen, der somit kürzer und stabiler wird. Bei dieser Bauart können gleichzeitig leichtere Rohre verwendet werden, ohne die Stabilität einzuschränken. Aber auch die heute leichteren Rahmen können einem Athleten das Treten nicht abnehmen. Der beste Gewichtsvorteil nutzt wenig, wenn der Sportler nicht über die notwendige Technik verfügt!

Gewichtsersparnis am Rahmen kommt nicht in jedem Falle einer Kraftersparnis gleich. Rahmen und Zubehör müssen in jedem Falle der Größe und dem Gewicht des jeweiligen Fahrers angepaßt sein. Zu leichte Rahmen oder zu leichtes Material kann zur Folge haben, daß der Fahrer die eingesetzte Kraft infolge der entstehenden Labilität nicht mehr voll auf die Straße bringen kann. Ein Rennfahrer muß sich in seiner Materialwahl im klaren sein, ob sich das Risiko des leichten Materials lohnt. Er muß beachten, daß zu leichtes Material seine Erfolgsaussichten mindern kann, da er eine größere Defektgefahr heraufbeschwört. Er muß sich im klaren sein, welche rennentscheidende Bedeutung Defekte haben können. Nur wenn ein Fahrer sicher ist, daß er sein Material schnell austauschen kann, sollte er solche Risiken eingehen.

Rahmen

Die Wahl des Rahmen, richtet sich nach den Anforderungen (Disziplinen) und den finanziellen Möglichkeiten des Käufers. Preisunterschiede ergeben sich aus unterschiedlicher Qualität (Gewicht und Stabilität) der Rohre und Muffen, sowie deren Verarbeitung.

Straßenmaschine

Bahnmaschine

Grundmodelle sind Straßen- und Bahnrahmen! Die Hauptunterscheidungsmerkmale bilden die hinteren Ausfallenden. Die Straßen-Ausfallenden sind so konstruiert, daß das Hinterrad nach vorne aus der Halterung geschoben werden kann, um so einen schnellen Laufradwechsel vollziehen zu können. Die Bahn-Ausfallenden öffnen sich nach hinten. Sie verlaufen im Gegensatz zum Straßenrahmen waagrecht, um die Tretlagerhöhe (Distanz vom Boden zur Tretlagermitte) exakt halten zu können.

Auch heute noch muß der Straßenrahmen über eine erhöhte Elastizität gegenüber dem Bahnrahmen verfügen. Aus diesem Grund muß die Krümmung der Straßengabel etwas stärker als die der Bahn sein. Der Hinterbau ist bei der Straßenmaschine ebenfalls etwas länger. Die Rahmenhöhe kann jedoch gleich sein. Einzig im Querfeldeinsport und Sechstagerennen müssen die Rahmen etwas niedriger sein. Der Sechs-Tage-Fahrer muß wegen der äußerst hohen Trittgeschwindigkeiten und dem gleichzeitig hohen Kurvendruck der Winterbahnen bis zu drei Zentimeter tiefer sitzen als normal. Beim Querfeldeinfahrer dagegen geht es um Balancegründe und Tritt-Technik. Bei der Vielzahl der angebotenen Rahmenmodelle sollten neben dem persönlichen Geschmack folgende Kriterien beachtet werden:

Der **Neigungswinkel** des Sitzrohres darf nur so steil sein, daß der Benutzer seine optimale Position aufbauen kann.

Die **Tretlagerhöhe** kann entsprechend der Anwendung variiert werden:
Langstreckenrennen und Bergfahrten 26,5–27 cm
Kriterien/Straßenrennen 27–27,5 cm
Bahn Zeitfahren/Verfolgung/Zweier-M. 27,5 cm
Bahn Sprint 28–28,5 cm
Querfeldein 27,5–28,5 cm

Beim Quer-Rahmen sollten größere Abstände zwischen Gabel/Hinterbau und den Laufrädern vorhanden sein, um trotz aufliegendem Schmutz noch genügend Lauffreiheit für die Laufräder zu haben.

Rahmenzubehör/Laufräder:
Standardausführung 36 Speichen
Straße, Bahn/2er etc., Querfeldein-, Zeitfahrwettbewerbe, Straße 28 Speichen
Bahn Einzelverfolgung 24–28 Speichen
Vierer 28 Speichen
Sprint 32–40 Speichen
allg. Disziplinen 32–36 Speichen

Spezielle Entwicklungen von Zeitfahrrahmen

Ende der 70er Jahre setzte eine enorme Entwicklung auf dem Sektor des Rahmenbaus zur Verbesserung der aerodynamischen Voraussetzungen der Rahmen ein. Erkenntnisse aus Windkanalversuchen zeigen jedoch, daß der tatsächliche Gewinn nur äußerst gering ist. Demnach lohnt sich ein Einsatz nur im absoluten internationalen Hochleistungsbereich! Dort dient ein solcher Einsatz neben der geringen Kraftersparnis vor

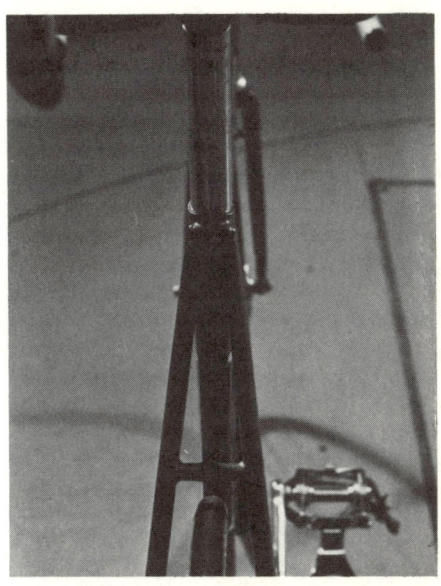

Fahrer mit aerodynamisch günstigem Modell im Windkanal

Die Streben des Hinterbaues müssen bei einem Aero-Rahmen hinter dem Sitzrohr auslaufen

allem der moralischen Unterstützung des Athleten, auf diesem Gebiet dem Gegner gegenüber nicht im Nachteil zu sein.

Generell sollte bei **Aero-Rahmen** beachtet werden: Die Hinterbau-Streben müssen hinter dem Sitzrohr enden. Das Dreieck Sitzrohr – Hinterbau – Laufrad muß so klein als möglich gehalten werden, um die Verwirbelung geringzuhalten.

Lenker

Der am Gabelkopf befestigte Lenker ermöglicht zugleich einen leichteren oder kleineren Rahmen, da die Zugkräfte von der Gabel und nicht mehr vom Rahmen aufgenommen werden müssen.

Bei Standard-Rahmen treten Schwingungen durch die Tretbewegung und durch die Zugkräfte der Arme auf. Trotzdem sollte auch bei einem Lenker vom Gabelkopf der Rahmen stabil gebaut werden (mit Muffen etc.). Ovale Rohre haben nur einen Sinn, wenn die Lötstellen (Rohrverbindungen) entsprechende Stabilität verleihen. Ein Einsatz wird erst sinnvoll, wenn es auch für diese Rohre entsprechende Muffen gibt.

Versenken der **Brems- und Schaltzüge,** Verlegen der Bremsen: Schalt- und Bremszüge brauchen nicht verlegt zu werden, da diese vor dem Körper bzw. hinter dem Gabelkopf/schaft verlaufen. Die Vorderbremse dagegen sollte hinter der Gabel liegen.

73

Optimale Fahrrad-Aerodynamik durch un-konventionelle Bauweise, ohne die Rahmenstabilität zu beeinträchtigen

Hinter der Vorderradgabel sind die Bremsen angeordnet, um die Verwirbelung so gering wie möglich zu halten

Laufräder/Reifen

Hier gibt es enorme Entwicklungen, die insgesamt sehr sinnvoll sind. Schmalere Reifen ergeben einen geringeren Querschnitt und sind vor allem für den Hochgeschwindigkeitsbereich sehr zu empfehlen. Ebenfalls entsprechend geformte Felgen. Die Speichen dagegen brauchen nicht oval zu sein (vor allem auf der Straße).

Kleinere Reifenquerschnitte bringen auf der Bahn unter Umständen Probleme, da sich dadurch die Übersetzungsverhältnisse ändern.

2. Kleidung des Radsportlers

Zusätzlich zum richtigen Material und der daraus resultierenden richtigen Position des Fahrers auf der Rennmaschine hat auch die richtige Rennkleidung eine große Bedeutung.

Ein Radsportler muß bei seiner Kleidungswahl stets die vorherrschenden Außentemperaturen sorgfältig beobachten. Außerdem muß er berücksichtigen, daß durch den

74

Fahrtwind die Umgebungstemperatur – zum Beispiel bei Abfahrten – empfindlich absinken kann. Vor allem im Frühjahr bei relativ angenehmen Außentemperaturen, kann falsche Kleidungswahl zu unangenehmen Empfindungen führen.

Die erforderliche Kleidung wird um so vielfältiger, je größer der Trainingsumfang eines Sportlers wird. Ein Spitzenfahrer, der ein Ganzjahrestraining auf dem Fahrrad absolviert, benötigt naturgemäß für jede Witterung eine angemessene Kleidung, während der Freizeit-Sportler, der nur bei Sonnenschein fährt, sein Kleidungssortiment relativ klein halten kann.

2.1 Rennhose

Wichtigstes Kleidungsstück für den Radsportler ist die Rennhose. Diese muß stets eng am Körper anliegen, um eine Faltenbildung – vor allem im Gesäßteil – zu verhindern bzw. weitestgehend auszuschalten. Dies bedeutet, daß vor allem die Beinteile eng anliegen müssen, um ein Hochrutschen zu vermeiden.

Das Leder auf der Innenseite der Hose sollte ebenfalls faltenfrei anliegen. Dieses kann zwischen Hose und Leder mit zusätzlichen Materialien gepolstert sein (Frotté).

Rennsportler mit verschiedenen Rennhosenmodellen

Der Sportler sitzt mit nacktem Gesäß in der Rennhose, das heißt er trägt keine Unterhose. Diese würde während der Tretbewegung ständig scheuern und bei längeren Fahrten zu größter Pein beim Benutzer führen. Es genügt jedoch bei längeren Fahrten nicht, „trocken" in die Rennhose zu steigen. Hierzu empfiehlt sich, das Leder vor Benutzung bzw. den Gesäßteil, mit einer Glycerin-Creme einzureiben. Hierzu gibt es in den Fachgeschäften spezielle Cremes. Die Rennhose braucht nicht nach jeder Benutzung gereinigt zu werden. Hier empfiehlt sich bei regelmäßigem Training ein ständiger Tausch der Hosen (von Training zu Training), so daß nach etwa 5- bis 6maliger Benutzung – bei langen Trainingsfahrten in kürzeren Abständen – die Hosen normal gewaschen werden können. Anschließend müssen sie jedoch mit dem Leder auf der Innenseite (um zu starkes Härten zu vermeiden) getrocknet werden. Ganz Vorsichtige können die Hosen auch im Benzinbad reinigen lassen.

Rennhosen (kurze, bis zur Hüfte reichende) sollten während längerer Fahrten grundsätzlich mit Hosenträger getragen werden, um ein Rutschen zu vermeiden. Bei Regenrennen kann eine Hose ohne Hosenträger nicht halten.

2.2 Rennschuhe

Falsche Rennschuhe können einem Radsportler unter Umständen die ganze Freude an dieser Sportart verderben. Der Grund liegt dabei in den unterschiedlichen Leisten der einzelnen Firmen und natürlich an den verschiedenen Fußformen der Menschen. Aus diesem Grund muß jeder beim Kauf sorgfältig prüfen, ob der Schuh genau paßt. Wichtiger ist, ob die „Sprengung" (Form der Sohle) richtig sitzt. Ein etwas zu enger Rennschuh sitzt nach einer Regenfahrt oder nach längerem Anfeuchten und nachfolgendem Training.

Fußstellung auf dem Pedal beim Radfahren: Standardfußhaltung

Wenn aber die Neigung der Sohle nicht stimmt, muß entweder mit veränderter Fußstellung oder mit großen Schmerzen (Brennen der Füße) gefahren werden.

Personen mit Knickfüßen müssen darauf achten, daß sie einen Schuh finden, in dem sie einigermaßen gut stehen können.

Dieser Personenkreis muß in der Regel jedoch mit „spitzer" Fußstellung fahren, um damit den beim langen Fahren auftretenden Schmerz durch den Fußknick zu

„spitze" Fußhaltung

umgehen. Der Rennschuh selbst soll über eine steife, nach unten wenig biegsame Leder- oder Kunststoffsohle verfügen. Schuhe mit Kunststoffsohlen und eventuell zusätzlichem Netzoberteil haben den Vorteil, bei Nässe kaum Wasser aufzunehmen und sich dadurch wenig zu verformen. Gleichzeitig werden diese nicht schwerer. Der Lederschuh dagegen saugt sich voll Wasser. Der Nachteil der Schuhe mit Kunststoffsohlen ist, daß die Füße schneller „brennen". Lösungsmöglichkeiten hierfür bieten nur zusätzliche Einlagen, die der individuellen Fußform angepaßt sind. Im Fachhandel angebotene Sportschuheinlagen können hierfür passend von jedem selbst zugeschnitten werden (s. Abb. S. 78).

Schuhplatten

Der beste Rennschuh nutzt wenig, wenn auf der Sohle keine Schuhplatten (Pedalhalterungen) angebracht sind. Diese Platten haben die Aufgabe, den Fuß am Pedal zu halten, um so auch ein Nach-oben-Ziehen des Fußes während der Tretbewegung zu ermöglichen. Diese Platten müssen dabei so angebracht sein, daß der Fuß in der für den Fahrer günstigsten Stellung im Pedal steht (in der Regel Fußstellung parallel zur Kurbel).

Zu diesem Zweck muß ein Schuh erst einige Zeit (ein bis zwei Stunden) im Training ohne Platten gefahren werden. Die während des Trainings entstehenden Abdrücke werden als Richtmaß für das Anbringen der Platten genutzt. In der Regel sitzt eine Schuhplatte nicht beim ersten Aufnageln. Aus diesem Grund dürfen diese vorerst nur mit zwei bis drei Nägeln befestigt werden. Erst nach einer Probefahrt und einigen weiteren Versuchen dürfen die Platten endgültig befestigt werden. Bereits Verschiebungen von $1/_{10}$ mm können eine optimale Fußhaltung verhindern.

Erleichterungen schaffen hier Neuentwicklungen der verschiedensten Firmen, wobei die Schuhplatten entweder bereits in die Schuhsohle integriert oder mittels eingearbeiteter Stege mit Schrauben provisorisch befestigt werden können und somit den langwierigen Montageprozeß verkürzen helfen (s. Abb. S. 79).

2.3 Trikots

Entsprechend den Erfordernissen durch unterschiedliche Witterung und Disziplinen werden unterschiedliche Trikots benötigt. Dieselben Trikots, vor allem Straßenausführungen, finden selbstverständlich auch als Trainingstrikots Anwendung.

Straßen-Trikots

Durch die lange Wettbewerbsdauer benötigt der Straßenfahrer Trikots, die es ihm ermöglichen, seine Verpflegung am Körper mitzuführen. Zu diesem Zweck sind auf der Rückseite Taschen aufgenäht, die natürlich am unteren Rand der Trikotrückseite angebracht sein müssen, um ohne größere Verrenkungen die mitgeführte Nahrung während der Fahrt herausholen zu können.

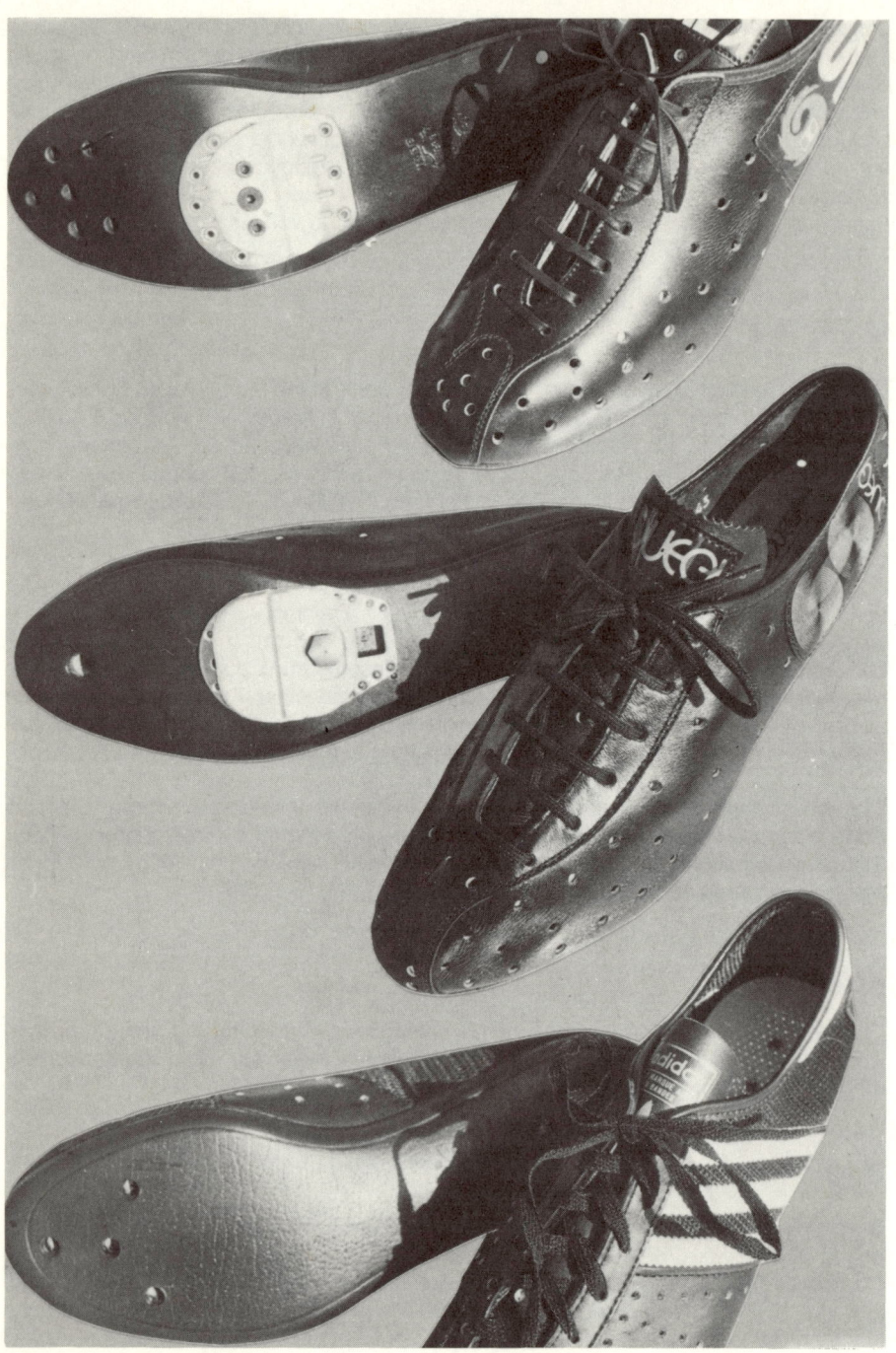

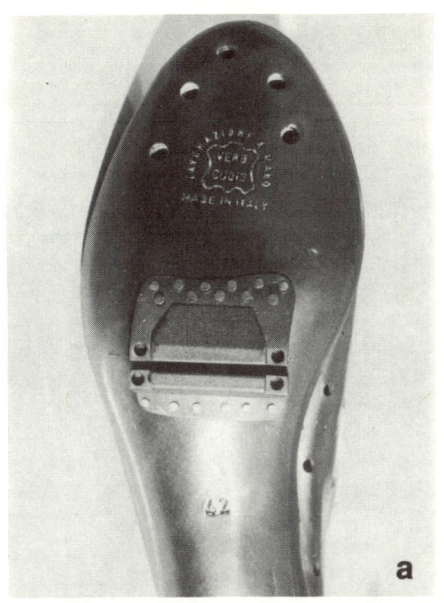

a

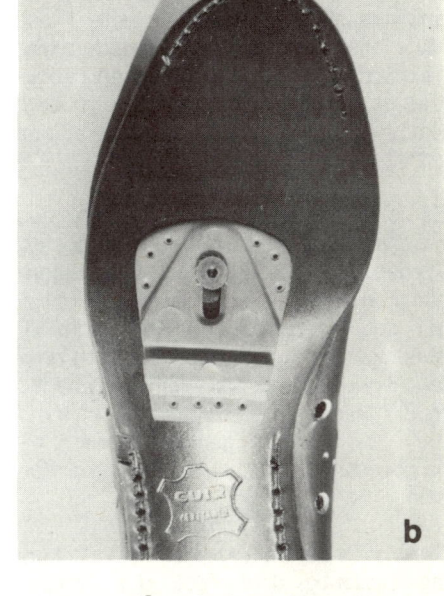

b

a) *Die Platte zur Fußfixation auf dem Pedal muß auf die Sohle aufgenagelt werden.*
Zur Bestimmung der Lage zuvor einige Zeit ohne Platten fahren, bis sich ein Abdruck des Pedalsteges auf der Sohle zeigt. Danach mit wenigen Nägeln die Platte fixieren und nach einem weiteren Test befestigen.

b) *Ledersohle mit einem Fixpunkt:*
Die Platte wird mittels der Inbusschraube fixiert und gefahren. Sitzt diese richtig, wird sie mit Nägeln endgültig befestigt.

c) *Plastiksohle mit integrierter Platte:* ▶
Diese Platte wird nur von der Schraube und einem Stift (Plattenmitte) gehalten. Dieses Verfahren zeichnet sich durch einfachste Einstellung aus. Nachteil: Keine absolut sichere Fixation.

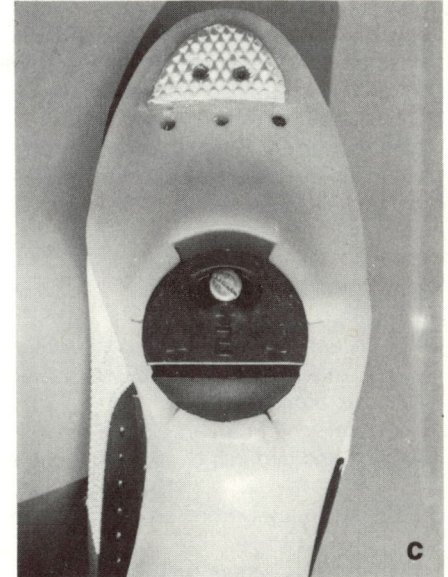

c

Unterschiedliche Rennschuhmodelle:
oben) Oberteil und Sohle aus Leder
Mitte) Oberteil Leder, Sohle Holz
unten) Oberteil Netz mit Lederverstärkungen, Sohle Kunststoff

◀

Traditionelles Material sämtlicher Straß-
entrikots ist Wolle oder Baumwolle. Diese
Materialien werden in zunehmendem Maße durch andere (meist Kunstfaser) abgelöst, da mit diesem Material eine größere
Haltbarkeit und damit bessere Paßform
erzielt werden kann.

Es ist wahrscheinlich unerheblich, aus
welchem Material diese Trikots hergestellt
werden. Sie müssen jedoch über Eigenschaften verfügen, die nach Möglichkeit
auf der Innenseite den Körperschweiß
aufsaugen und von außen dagegen eher
feuchtigkeitsabweisend wirken. Ebenso
muß zumindest bei Trikots, die während
der Sommermonate getragen werden, eine gewisse Luftdurchlässigkeit vorhanden
sein.

Der Vorteil der herkömmlichen Wolltrikots
lag eindeutig darin, daß der Tempe-
raturausgleich bei fast jeder Witterung
sehr gut war. Der Nachteil dagegen war,
daß bei Regen das aufgenommene Wasser schlecht verdunstete.

In der Trikot-Form werden Kurzarm- und
Langarm-Trikots unterschieden. Trikots

*Rennfahrer während einer „Verpfle-
gungspause" im Wettkampf. Die Nahrung
wird in den Trikottaschen auf dem Rücken
mitgeführt*

mit langem Arm werden vornehmlich während der kühleren Tage und im Training
getragen. Kurzarmtrikots dagegen, wenn es warm ist. Langarm-Trikots bringen oft den
Nachteil, daß bei ansteigender Temperatur die langen Ärmel im Weg sind. Aus diesem
Grund benutzen Rennfahrer bei Frühjahrsrennen oftmals sogenannte „Armlinge"
(Armüberzieher), die sie bei ansteigenden Temperaturen einfach abstreifen und in einer
der Trikot-Taschen verstauen können.

Bahn-Trikots

Bei Bahnrennen, Kriterien werden leichtere Trikots verwendet. Auch diese bestanden in
der Vergangenheit aus einem Baumwoll-Seidengemisch. Derzeit kommen immer mehr
elastische Stoffe zur Anwendung. Diese Trikots sollen einerseits eine verbesserte
aerodynamische Form am Körper ermöglichen und gleichzeitig eine erhöhte Luftdurchlässigkeit und dadurch bessere Kühlung ermöglichen.

Bei Spezialwettbewerben ist es üblich, komplette Rennanzüge aus diesen elastischen
Materialien zu tragen. Die verbesserte Paßform bringt auch tatsächlich einen deutlich
geringeren Windwiderstand. Die besten Strömungseigenschaften weisen jedoch Renn-

anzüge mit plastifizierter Oberfläche, zumindest auf dem Schulter-und Rückenteil auf (s. Foto, Seite 44). Diese Anzüge haben jedoch den Nachteil, daß in ihnen leicht ein sehr großer Wärmestau entsteht, durch den der Sportler dann übermäßig an Leistungsfähigkeit einbüßt. Aus diesem Grund sind solche Anzüge vornehmlich nur für Kurzzeit-Wettbewerbe (Bahn) geeignet.

Gregor Braun im aerodynamischen Rennanzug beim Bergzeitfahren

2.4   Trainingskleidung

Trainingskleidung muß vor allem zweckmäßig sein. Hauptforderungen sind, daß
sie jeweils gut am Körper anliegt und kein
Wärmestau entsteht. Hierzu gibt es Entwicklungen, die neben Zweckmäßigkeit
auch die Mode berücksichtigen.

Die Beine können durch „Beinlinge" (einzelne Beinteile), Trainingshosen bzw. lange Rennhosen geschützt werden. Beinlinge werden von den Rennfahrern vor allem
direkt vor dem Wettkampf während des
Aufwärmens benutzt, da er anschließend
nur diese abstreifen muß, um startbereit
zu sein. Lange Hosen haben dabei den
Nachteil, daß sie – über den Rennhosen
getragen – zusätzlich auftragen und den
Bewegungsablauf leicht behindern.

Bei kühler Witterung sollten entsprechende Trainingshosen, die vorne entweder
plastifiziert oder zumindest doppelt gearbeitet sind, benutzt werden. Günstig sind
auch hier Thermo-Anzüge, da deren Material sehr gut gegen Kälte schützt und
trotzdem große Bewegungsfreiheit besteht.

Unterkleidung

Durch den entstehenden Fahrtwind und
dadurch bedingte kühlere Außentemperatur ist ein Rennsportler an einigen Körper-
stellen besonders gefährdet. Dies sind vor
allem der Brust- und Genitalbereich, sowie auf dem Rücken der Bereich der Lendenwirbelsäule. Hinzu kommen Hände
und Füße.

Grundsätzlich sollte unter jedem Trikot ein
schweißsaugendes Unterhemd getragen
werden. Inzwischen gibt es aber auch
hierfür Trikots, die den Schweiß nicht
mehr aufnehmen, sondern direkt an die
nächste Schicht weiterleiten. Der Effekt
dürfte wahrscheinlich günstiger sein.

Rennfahrer mit „Beinlingen"

*Rennfahrer im „Thermo-Anzug", der trotz
hohem Kälteschutz auch noch genügend
Bewegungsfreiheit beim Fahren läßt*

Wird kein Unterhemd getragen, so hat der Sportler vor allem auf Abfahrten nur einen ungenügenden Schutz gegen den Fahrtwind. Vor allem auf langen Abfahrten, nach vorherigem schweißtreibendem Aufstieg sollte zusätzlich eine Zeitung zwischen die beiden Trikots nach dem Vorbild der Profis geschoben werden. Bei kühler Witterung, vor allem im Frühjahr, kann auch ein Windlatz (Segeltuch, das Brust- und Rückenteil bedeckt) getragen werden. Wird es allerdings im Verlauf der Fahrt zu warm, ist ein solcher Windlatz hinderlich.

Je kälter die Außentemperaturen sind, um so mehr Lagen Trikots sollten getragen werden. Dieser mehrschichtige Schutz hat den Vorteil, daß trotzdem noch ein gewisser Luftaustausch stattfindet und so vor allem überschüssige Wärme abgeleitet wird.

Anoraks oder Regenjacken sollten tatsächlich nur bei entsprechender Witterung getragen werden. Beide haben den Nachteil, daß unter ihnen ein Hitzestau entsteht. Nach dem Ausziehen besteht dann zusätzlich die Gefahr einer erhöhten Infektanfälligkeit.

Vor allem bei Wettkämpfen im Frühjahr, wo einerseits der Sportler neben der sportlichen Belastung auch zusätzliche Schwierigkeiten durch die meist kühle Witterung hat, wird der Bereich der Lendenwirbelsäule stark strapaziert. Deshalb muß dieser Bereich zusätzlich geschützt werden. Dies beginnt mit dem Tragen einer einteiligen Rennhose.

Diese sollte grundsätzlich auf dem Rückenteil inwendig eine zusätzliche Materialschicht (Frottee) aufweisen. Die dünnen Elastik-Hosen ohne zusätzlichen Belag sind dabei am wenigsten geeignet.

Was für die Lendenwirbelsäule gut ist, gilt auch für den Genitialbereich. In der Regel reicht hierfür der Schutz durch das Leder nicht aus. Jeder Sportler muß sich durch entsprechendes Material (Watte, Frottee-Tuch, Zeitung) schützen. Erkältungen können jahrelange Probleme, vor allem bei älteren Sportlern, nach sich ziehen.

Schutz der Extremitäten

Vor allem in der kalten Jahreszeit sind Hände und Füße, da durch die reine Halte-Arbeit bzw. Passivität weniger stark durchblutet, stets gegen Kälte gefährdet.

Die Hände können mit entsprechenden Handschuhen, die vor allem auf dem Handrükken verstärkt isoliert sein sollten, leicht geschützt werden. Für die Füße gibt es eine Reihe von Überschuhen. Einige Modelle haben jedoch einen gewissen Nachteil, daß sie zu leicht gearbeitet sind, um eng anzuliegen. Wichtig wäre hier jedoch, daß ein gewisser Freiraum zwischen Füßen/Rennschuhen und den Überziehern bleibt. Aus diesem Grund ist es für das mitteleuropäische Klima oft günstiger, vor allem bei trockenem Wetter, anstatt eines speziellen Überziehers dicke Wollsocken über den Rennschuhen zu tragen. Diese Wollsocken halten in ihren Maschen die Wärme und somit auch die Wärme an den Füßen.

Bei Wettkämpfen im Frühjahr, bei denen das Wetter recht unsicher erscheint, sollte jeder Sportler einen Regenschutz tragen.

Rennfahrer im Wettkampf bei Regen. Als Schutz tragen sie Regenjacken und teilweise wasserabweisende Überschuhe

Kopfschutz

Dieses Problem wurde in der Vergangenheit viel zu nachlässig gehandhabt. Anfänger, vor allem Schüler und ältere Sportler, sollten grundsätzlich von Anfang an einen entsprechenden Kopfschutz tragen. Hierzu gibt es eine Reihe von Helmen, vor allem aus den USA, die – auch wenn sie einem langjährigen Radsportler exotisch vorkommen mögen – einen guten Schutz bieten. Wenn Mofa-Fahrer, die maximal 25 km/h fahren dürfen, einen Helm tragen sollten, dann muß dies erst recht für den Rennsportler, vor allem für einen Anfänger, obligatorisch sein. Die im Rennsport üblichen Sturzringe dagegen sind für den Kreis der Anfänger absolut ungeeignet.

Kopfschutz im Winter

Unter Helmen muß natürlich in der kalten Jahreszeit ein weiterer Schutz, vor allem für die Ohren, getragen werden. Der Rennfahrer muß sich mit einer Wollmütze schützen. Besonders muß darauf geachtet werden, daß vor allem der Stirn- und Ohrenbereich gut bedeckt wird. Wem eine volle Wollmütze zu warm wird, der sollte statt dessen ein Stirnband tragen.

84

Zwei der gebräuchlichsten Kopfschutzformen: Links ein Sturzring, jedoch nur für Geübte zu empfehlen – rechts ein Helm für Anfänger und Freizeitsportler.

Auch im Querfeldein-Rennsport werden in zunehmendem Maße elastische Kombi-Anzüge benutzt. Diese haben oft an Vorder- und Rückseite eine Gummierung, um den Schmutz abzuweisen (gleichzeitig auch Kälteschutz). ▶

2.5 Kleidung für Querfeldeinsport

Auch für diese Wettbewerbe gibt es inzwischen entsprechende Wettkampfkleidung. Die neuen Rennanzüge mit einem plastifizierten Vorder- und Rückenteil in den Bereichen, die besonders dem Schmutz ausgesetzt sind, bieten enorme Vorteile. Der Schmutz und die Feuchtigkeit können sich dadurch nicht mehr in den Hosen und Trikots festsetzen.

Der Sportler muß somit nicht mehr ständig nutzlosen Ballast mit sich führen und kann sich besser bewegen.

Auch hier dürfen die Sportler die jeweilige Witterung nicht außer acht lassen. Sie müssen sich entsprechend der Außentemperatur und der Bodenbeschaffenheit kleiden. Es ist dabei keine Schande, wenn ein Sportler mit langarmigem Trikot/Anzug und langer Hose am Start erscheint.

3. Positionsbau

Kraft und eine hervorragende Rennmaschine reichen nicht aus, diese auch so schnell als möglich vorwärts zu bewegen. Optimale Geschwindigkeiten können nur erreicht werden, wenn der Sportler eine möglichst optimale Position auf dieser Rennmaschine einnehmen kann. Wichtigster Faktor hierfür ist, daß der Körperschwerpunkt des Sportlers möglichst genau über dem Mittelpunkt der Rennmaschine, dem Tretlager, liegt.

Unterschiedlicher Körperbau und abweichende Größe der Menschen machen hierfür einen individuellen Rahmenbau, sowie Zubehör in verschiedenen Größen notwendig.

Der jeweilige Rahmen sollte nicht zu groß (hoch und lang) aber auch nicht klein/kurz sein, um überlanges Zubehör bei Sattelstützen und vor allem Vorbauten zu vermeiden. Die Rahmenlänge sollte so sein, daß die Vorbaulänge zwischen 10 und 13 cm gewählt werden kann. Für sehr große Menschen gibt es allerdings hierfür relativ wenig Möglichkeiten – dieser Personenkreis muß nehmen, was paßt.

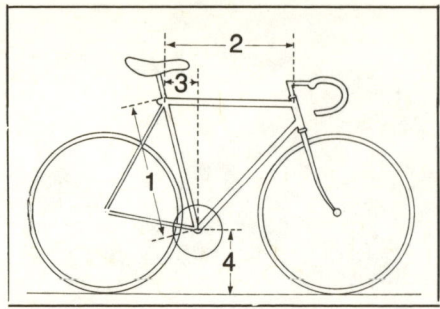

Maßkriterien für Rennrahmen:
1 Rahmenhöhe – gemessen von Tretlagermitte bis Oberkante Oberrohr
2 Rahmenlänge – gemessen von Sikrohr bis Steuerkopfmitte
3 Sikrohrneigung – Differenz zwischen Tretlager- und Sikrohrmitte
4 Tretlagerhöhe – Distanz zwischen Boden und Tretlagermitte

Ebenso sollte die Rahmenhöhe so ausgelegt sein, daß bei eingestellter Sattelhöhe der Sattel etwa 12–15 cm über dem Oberrohr des Rahmens steht. Auch hier wieder Ausnahmen für sehr Große oder Kleine. Große Menschen haben den Nachteil, daß die für sie erforderlichen großen Rahmen nicht über dieselbe Stabilität verfügen können, wie jene der mittleren oder unteren Größen. Dasselbe gilt beim Fahren mit überlangen Vorbauten, durch welche das Lenkverhalten natürlicherweise nicht mehr so stabil sein kann. Jeder sollte sich davor hüten, bei großen Menschen Unsicherheiten im Fahrverhalten mit Ungeschicklichkeit gleichzusetzen. Die Ursachen liegen in der Regel im zwangsweise labileren Fahrverhalten der Rennmaschinen. Der Käufer eines Rahmens sollte grundsätzlich auf einem Testgerät des Händlers nach seiner optimalen Rahmengröße suchen. Rahmen sollten dabei nach ungefähr folgenden Kriterien ausgesucht werden: Die Rahmenlänge sollte etwa derjenigen der Rahmenhöhe entsprechen. Gemessen wird dabei die Höhe von Tretlagermitte bis Rahmenoberkante (1), sowie die Länge von Sitzrohrmitte zu Steuerrohrmitte (2). Für Menschen mit sehr langem Oberkörper sollte die Rähmenlänge bis zu 2 cm mehr betragen als die Rahmenhöhe. Menschen mit kurzem Oberkörper sollten die Rahmenlänge kürzer wählen. Die Rahmenhöhe ergibt sich aus der Beinlänge (gemessen am Schritt). Hiervon müssen zwischen 25–27 cm abgezogen werden. Das daraus resultierende Ergebnis ergibt die Rahmenhöhe. Beispiel: Schrittlänge 85 cm = Rahmenhöhe zwischen 58 und 60 cm.

3.1 Einstellen der Position

Die Aussagen hierzu basieren ausschließlich auf empirischen Erfahrungen. Hierzu hat vor allem der ehemalige Schweizer Nationaltrainer Oskar Plattner entscheidende neue Impulse vermittelt. Nach seinen vorgeschlagenen Regeln kann tatsächlich bei jedem

Sportler eine relativ optimale Grundposition herausgearbeitet werden. Trotzdem muß jeder Einzelne in der Folgezeit seine Position entsprechend den speziellen Erfordernissen noch geringfügig abwandeln.

Folgende Faktoren müssen beim Positionsbau beachtet werden:

1. **Rahmenhöhe, -länge**
2. **Pedalhakenlänge**
3. **Sattelhöhe (vertikale Einstellung)**
4. **Sattelstellung (horizontale Einstellung)**
5. **Vorbaulänge**
6. **Lenkerbreite, -höhe**

Pedalhakenlänge

Die richtige Fußstellung auf dem Pedal wird erreicht, wenn das Großzehengelenk (Fußballen) genau über der Pedalachse steht. Die Hakenlänge muß dabei so gewählt werden, daß Fußspitze und Hakenkrümmung einander berühren. Kann eine solche Einstellung nicht mit den üblichen Hakenlängen (drei Größen) erreicht werden, müssen Unterlagsscheiben zwischen Pedal und Haken vorne oder hinten gelegt oder verstellbare Haken verwendet werden.

Fußstellung auf dem Pedal: Das Großzehengelenk steht über der Pedalachse

Sattelhöhe (vertikale Einstellung)

Der Sportler setzt sich zur Einstellung des Sattels auf sein Rad (mit Rennschuhen). Die Kurbeln stehen dabei senkrecht. Der Fuß, auf dessen Seite das Pedal in der unteren Stellung steht, wird mit der Ferse auf dieses Pedal gestellt.

Die richtige Höhe ist erreicht, wenn das Bein ohne seitliche Beckenverschiebung durchgestreckt auf dem Pedal steht.

Bei Pedalen, deren oberes Niveau genau auf der Mitte der Pedalachse liegt, kann diese Regelung nicht angewandt werden.

Hierzu müssen bei einem solchen Modell die Haken abgenommen werden. Bei

Einstellen der Sattelhöhe

Standard-Pedalen dagegen kann dies ohne weiteres mit der nach oben gedrehten Pedalunterseite vorgenommen werden.

Pedale mit Niveau auf Höhe der Achsenmitte sind vor allem für große Sportler besonders zu empfehlen, da damit ein bis zu zwei Zentimeter kleinerer Rahmen gewählt werden kann.

Feineinstellung der Sattelhöhe

Für die verschiedensten Disziplinen kann bei der Feineinstellung der Sattel nach oben oder unten verschoben werden. Als Grundregel gilt hierfür: Je höher die Ge-

Horizontale Satteleinstellung

schwindigkeiten (Trittgeschwindigkeiten) ansteigen, um so tiefer muß der Sattel eingestellt werden (Sechs-Tage- und Querfeldeinfahrer). Je höher der Kraftaufwand wird (auch bei hohen Drehzahlen), um so höher muß der Sattel eingestellt werden (Zeitfahren). Extrem wird es bei Sprintern, bei denen zwar enorm hohe Trittgeschwindigkeiten verlangt werden, gleichzeitig aber auch der Krafteinsatz um ein Vielfaches zunimmt. Hier erreicht der Fahrer teilweise eine fast gestreckte Fußhaltung, auch wenn seine Füße bereits in den Pedalhaken stehen.

Sattelstellung (horizontale Verschiebung)

Zur Einstellung sitzt der Sportler ebenfalls auf dem Fahrrad, das Gesäß bedeckt den Sattel ganz. Die Kurbeln werden horizontal gestellt und die Füße stehen in den Pedalen. In dieser Stellung ist die richtige Position erreicht, wenn die Vorderkante der Kniescheibe des vorderen Beines eine vertikale Verbindung zur Pedalachsenmitte bildet.

Bei einer solchen Einstellung soll der Sattel grundsätzlich waagrecht stehen. Neigt sich die Sattelspitze nach unten, rutscht der Sportler beim Fahren zu weit nach vorne und seine Position wird zu niedrig. Zeigt die Sattelspitze nach oben, wird zwar das Nach-vorne-Rutschen vermieden, gleichzeitig entsteht durch diesen „Halt" ein enormer Druck auf die Harnröhre, was wiederum Entzündungen nach sich ziehen kann.

Muß der Sattel bei einer solchen Einstellung nach vorne oder nach hinten verschoben werden, ist die Arretierung der Sattelhöhe neuerlich zu überprüfen und gegebenenfalls neu einzustellen.

Diese Einstellung der Grundposition ist selbstverständlich nicht identisch mit der Position während hoher Belastungen. Sie ermöglicht dem Sportler jedoch, in dieser Mittelstellung durch veränderte Sitzhaltungen die entsprechenden Krafteinsätze durchzuführen. Bei hohem Kraftaufwand rutscht der Fahrer auf dem Sattel nach vorne. Bei jedem

Tempowechsel hat er in dieser Mittelstellung also die Möglichkeit, für die Zeit der Beschleunigungsphase durch Krafteinsatz und dadurch „Schub von hinten" die entsprechende Sattelposition einzunehmen.

Feineinstellung

Auch hier sind wiederum die Disziplinen Zweier-Mannschaftsrennen und Querfeldein, sowie der Sprint betroffen. Hohe Trittgeschwindigkeiten, ebenso günstigere Balancemöglichkeiten können nur erzielt werden, wenn der Sattel leicht nach hinten verschoben wird. Der Sprinter dagegen, der Tempowechsel im Stehen vornehmen sollte, kann mit einer leicht nach vorne verschobenen Sattelstellung seinen Krafteinsatz günstiger anbringen.

Tendenzen im Straßensport zu extremen Übersetzungen führen dazu, daß dieser Fahrerkreis eine nach vorne versetzte Sattelstellung bevorzugt. Diese Fahrer bekommen jedoch dann Schwierigkeiten, wenn sie ständigen Tempowechseln ausgesetzt sind. Das bedeutet, daß zumindest für den Amateuer-Bereich eine solche Stellung abzulehnen ist.

Vorbaulänge

Bei dieser Regelung wird am meisten gesündigt, weil es hierfür noch keine endgültigen Richtlinien gibt. Auch hierfür empfiehlt sich das Schweizer Modell: Der Fahrer sitzt auf dem Rad. Die Kurbeln stehen in einem Winkel von etwa 45°, die vordere Kurbel etwa parallel zum Unterrohr des Rahmens. Der Fahrer greift mit den Händen in die Unterlenkerbeuge.

Die richtige Position wird erreicht, wenn zwischen Ellbogenkante und Vorderkante der Kniescheiben eine gedachte vertikale Verbindung besteht. Grobe Verstellmöglichkeiten ergeben sich mittels unterschiedlicher Vorbaulängen. Die Feineinstellung kann durch geringfügiges Drehen des Lenkers (nach oben oder unten) erfolgen.

Der Sattel sollte waagrecht stehen, um das „Wundsitzen" so weit als möglich zu verhindern und gleichzeitig eine stabile Sitzposition auf dem Sattel zu ermöglichen (kein Rutschen und Scheuern). Durch die Verschiebungsmöglichkeit am Steg kann/muß die optimale „Mittelstellung" des Körpers über der Rahmenmitte (Tretlager) eingestellt werden.

Die Kurbeln müssen hierzu waagrecht gestellt werden, Füße in den Pedalhaken, Hände am Unterlenker (-beuge). Die richtige Stellung ist erreicht, wenn von der Vorderkante der Kniescheibe zur Pedalachse eine senkrechte Verbindung besteht.

Die Stellung des Unterlenkerholmes sollte generell etwa 4° bis 8° geneigt sein. Die Bremsen sollten ungefähr in 45°-Stellung der Lenkerbeuge angebracht sein. Der Rennlenker ermöglicht vielerlei Griffpositionen entsprechend den einzelnen Anforderungen: Bei Langstreckenfahrten greift der Sportler an den unteren Holm des Lenkers (Foto S. 92 a). Auf Abfahrten und bei Kurvenfahrten wird eine erhöhte Stabilität verlangt (ebenso bei Bahnrennen). Hierzu muß der Sportler in die Lenkerbeuge des Unterlenkers greifen, um Richtungsänderungen durch Körperverlagerung vornehmen zu können (S. 92 b). Bei Bergfahrten, selbstverständlich auch bei ruhiger Fahrt, wird zum Oberlenker gegriffen (S. 92 c). Dabei läßt sich günstiger atmen, der Kraftaufwand in dieser Posi-

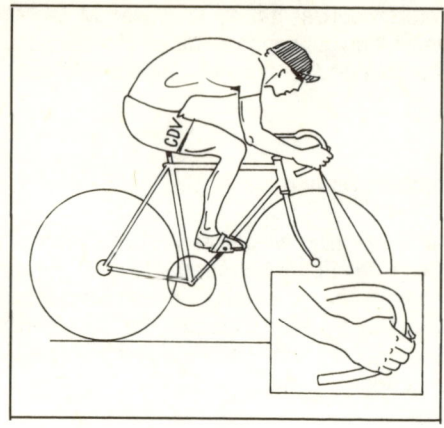

Bestimmung der Vorbaulänge

tion bleibt gering. Bei erhöhtem Krafteinsatz am Berg muß der Sportler seine Körperhaltung „verlängern". Zu diesem Zweck greift er dann an die Bremsgriffe und kann somit besser ziehen. Ist es nötig, während der Fahrt aufzustehen, so erfolgt dies am günstigsten durch Fassen an Bremsgriffen oder am Unterlenker.

Korrekturansätze bei bereits eingestellter Position

Greift ein Fahrer bei hohem Krafteinsatz auf Flachstrecken ausschließlich zu den Bremsgriffen, so ist dies ein Zeichen dafür, daß seine Position auf dem Rad zu kurz ist. Hier ist dann eine Verlängerung des Vorbaus angebracht.

Lenkerbreite, Lenkerhöhe

Die Lenkerbreite sollte stets so gewählt werden, daß sie etwa der Schulterbreite des Fahrers entspricht. Bei Heranwachsenden kann dagegen ein geringfügig breiterer Lenker gewählt werden, um einem eventuell negativen Einfluß auf das Wachstum zu begegnen. Bahnfahrer wählen dagegen nach Möglichkeit die schmalste Lenkerausführung, die einerseits eine günstigere aerodynamische Position und andererseits stabileres Fahrverhalten ermöglichen.

Lenkerbreiten: Straße (Erwachsene) 40–43 cm
Lenkerbreiten: Bahn (Erwachsene) 38–40 cm

Lenkertiefe

Die unterschiedlichen Lenkerfabrikate weisen unterschiedliche Lenkertiefen auf. Auch hier muß jeder einzelne seinen zu ihm passenden Lenker wählen.

Position auf dem Fahrrad zur Bestimmung der Vorbaulänge: Kurbelstellung 45°, Füße in den Pedalen, Hände in der Unterlenkerbeuge – richtig: wenn eine senkrechte Verbindung zwischen Ellbogenkante und Kniescheibe/Vorderkante besteht

Lenker-Höheneinstellung

Hierfür gibt es ebenfalls nur subjektive Aussagen. Grundsätzlich wird die Position nach den Erfordernissen der einzelnen Disziplinen eingestellt. Je schneller die Wettkampfgeschwindigkeit wird, um so tiefer wird der Lenker, beziehungsweise der Vorbau nach unten verstellt. Sprinter benutzen nicht nur tiefere Lenkerbügel, sondern auch speziell geneigte Vorbauten, um so tief als möglich zu kommen. Die Höhenverstellung richtet sich dabei etwa nach folgenden Körperhaltungen:

Straßenfahrer: Rückenneigung etwa 10°–20°, Schultern liegen deutlich über dem Becken

Bahnfahrer allgemeine Disziplinen: Rückenneigung etwa 0°–10°, fast waagrechte Oberkörperhaltung

Sprint: Oberkörperhaltung waagrecht

Diese Angaben verdeutlichen, daß die Oberkante des Lenkers im Normalfall stets unter der Oberkante des Sattels – auch bei Straßenfahrern – liegt.

a

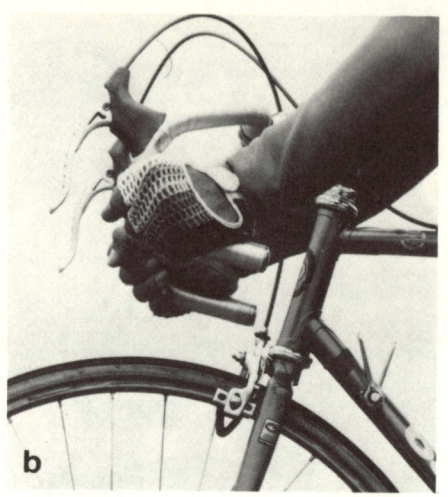

b

Verschiedene Griffmöglichkeiten am Rennlenker:
a) Hände in der Unterlenkerbeuge – bei Fahren mit hohem Krafteinsatz (auf der Ebene, im Sprint) und bei Abfahrten (günstige Fixiermöglichkeit).

b) Hände am Unterlenkersteg – beim Fahren mit gleichmäßigem mittlerem Tempo und Gegenwind.

c

d

c) Hände am Oberlenker – bequemste Haltung bei Dauerfahrten, da damit eine Geradeausfahrt problemlos eingehalten werden kann. Die Reaktionsfähigkeit bei unvorhergesehenen Situationen ist hierbei jedoch eingeschränkt.

d) Hände an den Bremsgriffen: hiermit wird ein verstärkter Zug bei Bergfahrten ermöglicht, ebenso beim Fahren im Stehen. Gleichzeitig günstigste Reaktionsmöglichkeit neben der Haltung in der Unterlenkerbeuge.

3.2 Überprüfung der Position beim Heranwachsenden

Durch unterschiedliche Wachstumsschübe bei Schülern und auch bei Jugendlichen muß in regelmäßiger Folge die Position der Betroffenen überprüft und entsprechend neu eingestellt werden. Besonders wichtig dabei ist, daß nicht nur auf die richtige Sattelhöhe, sondern auch auf die Horizontal-Einstellung und die Vorbaulänge geachtet wird. Die Ursachen liegen in der Regel darin, daß dem jungen Sportler vorsorglich ein etwas zu großer Rahmen gekauft wird, auf welchem er in der Anfangsphase die Pedale nur erreicht, wenn der Sattel direkt über dem Oberrohr und möglichst auch direkt über dem Tretlager liegt. Bei vielen Schülern und auch noch bei Jugendfahrern kann man beobachten, daß sie aus diesen Gründen später oft noch zu weit vor dem Tretlager sitzen und somit Schwierigkeiten bei geringstem Tempo- oder Rhythmuswechsel haben, da sie aus dieser Position nicht beschleunigen können.

Sprinter im Endkampf

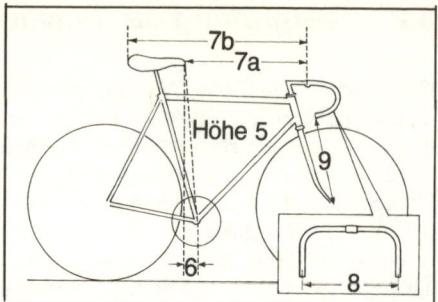

Meßkarte zur Bestimmung der Position

5 Sattelhöhe: Tretlagermitte bis Satteloberkante
6 Sattel hinter Tretlager: Differenz Sattelspitze – Tretlagermitte
7 a/b) – da die einzelnen Modelle nicht
genormt sind, hierzu zwei Maße:
a) Lenkermitte bis Sattelspitze
b) Lenkermitte bis Sattelende
8 Lenkerbreite: Lenkrohrmitte bis Lenkrohrmitte

Haltung des Straßenfahrers (Position) auf
Fahrrad: hier – Dietrich Thurau

3.3   Anlegen einer Meßkartei

Jeder Rennfahrer sollte grundsätzlich seine optimale Position auch schriftlich festhalten,
um bei einem eventuellen Rahmenwechsel möglichst direkt die gewohnte Position
wieder einstellen zu können.

Folgende Maße sind hierzu notwendig:

Rahmenhöhe/Länge und Sitzrohrneigung (Abb. 9)

Höhe
Tretlagermitte bis Oberkante Oberrohr entlang dem Sitzrohr

Länge
Mitte Sitzrohr bis Mitte Steuerrohr entlang dem Oberrohr

Neigung
Abstand der Vertikalverbindung Tretlagermitte mit Sitzrohrmitte

Tretlagerhöhe
in komplettem Zustand Abstand vom Boden bis Tretlagermitte

94

Sattelhöhe (Vertikalverstellung)
Abstand Tretlagermitte bis Satteloberkante (Spitze)

Sattelstellung (horizontale Einstellung)
Abstand der Vertikalverbindung zwischen Tretlagermitte und Vorderkante Sattel. (Durch eine eventuell andere Sattelform kann hier ein unter Umständen geringfügig veränderter Wert entstehen.)

Vorbaulänge
Abstand von Sattelspitze und -ende (insgesamt zwei Maße) bis Mitte des Lenkerquerholmes

Lenkerbreite und Lenkermodell
Maß von Holmmitte zur gegenüberliegenden Holmmitte

Lenkerhöhe
Hierzu eine Meßlatte auf den hinteren Teil der Lenkerholme legen. Gemessen wird dann der Abstand von der Nabenmitte bis zur Oberkante des Unterlenkers.
Führt ein Sportler diese Maße sorgfältig, kann es ihm nicht mehr passieren, daß er beim Umsteigen auf eine andere Maschine, vor allem unter Zeitdruck, zu einer grundsätzlich falschen Position kommt.

V. Körperliche Eigenschaften unter dem Aspekt des Radrennsports

Radfahren kann grundsätzlich jedermann. Ebenso kann sich jeder auf relativ einfache Art auf dem Sportgerät Rennmaschine bewegen, wozu allerdings bereits einige Übung und gewisse Bewegungsfertigkeiten benötigt werden.

Im Ausdauer-Sport Radsport benötigen die diesen Sport betreibenden Athleten entsprechende organische und muskuläre Voraussetzungen. Nur wenn beispielsweise die muskulären Voraussetzungen bei einem Athleten vorhanden sind, ist dieser überhaupt erst in der Lage, aus einem normalen Tempo des ,,Radfahrers" das hohe Tempo des ,,Rennsportlers" zu entwickeln. Sollen solch hohe Geschwindigkeiten im submaximalen Tempobereich auch über längere Phasen gefahren werden, so müssen entsprechende organische Voraussetzungen, die Gewähr für diese Leistungen bieten, bei den Athleten vorhanden und weiterentwickelt sein.

Diese Voraussetzungen können mit dem Begriff ,,Talent" beschrieben werden. Die entsprechenden Eignungen werden durch die Struktur der Muskulatur und die individuellen organischen Voraussetzungen bestimmt. Anthropometrische Voraussetzungen (Körpergröße, Länge der Extremitäten) haben dagegen bei einem Radrennsportler sekundäre Bedeutung. (Zum ,,Talent" gehören jedoch noch andere Faktoren aus dem psychischen Bereich, sowie ein gewisser Renninstinkt. (Siehe III. Beweggründe zur sportlichen Leistung.)

Im folgenden werden Eignungen und Anpassungen durch Training in vereinfachter Form dargestellt:

1. Die Anforderungen an die Skelett-Muskulatur

Jeder einzelne Muskel setzt sich aus einem Bündel einzelner Fasern zusammen. Diese Fasern sind in verschiedene Typen mit unterschiedlicher, spezifischer Leistungsfähigkeit zu unterteilen. Der unterschiedliche Anteil an den einzelnen Fasergruppen ist bei allen Lebewesen auf genetische Ursachen, die nicht beeinflußbar sind, zurückzuführen. Durch Training können aber auch bestimmte Muskelgruppen und Fasertypen so weit umgewandelt werden, daß trotz der verminderten Eignung noch einigermaßen gute Leistungen erzielt werden können.

Im wesentlichen unterscheidet man zwei Hauptgruppen an Fasertypen:

1. Großflächige, dicke, kapillaren- und mitochondrienarme, mehr auf glykolytischer als auf oxydativer Basis ihre Arbeit verrichtende, sich sehr schnell kontrahierende, rasch ermüdende und eine hohe Spannung aufweisende ,,schnelle Fasern" (fast twitch glycolytic and oxidative fibres).

96

2. Kleinflächige, dünne, kapillaren- und mitochondrienreiche, sich durch einen hohen oxydativen Stoffwechsel auszeichnende, sich langsam verkürzende Spannung aufweisende „langsame" Fasern (slow-twitch oxydative fibres) – (4/ – Tittel)

Vereinfacht werden die beiden Fasertypen als a) weiße, schnelle und b) rote, langsame Fasern bezeichnet.

Radrennfahrer benötigen vornehmlich einen erhöhten Anteil an roten Muskelfasern, um die entsprechenden Ausdauer-Leistungen realisieren zu können. Fahrer mit einem erhöhten Anteil weißer Fasern sind dagegen vermehrt für Kurz-Zeit-Disziplinen geeignet.

Ideal für Straßenfahrer (Amateure) und Bahn-Verfolger ist eine gute Mischung an weißen und roten Fasern, um zur Ausdauer-Fähigkeit auch gute Eigenschaften für gewisse Sprint-Leistungen zu besitzen. Selbst der erfolgreiche Profi, von dem eine noch weitaus größere, noch längere Zeit dauernde Ausdauer-Leistung verlangt wird, muß einen gewissen Anteil an weißen Fasern aufweisen, um aus guten Leistungen auch Siege realisieren zu können.

Die höchsten Schnellkraft-Anforderungen im Radsport werden vom Sprinter verlangt (höchste Bewegungsfrequenz und gleichzeitig hohe Maximalkraft zur Beschleunigung und zum Halten der Geschwindigkeit).

Bei maximalen Frequenzen werden bis zu 2,5 U/Sek. mit der Tretkurbel von einem Sprinter verlangt. Dies bedeutet, daß sich in einer solchen Phase die Muskulatur etwa im Abstand von 0,4 Sek. jedesmal aufs neue kontrahieren muß. Diese dicht hintereinander folgenden Kontraktionen müssen während einer Dauer von 14–17 Sek. geleistet werden.

Bei Straßenfahrern sinkt die durchschnittliche Umdrehungszahl auf etwa 1,5 U/Sek. Hier muß sich die Muskulatur in einem Abstand von 0,66 Sek. kontrahieren, dann jedoch über eine Dauer von mehreren Stunden.

Während dem Dauer-Tempo des Straßenfahrers unter normalen Bedingungen ist der Kraftaufwand während der einzelnen Kontraktionen nicht allzu hoch. Dieser steigt jedoch bei Beschleunigungen überproportinal an.

Die höchste Kraft muß aufgewandt werden, wenn die Rennmaschine aus dem Stand in das geforderte Renntempo beschleunigt werden muß. Hier muß bei länger dauernden Kontraktionen noch im unteren Tempobereich bei zunehmenden Umdrehungszahlen ein konstant hoher Kraftaufwand gebracht werden.

Hohe Frequenzen (Umdrehungszahlen der Kurbeln) sind nur möglich, wenn die beteiligte Muskulatur neben einer dicht folgenden Kontraktionsfähigkeit (Spannungsfähigkeit) ebenso schnell entspannungsfähig ist.

Würde zum Beispiel bei einer Kontraktion des linken Beines sich die Muskulatur des rechten Beines noch in einem Spannungszustand befinden, würde diese Spannung die

Ökonomie des Krafteinsatzes im linken Bein hemmen und der Bewegungsablauf würde behindert (unrund/eckig). Bei Radsportlern, welche nur über eine eingeschränkte Grundschnelligkeit verfügen, fängt die Kette bei hohen Umdrehungszahlen zu springen an. Auch beim Training mit dem Starrlauf hüpft dieser Sportler mit dem Gesäß auf dem Sattel.

2. Anforderungen an Herz und Kreislauf in Training und Wettkampf

Der leistungsbegrenzende Faktor bei allen länger dauernden Übungen ist die Menge Sauerstoff, die pro Zeiteinheit vom Organismus aufgenommen werden kann und die dem Muskel zur Energie-Entwicklung zur Verfügung steht (35, Nöcker). Die Größe des Sauerstoff-Aufnahmevermögens wird stark vom Minutenvolumen (MV) des Herzens beeinflußt. Das heißt, je größer das Herzvolumen (HV), um so günstiger das Sauerstoff-Aufnahmevermögen. Die Herzgröße kann wiederum durch Training vergrößert werden.

Das „Talent" verfügt jedoch wahrscheinlich von Anfang an über ein größeres Herzvolumen und hat somit, bei gleichem Training wie ein anderer Sportler mit kleinerem HV, die günstigeren Ausgangsbedingungen.

Die Anpassung des Herzens an die gewünschten sportlichen Leistungen hängt von Umfang, Intensität, Anwendungshäufigkeit und Einteilung der Intensität und Häufigkeit der Wiederholungen (Trainingseinheiten/TE) ab.

Je trainierter ein Athlet ist, um so stärker sinkt seine Ruhepulsfrequenz ab. Aber auch diese kann nur innerhalb einer bestimmten Spanne absinken. Der Sportler, der als Untrainierter eine Ruhefrequenz (jeweils gemessen nach dem Aufwachen) von 70 Schlägen/Minute hat, kann kaum auf optimale Mindestwerte (unter 40 Schläge/Minute) kommen. Ein solcher Sportler muß sich, selbst bei individuell bestem Trainingszustand, mit einer Ruhefrequenz von etwa 45 bis 60 Schlägen zufrieden geben. Aber auch Sportler mit höheren Ruhefrequenzen in austrainiertem Zustand können internationales Niveau erreichen. Der Sprung zum Top-Athleten von der Klasse eines Altig, Merckx, Hinault usw. dürfte ihm jedoch verwehrt bleiben.

Der Vorteil des trainierten Athleten liegt darin, daß der Organismus in Ruhe den im Blut befindlichen Sauerstoff besser nutzen kann. Das Herz kann gefahrlos verlangsamt arbeiten, trotz gleicher Blutmenge wie bei erhöhter Frequenz des Untrainierten.

Bei Belastung reagiert das trainierte Herz zuerst mit einer Erhöhung des MV, ehe eine Frequenzsteigerung erfolgt. Der Untrainierte dagegen kann erhöhte Leistung nur durch Erhöhung der Frequenz bringen. Mit zunehmender Frequenz-Erhöhung wird der Nutz-Effekt geringer (weniger Blut wird ausgestoßen, die Verweildauer in der Lunge zum Gasaustausch wird geringer). Der Trainierte hat demnach den Vorteil, daß er bestimmte Leistungen mit geringeren Pulsfrequenzen als der Untrainierte vollbringen kann. Er hat somit größere Leistungsreserven.

Die Pulsfrequenz sinkt nach Beendigung der Leistung binnen weniger Sekunden um 10 bis 20% ab. Sie kann um so schneller absinken, je besser der Trainingszustand des Athleten ist.

Für den gut trainierten Radsportler bedeutet dies, daß dieser sich z. B. während kurzer Erholungsmöglichkeiten (kurze Abfahrten oder am Hinterrad) schneller erholt als der weniger Trainierte, der selbst bei solchen Gelegenheiten durch die geringere Erholungs-fähigkeit zusätzlich an Leistung verliert.

Während Augenblicken der absoluten Höchstleistung können die Pulsfrequenzen bis zu 200 Schläge/Minute ansteigen. Es gibt dabei Athleten, deren Maximal-Frequenzen noch weit über diesen allgemeingültigen Zahlen liegen. Im Bereich des Schüler- und Jugendsports dagegen ist es normal, daß vor allem bei den Jüngeren, die Herzfrequen-zen bis auf 240 Schläge/Minute ansteigen können.

Um eine Verbesserung der individuellen Ausdauerleistung zu erzielen, muß ein Rad-sportler immer wieder im Training an, bzw. über seiner Dauerleistungsgrenze trainieren.

Der Dauerleistungsgrenze liegt je nach Trainingszustand zwischen 130 und 170 Schlä-gen/min. Der Spitzensportler kann z. T. noch bei über 160 Schlägen/min. unter seiner Dauerleistungsgrenze sein, während ein Untrainierter diese bereits bei 120 Schlägen/ min. überschreitet. Daraus geht hervor, daß ein gut Trainierter bedeutend höhere Leistungen bringen kann ohne seinen Organismus zu überlasten, während der Untrai-nierte binnen kürzester Zeit erschöpft ist.

Um einen individuell optimalen Leistungsstand zu erreichen, muß ein Sportler nicht nur immer wieder an seiner Dauerleistungsgrenze trainieren. Vielmehr muß er zusätzlich immer wieder mittels kürzeren Tempofahrten (500 – 5000 m), leichten Übersetzungen (42 × 15 – 17) und maximalem Tempo innerhalb einzelner Trainingseinheiten (TE) trainieren. Das Training wird dabei durch Tempoteile auf der Ebene und an Steigungen variiert.

Bis an die Dauerleistungsgrenze arbeitet der Organismus **aerob**, d. h. der über die Atmung aufgenommene Sauerstoff reicht aus, die notwendigen Energien zur Leistung über den Stoffwechsel abzubauen.

Über der Dauerleistungsgrenze bei **anaerober** Arbeit reicht der aufgenommene Sauer-stoff nicht mehr aus, die erforderlichen Energien abzubauen. Der Organismus entwickelt dabei Energien ohne Sauerstoffverbrauch.

3. Anaerobe Leistung

Je kürzer und intensiver die Belastungen werden, zum Beispiel bei Sprints, desto stärker übertrifft der Energiebedarf die maximale Sauerstoffaufnahmefähigkeit. Dabei kommt es vorzugsweise zu einem Abbau von Glukose und Glykogen auf anaerobem Wege. Als Endprodukt entsteht in der arbeitenden Muskulatur Lactat.

Bei länger dauernden Belastungen steht in zunehmendem Maße die aerobe Energiebildung im Vordergrund. Neben Kohlehydraten werden dabei in zunehmendem Maße Fette zur Energiegewinnung abgebaut (23 – Kindermann/Keul).

Ab etwa 4 mmol/l Lactat beginnt der Organismus Energie teilweise auf anaerobem Wege bereitzustellen. Das Maximum liegt bei ungefähr 25 mmol/l. Im Radrennsport dürfte dieses Maximum jedoch bei etwa 20–22 mmol/l liegen, da bei höheren Werten die Tritt-Technik unökonomisch würde, und zwar deshalb weil bei zu starker Milchsäurean-sammlung der Bewegungsablauf durch entstehende „Holzbeine" unrund wird. Deutlich sichtbar werden diese Probleme z. B. beim 1000 m Zeitfahren, wenn der nur ungenü-gend austrainierte oder der technisch schwache Athlet (ungenügende Bewegungsöko-nomie) vorzeitig abbaut und mit einem Freilauf (was natürlich nicht möglich ist) auf den letzten 100 m schneller wäre als mit Tretbewegung. Dessen Muskulatur ist dabei so übersäuert, daß diese nicht mehr entspannungsfähig genug ist und somit ein Stocken (hemmen) im Bewegungsablauf eintritt.

Im Straßen-Rennsport wird die Energie vornehmlich auf aerobem Wege bereitgestellt. Aber auch der Organismus des Straßenfahrers muß mehrmals während eines Wett-kampfes, vor allem bei kurzfristigen Tempowechseln (Angriffe, Sprints, kurze Steigun-gen etc.), Energie auf anaerobem Wege bereitstellen. Der Organismus des Bahnfahrers dagegen muß während der Zeitfahr- und Sprint-Disziplinen seine Energien überwiegend auf anaerobem Wege bereitstellen.

Aus Untersuchungen im Ski-Langlauf ist bekannt, daß nach Beendigung eines Ski-Marathons (55 km) die Lactat-Werte der Läufer bei etwa 2,30 mmol/l liegen. So ist anzunehmen, daß auch bei Einzelstraßenrennen oder länger dauernden Fahrten (Rad-touristik etc.) die Lactat-Werte ähnlich denen der untersuchten Ski-Langläufer sind.

Selbst bei einem Test eines National-Vierers über 100 km wurden nur Werte von wenig unter 4 mmol/l festgestellt. Diese Untersuchungen lassen den Schluß zu, daß bei kontinuierlichem Tempo von mehr als einer Stunde Dauer der Organismus ausschließ-lich aerob arbeitet.

Diese Aussagen trügen allerdings etwas, vor allem im Wettkampfbereich: Auch hier wurden wiederum bei Ski-Langläufern nach Distanzen der ersten 20 Minuten bis zu 12 mmol/l Lactat festgestellt. Im Radsport bedeutet dies, daß zumindest bei Zeitfahrwettbe-werben ähnliche Werte während dieser Startphase entstehen.

Grundsätzlich wird zu Beginn einer Arbeit, auch schon bei relativ geringen Leistungen, Energiebereitstellung auf anaerobem Wege notwendig (Nöcker, 35). Dieses Problem

100

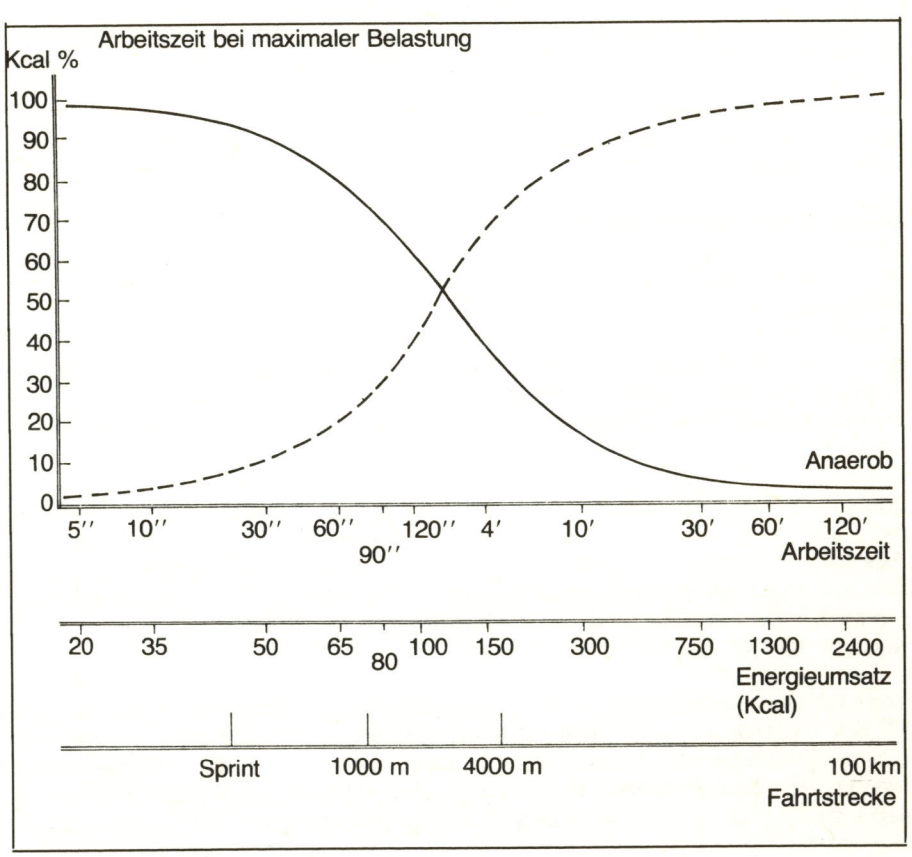

Arbeitszeit bei maximaler Belastung:
Absoluter und relativer Anteil der aeroben und anaeroben Energieproduktion am Gesamtenergie-Umsatz bei körperlichen Maximalbelastungen hochtrainierter Sportler bis zu einer Dauer von 120 Min. Auf der Abszisse sind Arbeitszeit, Energieumsatz und Fahrstrecke (als Beispiel für die entsprechenden Arbeitszeiten) logarithmisch aufgetragen (nach W. Kindermann, J. Keul :23)

kann eingeengt werden, indem eine genügend lange Aufwärmphase vor dem Wettkampf durchgeführt wird. Darüber hinaus muß jeder Rennfahrer, der Ambitionen für Zeit-Wettbewerbe im Radsport hat, immer wieder solche Starts (zumindest während seiner Entwicklung zum guten Rennfahrer) in Serien trainieren, um entsprechend vorbereitet zu sein. Für einen Bahnfahrer sind solche Start-Trainings obligatorisch.

Vor allem Fahrer, die solche Startphasen nie trainiert haben (meist nur bei Straßenfahrern zu beobachten), bzw. nur einmalig während eines Wettkampfes anwenden, bekommen oftmals Schwierigkeiten, von denen sie sich während des gesamten Wettkampfes nicht mehr erholen und oftmals zur Verwunderung ihrer Betreuer weit unter den

101

erwarteten Leistungsmöglichkeiten bleiben. Die Ursachen liegen wahrscheinlich darin, daß diese Lactat-Anhäufung während des gesamten Wettkampfes nicht abgebaut werden kann. Ähnliche Probleme entstehen bei einem Vierer, der nicht „rollt"! Hier können sich die Mannschaftsmitglieder durch die ständigen Rhythmuswechsel der Mannschaft am Hinterrad nur ungenügend erholen. Folge ist ebenfalls ein zu früher Leistungsabfall.

Sprinter und Zeitfahrer erreichen während der zwar kurzen, jedoch intensiven Belastungen in ihren Disziplinen Lactat-Werte bis über 20 mmol/l. Selbst Querfeldeinfahrer, deren Wettbewerbsdauer etwas über einer Stunde liegt, weisen Lactat-Werte bis zu 17 mmol/l auf.

Anhand dieser Untersuchungswerte wird deutlich, daß selbst der Straßenfahrer nicht nur Ausdauer-Training bestreiten darf, sondern immer wieder bestimmte Anpassungs-Trainingsformen (Tempo-Teilstücke im Training bei hoher Intensität) entsprechend den Anforderungen der Wettkämpfe trainieren muß.

Erfahrungen aus Untersuchungen während des Trainings (Huber/Keul) haben ergeben, daß Lactat-Werte um so höher liegen, je höher die geleisteten Umdrehungszahlen sind. Dies bedeutet, daß jeder Rennfahrer entsprechend seinen disziplinspezifischen Anforderungen in kurzen, dicht hintereinander folgenden Serien Tempo-Teilstücke durchfahren muß, die zu der entsprechenden anaeroben Belastung und damit hohen Lactat-Konzentration führen.

Tests mit Nationalfahrern haben bei einem Zeitfahren im Frühjahr (März) mit Starrlauf (72 Zoll = 42x16) verdeutlicht, daß Fahrer mit höheren Umdrehungszahlen und natürlich entsprechend besseren Zeiten (116–119 U/min) etwa 8–12 mmol/l aufwiesen, während Fahrer mit langsameren Umdrehungsgeschwindigkeiten (etwa 110 U/min) auf nur 4–6 mmol/l Lactat kamen. Die Distanz dieses Zeitfahrens betrug 8 km bei einer Dauer von ungefähr 12–13 Minuten.

Bei Sprint-Serien über jeweils 300 m (fliegender Start) und Umdrehungszahlen bis zu 130 U/min wurden dagegen bis zu 20 mmol/l Lactat nachgewiesen.

Diese Aussagen führen zu folgenden Schlußfolgerungen für die Wettkampfpraxis:

1. Eine optimale Leistung in allen Radsportdisziplinen, besonders aber in Zeit-Wettbewerben, kann nur entwickelt werden, wenn ein Athlet immer wieder über seiner Dauerleistungsgrenze trainiert. Diese kann um so günstiger erreicht werden, wenn dabei mit relativ geringen Übersetzungen und deutlich (gegenüber dem Wettkampf) erhöhten Drehzahlen gefahren wird.

2. Die Leistungsfähigkeit wird um so günstiger, wenn der betreffende Athlet bei besten Leistungen (Bestzeiten) trotzdem niedrigere Lactat-Werte aufzuweisen hat als seine in der Zeit vergleichbaren Kollegen.

3. Aus Sicht der Praxis sind für Zeit-Wettbewerbe im Radsport (auch Vierer-Straße) diejenigen Athleten am besten geeignet, welche neben guten Wettkampfleistungen in

Wettbewerben mit Massenstart auch im Training mit relativ kleinen Übersetzungen Spitzenzeiten erzielen können.

Nicht umsonst gehören Athleten,die auch in der Einzelverfolgung Zeiten unter 5 Minuten (4000 m) fahren können zu den besten Vierer-Fahrern auf der Straße.

4. Die Atmung

Das von Gewebe und Zellen zurückfließende, mit Kohlendioxyd angereicherte Blut wird vom Herzen direkt in die Lunge weitertransportiert. Dort wird das Kohlendioxyd abgegeben und Sauerstoff aufgenommen und neuerlich über das Herz an den Organismus weitergleitet.

Je intensiver die Atmung erfolgt, um so mehr Sauerstoff kann vom Blut aufgenommen werden.

Bei körperlicher Belastung kann sowohl die Atemtiefe als auch die Atemfrequenz erhöht werden, um mehr Sauerstoff bereitzustellen.

Die Gefahr bei Atemerhöhung (vor allem bei Untrainierten) besteht darin, daß die Atemtiefe vernachlässigt wird. Die Folge wäre zunehmende Atemnot. Wichtig ist außerdem, daß die eingeatmete Luft nach Möglichkeit auf Körpertemperatur vorgewärmt sein sollte, weil dadurch ein noch günstigerer Gasaustausch in der Lunge möglich wird. Zu diesem Zweck muß die Luft durch die Nase eingeatmet werden. Dort wird sie bereits in den Nasengängen vorgewärmt und gleichzeitig von Staubpartikelchen befreit. Mit der Nasenatmung wird gleichzeitig ein höherer Unterdruck im Brustraum erzielt, was zu einer höheren Blutdurchflußgeschwindigkeit in der Lunge führt. Für die Sportpraxis bedeutet dies, daß Atmung und Atemtiefe kontrolliert und trainiert werden müssen.

Die Atmung wird um so ökonomischer, je stärker die Bauchatmung mit einbezogen wird. Durch das Zusammenziehen des Zwerchfells entsteht ein hoher Unterdruck in der Lunge, der wiederum ein größeres Atemvolumen ermöglicht. Während der sportlichen Betätigung ist eine isolierte Bauchatmung kaum durchführbar. Dort ist eine kombinierte Bauch- und Brustatmung (durch Heben des Rippenbogens) angebracht. Trotzdem sollte vor allem die Bauchatmung im Ruhezustand isoliert trainiert werden. Gleichzeitig gehört die Bauchatmung zu einem wichtigen Bestandteil von Konzentrationsübungen. Zu diesem Zweck in Ruhe (möglichst im Liegen) langsam und tief einatmen. Mit Erreichen der vollen Kapazität wenige Sekunden den Atem anhalten und dann erst langsam ausatmen (diese Übung wiederholt durchführen). Im Training muß die Atmung ebenfalls bewußt durchgeführt werden. Bei Bergfahrten ist es notwendig, daß ein Fahrer einen regelmäßigen Atemrhythmus einhalten kann.

Vor allem bei hohen Belastungen (während Führungen oder Alleinfahrten) ist es für den Fahrer wichtig, daß er während Erholungsphasen (kurze Abfahrten, am Hinterrad) sich selbst die Atmung bewußt macht, das heißt, bewußt tief ein- und ausatmet.

Trotz automatisierter Handlungen mittels oftmaligem Üben im Training muß sich ein Spitzensportler während maximalster Belastungen den Vorgang der bewußten Atmung stets aufs neue ins Bewußtsein zurückrufen. Vergißt er dies, läßt seine Leistungsfähigkeit merklich nach.

Bekommt ein Fahrer während einer solchen Belastung konditionelle Schwierigkeiten, vernachlässigt er in der Regel seine Atmung. Ein routinierter Fahrer dagegen konzentriert sich während Entspannungsphasen grundsätzlich auf seine Atmung.

Bei anaerober Energiebereitstellung durch den Organismus spielt die Atmung nur eine untergeordnete Rolle. Trotzdem ist es hierbei wichtig, daß ein im Training angeeigneter Atemrhythmus auch im Wettkampf beibehalten wird, um trotz der hohen anaeroben Belastung dem Organismus etwas Sauerstoff zuzuführen. Bei Kurzzeitdisziplinen ist von besonderer Wichtigkeit, daß vor dem Start intensive und tiefe Atemübungen durchgeführt werden, um dabei das Blut mit genügend Sauerstoff anzureichern. Es ist dabei nicht notwendig im Sinne einer Hyperventilation (schnelle und tiefe Atmung) zu arbeiten. Es genügt eine langsame, tiefe und bewußte Atmung.

Es atmet jedoch nicht derjenige am ökonomischsten, der dabei am lautesten pfeifen und rasseln kann!

VI. Das Training des Radsportlers

Jeder Mensch kann mit relativ geringem Aufwand lernen, mit einem Fahrrad zu fahren. Aus diesem Grund stellt das Fahrrad für viele Menschen ein einfaches, kraftschonendes Gerät zur Fortbewegung dar.

Aus dieser Erkenntnis heraus entwickelte sich die landläufige Meinung, daß das Schnellfahren auf einer Rennmaschine eine relativ einfache Angelegenheit sei. Sie ist es auch, so lange der Sportler auf der Ebene ohne Hindernisse und in Alleinfahrt geradeaus fahren kann.

Mit zunehmender Geschwindigkeit werden jedoch technische Handlungen im Umgang mit der Rennmaschine und äußere Anforderungen an den Fahrer durch ständig wechselnde Situationen (im Straßenverkehr, durch topographische Veränderungen etc.) immer schwieriger.

Die höchste Schwierigkeit wird erreicht, wenn ein „Rennsportler" im Wettkampf neben den technischen Handlungen und dem Bewegen im Rennfahrerfeld zusätzlich auch noch taktische Überlegungen in seine Konzentration mit einbringen muß. Diese Anforderungen können nicht ständig von einem Sportler in gleichem Maße aufgebracht werden, beziehungsweise die Konzentrationsfähigkeit nimmt mit Dauer des Wettkampfes durch zunehmende Ermüdung ab.

Will ein Sportler erfolgreich sein, muß er zwangsweise einen Teil dieser vielfältigen Anforderungen durch entsprechendes Training automatisieren, um die Konzentration voll auf das Wettkampfgeschehen richten zu können.

Die sportliche Leistungsfähigkeit wird auch im **Radrennsport** nach allgemeinen methodischen Gesetzmäßigkeiten aufgebaut und weiterentwickelt.

Die Leistung eines Sportlers setzt sich aus folgenden Grundkomponenten zusammen:

Bewegungsfertigkeiten/Motorische Grundeigenschaften

In der Theorie müssen diese Komponenten separat dargestellt werden, um deren Schulungsziele deutlich herausarbeiten zu können.

Im praktischen Training müssen beide Grundkomponenten mehrheitlich gleichzeitig geschult werden bzw. das praktische Training des Radsportlers erfordert Grundkenntnisse über die Bewegungsfertigkeiten. Ohne diese Kenntnisse kann ein entsprechendes Leistungstraining nur in begrenztem Maße durchgeführt werden und bestimmte Höchstleistungen bleiben einem Athleten bei mangelndem Grundlagentraining versagt.

Je besser Anfänger – vor allem Jugendliche – die Grundtechniken erlernen, um so größer wird deren Leistungsfähigkeit und um so stabiler wird deren sportliche Leistung.

Sportler, die auf eine Schulung der Bewegungsfertigkeiten verzichten, erreichen in den seltensten Fällen die Sicherheit auf dem Sportgerät „Rennmaschine", die zu einem sicheren, ungezwungenen Bewegen auf der Straße, in einem großen Rennfahrerfeld oder gar auf einer Radrennbahn oder bei einem Querfeldeinrennen notwendig sind.

Bewegungsfertigkeiten

Unter diesem Begriff vereinigen sich die Grundtechniken sämtlicher Handlungen auf und mit dem Sportgerät Rennmaschine bei Allein- und Gruppenfahrten.

Motorische Grundeigenschaften

Kraft – Ausdauer – Schnelligkeit
Diese sind Eigenschaften, die ein Athlet in unterschiedlichem Maße zur Ausübung einer Bewegung besitzen muß.

Die motorischen Grundeigenschaften müssen durch systematisches Training ständig weiterentwickelt werden. Gleichbleibendes Training in Umfang und Intensität würde zu einem Leistungsstillstand und langfristig zu einem Leistungsabfall führen. Die notwendigen Trainingsinhalte und Beteiligungen an Vorbereitungswettkämpfen müssen den individuellen Zielen des jeweiligen Sportlers entsprechen sowie dessen körperlichem Entwicklungsstand, Leistungsfähigkeit und den Anforderungen der Jahreszeit angepaßt werden.

1. Bewegungsfertigkeiten

1.1 Tritt-Technik

Die wichtigste Grundlage für eine ökonomische Vorwärtsbewegung mit dem Fahrrad zum Fahren bei höheren Maximal- oder Dauergeschwindigkeiten ist die Tritt-Technik. Sie wird um so wichtiger, je schneller der betreffende Sportler fahren möchte. Je ökonomischer und somit kraftsparender im jeweils erforderlichen Drehzahlbereich die Kurbeln vom Sportler bewegt werden können, um so schneller (Bahnfahrer) und um so länger (Straßenfahrer) kann an der individuellen Leistungsgrenze gefahren werden. Der Anfänger muß den ökonomischen Bewegungsablauf bewußt von Grund auf erlernen – aber auch der Fortgeschrittene muß sich immer wieder korrigieren, vor allem während des Vorbereitungstrainings im Frühjahr und nach harten, kräftezehrenden Wettbewerben, um seine rationale Technik beibehalten zu können.

Stellung der Beine

Der Anfänger muß darauf achten, daß er während der Tretbewegung eine parallele Stellung seiner Beine erreicht, um die Kraft voll auf die Pedale bringen zu können. Vor allem Erwachsene müssen darauf achten, daß ihre Oberschenkel nicht vom Rahmen weg, sondern parallel zu diesem stehen. Vor allem bei nachlassenden Kräften gehen dem Anfänger buchstäblich die „Knie auseinander", wie dies auch wörtlich in der Sprache der Radsportler ausgesprochen wird, wenn einen Fahrer die Kräfte verlassen. Mit zunehmender Kraftentwicklung fällt es auch dem Anfänger nicht mehr schwer, seine Beine parallel zu halten.

Fußhaltung während der Tretbewegung

Die Tretbewegung wird um so ökonomischer, je runder und flüssiger der Bewegungsablauf vollzogen werden kann. Wichtige Grundlage hierfür bildet die Fußhaltung des Fahrers. Dabei ist nicht sonderlich wichtig, welche Stellung (flach oder steil) die Füße einnehmen, da diese vornehmlich von der Fußform (Leisten, Knickfuß) des Sportlers und dessen Schuhwerk abhängen. Wichtig ist, daß die Füße, während der Tretbewegung möglichst nur einen geringen zusätzlichen Bewegungsausschlag mitmachen.

Vor allem bei hohen Umdrehungszahlen ist es erforderlich, daß die Fußstellung des Sportlers fixiert, d.h., ein einheitlicher Neigungswinkel während der gesamten Tretbewegung zum Pedal eingehalten wird. Je schneller die Drehzahlen werden, um so flacher wird die Fußstellung beim Fahrer.

Rennfahrer von vorne: Die Knie bleiben so dicht als möglich am Rahmen, um die Kraft voll in die Vorwärtsbewegung zu bringen. Die Seitenschwingungen des Rahmens, einschließlich evtl. Lenkbewegungen (Wellen) bleiben dadurch sehr gering.

107

Besonders technisch gute Sportler – Voraussetzung einigermaßen „normale" Füße – treten mit einer relativ flachen Fußhaltung (etwa 10° – 20 ° zur Horizontalen). Würde die Fußstellung während der Tretbewegung laufend verändert, könnte nicht „rund" und flüssig getreten werden und der Sportler würde keinen optimalen Bewegungsverlauf erreichen. Labilität in der Fußhaltung führt zwangsweise zu unökonomischer Tritt-Technik.

Bewegungsablauf

Um zu einer ökonomischen Tritt-Technik zu finden, muß der Anfänger seinen Krafteinsatz und seine Kraftverteilung ständig kontrollieren. Gleichzeitig müssen die Kraftimpulse jedes Beines in der Lernphase bewußt zu früh eingesetzt werden. Beim Krafteinsatz der Tretbewegung muß der Anfänger von Anfang an das Gefühl bekommen, den Druck auf das Pedal bereits vor Erreichen des Kulminationspunktes auf dieses zu bringen. Tatsächlich setzt der Druck auf das Pedal erst bei der Abwärtsbewegung ein. Durch das Nach-vorne-Schieben des Pedals wird der „tote Punkt" bei der jeweils senkrechten Pedalstellung leichter überwunden und dadurch ein fließender Bewegungsablauf erreicht. Gleichzeitig muß das untere Bein nach hinten weggezogen werden.

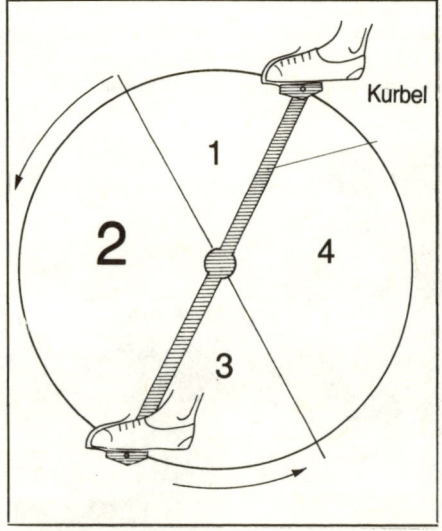

Durch die Platten unter den Rennschuhen hat dabei der Fahrer einen relativ guten Halt am Pedalsteg, auch wenn er bei Dauerfahrten seine Riemen nur locker anlegt. Durch diesen Halt braucht der Fahrer ebenfalls keine zusätzliche vertikale Bewegung der Füße, um auf dem Pedal zu bleiben. Einzig ständiger Druck auf die Pedale im wechselseitigen Einsatz sorgt dafür, daß der Fahrer nicht aus den Pedalen rutscht.

Druckverteilung auf die Pedale während der Tretbewegung:
1 Schubphase
2 Druckphase
3 Zugphase
4 Entspannungsphase

Der trainierte Fahrer muß sich immer wieder seine Tritt-Technik bewußt machen, um eventuelle Fehlerquellen, die sich im Laufe der Zeit einschleichen können, zu erkennen. Zu diesem Zweck muß er bei Dauerfahrten versuchen, durch Nach-hinten/oben Wegziehen des unteren Fußes einen flüssigen Bewegungsablauf zu erreichen. Nur bei Tempowechseln, bei denen er im Sattel sitzen bleiben kann, muß während der Phase der Temposteigerung subjektiv zusätzliche Kraft vor Erreichen des oberen Kulminationspunktes auf das Pedal gebracht werden. Bei Erreichen der Dauergeschwindigkeit kann dieser zusätzliche Druck wieder reduziert werden.

Ein optimaler Bewegungsablauf ist erreicht, wenn der Athlet die wechselseitigen Kraft-impulse auf die Beinmuskulatur fließend und in gleichmäßiger Folge einzusetzen versteht. Wird an irgendeinem Punkt während der Tretbewegung zuviel Kraft eingesetzt, beginnt diese infolge der Fehlinnervation unruhig zu werden und der Fahrtverlauf wird gehemmt. Wahrscheinlich muß die einzusetzende Kraft während der Spannungsphase (Abwärtsbewegung des Beines – Schub-, Druck- und Zugphase des Beines) nicht in gleichmäßiger Höhe aufgebracht werden. Der Athlet soll jedoch das Gefühl bekommen, ständig ohne anzuecken treten zu können.

Einsatz weiterer Körperpartien während der Tretbewegung

Armzug: Mit den Armen muß während der Tretbewegung gleichmäßig am Lenker gezogen werden. Der Oberkörper bleibt dabei ruhig, um Seitenschwingungen des Rades weitestgehend zu vermeiden. Selbstverständlich schließt dies nicht aus, daß bei voller Kraftentfaltung sämtliche Körperpartien eingesetzt werden sollen. Die Fahrt wird jedoch um so schneller, je besser ein Fahrer die Bewegungstechnik beherrscht. Je ruhiger der Fahrtverlauf, um so stärker kann die zur Verfügung stehende Kraft in Geschwindigkeit umgewandelt werden.

Erforderliche Bewegungsgeschwindigkeiten im Radsport

Disziplin	Dauer	Ø Umdrehungs-zahlen	max. Umdrehungszahlen
Straßensport:			
Einzelrennen	über 4Std	90 U/min	115 U/min (Sprint etc.)
Einzelzeitfahren	bis 100 km	85–95 U/min	
Mannsch.-Zeitf.			
Kriterien	bis 100 km		120 U/min (Sprint etc.)
Bahnsport:			
Sprint	12 sek./200 m	140 U/min	
	11,2 sek./200 m	150 U/min	
Verfolgung	5.00 min/4000 m	110 U/min	
	4.40 min/4000 m	120 U/min	
Bahn-Vierer	4.30 min/4000 m	125 U/min	
	4.20 min/4000 m	130 U/min	
Zweier-Mannsch.	bis 100 km	115–120 U/min	140 U/min

Aus dieser Tabelle wird ersichtlich, welche Bedeutung die Tritt-Technik vor allem im Spitzenbereich erhält.

Im Anfänger-Training muß auf die Schulung der Bewegungstechnik größter Wert gelegt werden. Wichtig dabei ist, daß grundsätzlich erst die Fähigkeit zu hohen Drehzahlen geschult wird, ehe das Leistungstraining auf dem Fahrrad beginnt. Dasselbe gilt für den langjährig trainierenden Radsportler, der jährlich aufs neue Koordinationstraining betreiben muß, will er seine einmal erarbeiteten Fähigkeiten nicht verlieren.

Schulungsmöglichkeiten der Tritt-Technik

Der Anfänger muß seine Technik-Schulung vorrangig bei unteren bis mittleren Kurbelumdrehungen schulen. Zu diesem Zweck muß er eine angemessene Übersetzung wählen, bei der er ständig Druck auf die Pedale ausüben kann, ohne zu viel Kraft aufwenden zu müssen. Wird eine zu geringe Übersetzung gewählt, unterbleibt durch den mangelnden Druck auf die Pedale eine sinnvolle Technik-Schulung.

Der Fortgeschrittene, der bereits eine gewisse Bewegungserfahrung hat und gleichzeitig die Fähigkeit zu höheren Drehzahlen besitzt, sollte entsprechend kleinere Übersetzungen wählen, um höhere Durchschnittsdrehzahlen zu erreichen.

Starrlauftraining

Die Schulung einer guten Bewegungsökonomie erfolgt am günstigsten mit starrer Übersetzung (Zahnkranz ohne Freilauf).

Diese Trainingsform kann jedoch nur sicheren Fahrern empfohlen werden, da diese starre Übersetzung, bei der während der Fahrt ständig getreten werden muß, nicht ohne Tücken ist. Selbst guten, bereits erfahrenen Fahrern kann es passieren, daß sie vergessen haben , mit Starrlauf zu fahren und als Folge unliebsame Bekanntschaft mit der Straße machen.

Die Höhe der Übersetzungen liegt dabei bei Erwachsenen zwischen 64-68 Zoll (zum Beispiel 42 × 18/17) während der Vorbereitungsphase im Frühjahr. Mit zunehmender sportlicher Form kann die Übersetzung ansteigen.

Vor allem durch Fahrten bei Rückenwind und auf längeren, nicht zu steil abfallenden Abfahrten kann die Bewegungstechnik am günstigsten erarbeitet werden. Durch die ständige Tretbewegung erfolgt automatisch eine Anpassung der Muskulatur an die Tretbewegung. Gleichzeitig bringt die ständige Tretbewegung einen hohen Ausdauer-Trainingseffekt mit sich.

Während der Saison kann Starrlauf vor allem Bahnfahrern empfohlen werden, die zuvor wenig Praxis bei Bahnrennen hatten, beziehungsweise längere Zeit nur an Straßen-Wettbewerben teilgenommen haben. Günstig bei direkten Meisterschaftsvorbereitungen.

Der Nachteil des Starrlaufs wird an Steigungen und bei extremen Windverhältnissen offenbar, bei denen oftmals die vorgewählten Übersetzungen noch zu hoch sein können. Hier kann Abhilfe durch einen festgestellten (durch Punktschweißen) Mehrfachkranz geschaffen werden. Dabei kann der Sportler ganz normal schalten, muß jedoch ständig weitertreten.

Ein weiterer Nachteil kann sich durch entstehende Sitzbeschwerden ergeben. Schwieriger wird es, wenn nicht erkennbare Verformungen an Kurbel oder Pedalen bestehen

110

und dadurch leicht Kniegelenkentzündungen oder Achillessehnenbeschwerden entstehen können. In solchen Fällen muß für die Dauer der bestehenden Schwierigkeiten der Starrlauf ausgebaut werden.

Fehlerkorrektur

Schwache Bewegungstechnik kann erkannt werden durch Hüpfen der Kette und Hüpfen des Gesäßes auf dem Sattel. In solchen Fällen muß das Tempo reduziert werden – so lange, bis wieder eine einwandfreie Bewegungsausführung gewährleistet ist.

Generell achte man darauf, daß die Umdrehungszahlen über den durchschnittlichen Umdrehungszahlen der einzelnen Disziplinen liegen sollen (im Training). Die Übersetzung sollte jedoch stets angemessen gewählt werden, so daß vor allem ständig ein gewisser Druck auf die Pedale ausgeübt werden kann. Sowie ein Fahrer während der Tretbewegung ins Leere tritt, zu wenig Druck auf die Pedale bringt, ist kein Schulungs- und auch kein Trainingseffekt mehr vorhanden.

Diese beschriebene Technik gilt vor allem für Flachstrecken. An Steigungen verändert sich der Tritt, indem der Einsatz der Kraftimpulse entsprechend dem Neigungsgrad der Steigung verändert wird. Je steiler eine Steigung wird, um so später erfolgt der Kraftimpuls und wird eventuell durch Fahren im Stehen verstärkt. Bei flacheren Steigungen dagegen kann der Kraftimpuls ähnlich wie beim Fahren auf Flachstrecken erfolgen.

Eine große Rolle spielt dabei der einzelne Fahrertyp. Bevorzugt ein Fahrer höhere Drehzahlen am Berg, so erfolgt sein Krafteinsatz auf die Pedale automatisch jeweils früher, da er ja darauf achten muß, die Drehzahlgeschwindigkeit nicht absinken zu lassen. Ein Fahrer dagegen, der mit größeren Übersetzungen fährt, kann dies nur mit einem erhöhten Kraftaufwand erbringen, da hier die Drehzahlen niedriger liegen. Dazu muß ein solcher Fahrer auf dem Sattel weit nach vorne rutschen, um seine Kraft voll bei der Pedalabwärtsbewegung einsetzen zu können. Eine solche Fahrweise setzt natürlicherweise erhöhte Körperkräfte voraus.

Vor allem ältere Fahrer, die sich während der Vorbereitungsphase im Frühjahr nicht mehr überwinden können, im Training kleine Übersetzungen zu fahren, vernachlässigen kontinuierlich ihre Tritt-Technik. Dies führt schließlich dazu, daß diese nur noch mit größten Übersetzungen zurechtkommen. Für entsprechenden sportlichen Erfolg ist jedoch neben der Kraft auch die Erreichung hoher Drehzahlen erforderlich!

Wahl der Übersetzungen

Generell wurden in den vorangegangenen Beschreibungen die technischen Abläufe während der Tretbewegung behandelt. Noch einmal möchte ich darauf verweisen, daß im Training grundsätzlich mit erhöhten Drehzahlen zur technischen und gleichzeitigen organischen Schulung gefahren werden soll. Für Wettkämpfe gelten dagegen andere Gesetze:

Dort muß rationell gefahren werden. Die „Gänge" dürfen hoch sein. Sie sollten jedoch speziell bei Alleinfahrten noch immer im ökonomischen Drehzahlbereich liegen (85-95 U/min auf der Straße).

Viele Fahrer machen gerade hier den Fehler, zu „dick" und somit unökonomisch zu fahren. Sie verbrauchen dabei zuviel Kraft bei zu geringer Leistungsausbeute, beziehungsweise verfrühtem Leistungsabfall. Fahrer mit hoher Wettkampfhäufigkeit müssen nach schweren Wettkämpfen grundsätzlich im Training, stets wiederkehrend, lange Phasen mit erhöhten Drehzahlen und leichten Übersetzungen absolvieren (Koordinationstraining), um den Technik-Verlust in der Tretbewegung aufzuhalten.

Gute Fahrer benutzen automatisch nach schweren Wettbewerben kleine Übersetzungen, da sie sich dabei gleichzeitig sehr gut erholen und neue Kräfte sammeln können für das weitere Vorbereitungstraining und die folgenden Wettkämpfe.

Übersetzungen am Berg bei Allein- und Gruppenfahrten

Was für die Fahrt auf der Ebene gilt, hat natürlich auch an Steigungen seine Gültigkeit: Muß zum Beispiel beim Einzeltraining eine Steigung mit (hinten) 19 Zähnen gefahren werden, kann durchaus der Fall eintreten, daß derselbe Fahrer beim Wettkampf in der Gruppe für dieselbe Steigung nun 17 Zähne benötigt. So mancher Sportler wurde schon im heimischen Gelände mit diesem Problem konfrontiert und mußte erkennen, daß er die falschen Kränze dabeihatte.

Auch an nicht zu steilen Steigungen kann bei Gruppenfahrten grundsätzlich ein höheres Tempo als bei Alleinfahrten gefahren werden.

Aus diesem Grund muß als Vorbereitung hierfür im Training mit geringeren Übersetzungen gefahren werden. Wer dagegen bei Alleinfahrten schon zu große Übersetzungen fährt, bekommt mit Sicherheit in der Gruppe große Probleme, das erhöhte Tempo zu halten, da seine Fähigkeit zu entsprechend hohen Drehzahlen nicht genügend ausgebildet wurde.

1.2 Grundlagenübungen Straße

Die im folgenden beschriebenen Einzelübungen wendet ein Rennfahrer im täglichen Training und Wettkampf laufend an. Dem erfahrenen Fahrer sind dabei diese Übungen so geläufig, daß er zu deren Ausführung keinen Gedanken mehr verschwendet. Diese Übungen sind bei ihm so weit automatisiert, daß sie Instinkthandlungen gleichkommen.

Der Anfänger dagegen, muß diese Übungen bewußt erlernen, um in entsprechenden Situationen ähnlich wie der Erfahrene handeln zu können. Sie können natürlich auch durch „Erfahrung" erlernt werden, doch verlängert sich dabei der Lernprozeß erheblich. Vor allem junge Sportler, die natürlicherweise gewisse Leistungen anstreben, ebenso erwachsene Anfänger, sollten die Grundlagenübungen erst ausgiebig erlernen, ehe sie an ein Leistungstraining denken. Durch erhöhte Sicherheit und Kenntnisse über bestimmte Technik-Vorgänge kann ein Sportler schneller und gefahrloser in eine Trainingsgruppe eingegliedert werden.

Anfänger sollten die Grundlagen grundsätzlich im Einzeltraining auf freien Flächen (Parkplätzen) oder auf verkehrsfreien Straßen erarbeiten. Der Übende muß sich in der Anfangsphase ausschließlich auf die einzelnen Bewegungsabläufe konzentrieren können.

Pedale aufnehmen

(Einsteigen in die Pedale während der Fahrt)

Bei jedem Start ohne Starthelfer muß ein Fahrer so schnell wie möglich in seine Pedale steigen können. Dabei muß er seine Konzentration voll auf sein Umfeld und nicht auf den Startvorgang richten.

Startposition des Rennfahrers auf der Straße

Die Startposition auf der Bahn unterscheidet sich nicht von der auf der Straße.

Schlupf des Fußes in das Pedal: Mit der Fußspitze auf den hinteren Pedalsteg tippen,

Dies gilt für den Wettkampfsport und in gleichem Maße für den Straßenverkehr.

Aus dem Stand wird mit einem Fuß im Pedal gestartet. Die Kurbel des Antrittsbeines steht in etwa 45°-Stellung nach vorne (entlang dem Unterrohr). Durch gleichzeitigen Abdruck des Standbeines und Druck des Antrittsbeines wird die Maschine in Schwung gebracht. Nach ein bis zwei Umdrehungen der Kurbeln (Standbein steht dabei auf der Pedalrückseite) werden die Kurbelumdrehungen eingestellt. Das Pedal des Antrittsbeines steht unten (Kurbeln senkrecht) während der Aufnahmevorgang des Pedals mit dem vormaligen Standbein erfolgt.

Der Pedalrand muß mit dem Fuß in Höhe der Schuhplatte leicht angetippt werden, so daß das Pedal in horizontale Stellung kommt. Danach den Fuß nach vorne in das Pedal schieben.

bei waagrechter Stellung des Pedals den Fuß in den Haken schieben. Der gesamte Vorgang sollte während der Aufwärtsbewegung des Pedals erfolgen.

Günstiger wird der Bewegungsverlauf, wenn „Antippen" und folgendes „Hineinschlüpfen" ohne größere Verzögerung erfolgen.

Zielübung sollte sein, ab dem Start nur eine halbe Kurbelumdrehung zur Beschleunigung zu machen und dann bereits das noch freie Pedal aufzunehmen.

Perfekt wird die Pedalaufnahme, wenn der Sportler dieses während der fortlaufenden Tretbewegung aufnehmen kann. Für Querfeldein- und Bahnfahrer ist eine solche Fähigkeit unerläßlich.

Bei der Aufwärtsbewegung der Kurbel muß dabei das Pedal in die Horizontale gebracht werden und der sofort erfolgende Schlupf noch vor Beendigung der Aufwärtsbewegung erfolgt sein.

Üben des Pedalschlupfes: Aus Gründen der Rationalität und größerer Wiederholungszahlen bietet es sich an, den Schlupf in das Pedal nach Aufnahme der Fahrt in hoher Wiederholungszahl bei gleichbleibendem Tempo zu üben. Wichtig dabei ist, daß der Übende das Gefühl für den aufzuwendenden Druck auf die Pedale bekommt. Der Anfänger wird hier lange Schwierigkeiten haben, da er in der Regel zu fest „drauftritt" und das Pedal umschlägt.

Allgemeine Hinweise: Nicht jedes Pedal läßt sich leicht in die Horizontale bringen. Am einfachsten kann dies mit Querfeldeinpedalen erreicht werden. Bei hochwertigen Modellen muß beim Kauf darauf geachtet werden, daß gewisse Einstieghilfen (Nasen am Steg) vorhanden sind.

Die Benutzer von Rennschuhen mit Plastiksohlen haben durch die glatten und steifen Sohlen mehr Probleme beim Erlernen als Benutzer von Rennschuhen mit Ledersohlen.

Pedalriemen: Pedal, Pedalhaken und -riemen ermöglichen zusammen mit der Platte unter dem Rennschuh dem Sportler einen festen Halt seiner Füße auf dem Pedal. Schwierigkeiten kann es dabei geben, wenn der Sportler seine Riemen zu fest anzieht. Die Folge wäre, daß seine Füße nicht mehr richtig durchblutet werden und „einschlafen".

Pedalriemen werden bei Dauerfahrten relativ lose angezogen. Nur bei extremeren Bergfahrten, beispielsweise vor Sprints müssen die Riemen fester angezogen werden.

Absolut fest, teilweise gar mit zwei Riemen an jedem Pedal, schnallen sich Sprinter an, die während weniger Sekunden zur vollen Entfaltung kommen müssen. Ein Herausrutschen aus dem Pedal wäre dabei äußerst gefährlich.

Der Anfänger braucht dagegen vor den Riemen, die seine Pedale umgeben, keine Angst zu haben. Beim Aussteigen aus dem Pedal müssen nur die Füße geringfügig nach hinten/oben gezogen werden. Damit ist ein gefahrloser Ausstieg aus den Pedalen gewährleistet. Dasselbe gilt bei Stürzen, wo in der Regel trotz oftmals fest angezogener Riemen der Sportler von seiner Maschine freikommt, da die Lederriemen natürlicherweise über eine gewisse Elastizität verfügen.

Starts, Fahren im Stehen

Wird beim Fahren ein erhöhter Krafteinsatz notwendig, kann zusätzlich zur Körperkraft das Körpergewicht in Verbindung mit entsprechendem Armzug am Lenker, beim Fahren im Stehen, mit eingesetzt werden. Durch die veränderte Körperhaltung auf dem Fahrrad kann der Armzug verstärkt und somit mehr Druck auf die Pedale gebracht werden. Dies gilt für Starts aus dem Stand in ein hohes Tempo, ebenso für Fahren an Steigungen. Aber auch beim Start an der Kreuzung muß ein Radsportler die ersten Meter im Stehen auf dem Rad beschleunigen, ehe er sich setzen kann.

Anfängertraining

Start: Kurbelstellung und Krafteinsatz/ Kraftverteilung sind identisch mit dem unter ,,Pedal aufnehmen" beschriebenen Startvorgang. Die Hände liegen beim Start grundsätzlich auf den Bremsgriffen oder in der Lenkerbeuge, um genügend Abstand der Hände zum Körper und damit ein erhöhtes Sicherheitsgefühl zu haben.

Der Anfänger erreicht mit einer solchen Lenkerhaltung eine größere Stabilität. Würde er an den Unterlenkerholmen greifen, entstünde auf den ersten Metern eine Fahrt in Schlangenlinien, da durch den kurzen Abstand vom Lenker zum Körper und gleichzeitigem erhöhten Druck des Körpergewichtes diese Wellen ausgelöst würden.

Beim Beschleunigen im Wettkampf ist es notwendig, daß der Fahrer aus dem Sattel geht, um mit seinem Körpergewicht und gleichzeitigem Zug der Arme (Hände in der Unterlenkerbeuge) die Beschleunigungskräfte zu erhöhen.

Nach Erreichen einer bestimmten Geschwindigkeit, die zumindest die Maschine für einige Zeit am ,,Rollen" halten muß, werden die Tretbewegungen eingestellt. Danach kann relativ problemlos auf dem Sattel Platz genommen werden, indem das Gewicht auf das durchgestreckte, fixierte Bein verlagert wird.

Aufstehen/Hinsetzen während der Fahrt

,,Rollt" die Maschine, besteht automatisch eine größere Stabilität als beim Aufnehmen der Fahrt, da vor allem ohne Tretbewegung keine Seitenschwingungen des Rahmens mehr entstehen. Diesen Umstand muß der Anfänger nutzen, um den Wechsel vom Sitzen ins Stehen zu üben. Die Kurbeln stehen horizontal, so daß das Körpergewicht gleichzeitig auf beide Pedale verteilt wird. Nun im Wechsel Setzen/Aufstehen/Setzen usw., solange der Schwung reicht.

Die Hände können dabei an den unterschiedlichsten Griffen am Lenker aufliegen. Die stabilsten Möglichkeiten ergeben dabei die Oberlenkerstege. Mit einer solchen Haltung kann jedoch nicht weitergefahren oder Zug auf den Lenker bei stehender Fahrt ausgeübt werden. Am günstigsten sind die Griffe der Bremsen, beziehungsweise die Unterlenkerbeugen.

Erschwert werden diese Übungen, wenn nach dem Übergang Sitzen/Stehen bei fixierten Kurbeln anschließend im Stehen, bei verschiedenen Griffmöglichkeiten am Lenker, weitergetreten wird.

Bei zunehmender Sicherheit kann nun versucht werden, während der Positionswechsel weiterzutreten. Anfangs vom Stehen ins Sitzen und später auch vom Sitzen ins Stehen.

Beherrschen der Technik

Ein Rennfahrer muß diese Technik beherrschen, um bei einem Endsprint nach der Beschleunigungsphase im Stehen durch einen fließenden Übergang sein Tempo halten zu können. Dasselbe gilt auch für Bergfahrten, wo zum Beispiel an Steilstücken die Tretbewegung nicht eingestellt werden darf, da sonst das vorhandene Tempo als Folge der Schwerkraft sofort deutlich zurückgeht. An Steilstücken kann dies sogar zu einem eventuellen Sturz (zum Kippen) führen.

Aufstehen am Berg

Je steiler die Steigung, um so größer wird der Kraftaufwand. In vielen Fällen kann eine solch schwierige Passage nur durch erhöhten Kraftaufwand, der durch Stehen im Rad und gleichzeitig erhöhte Zugmöglichkeit am Lenker einzuleiten ist, überwunden werden.

An längeren Steigungen kann ein solcher Positionswechsel Kräfte sparen. Hier wird jeweils einige Zeit im Stehen, dann wieder im Sitzen gefahren. Bei solchen Fahrten im Stehen wird kein nennenswert höherer Krafteinsatz – außer das zusätzliche Körpergewicht – aufgebracht. Durch einen solchen Wechsel ergeben sich geringfügige Erholungsmöglichkeiten für den Organismus. Wird jedoch zu lange im Stehen

Fahrt im Stehen am Berg (Hände an den Bremsgriffen)

117

gefahren, kann die Ermüdung um so stärker voranschreiten, da auch die stehende Fahrweise über längere Teilstücke nicht kraftlos absolviert werden kann.

Grundsätzlich müssen bei Bergfahrten im Stehen die Hände auf den Bremsgriffen aufliegen. Nur flachere Steigungen und gleichzeitig eventuelle Temposteigerungen, die einen erhöhten Kraftaufwand benötigen, die Unterlenkerhaltung (Lenkerbeuge) notwendig.

Starts für Fortgeschrittene

Starts an Kreuzungen oder bei Straßenwettbewerben werden nach demselben Muster, wie für den Anfänger beschrieben, durchgeführt.

Wichtig wird, daß möglichst aus der Tretbewegung heraus das Pedal aufgenommen werden kann. Das Pedal muß dabei möglichst direkt nach der Fahrt aufgenommen werden, da bei erhöhter Kurbelgeschwindigkeit dieses nicht mehr aus der Bewegung heraus geschehen kann.

Start mit Starthelfer: Weil wenig geübt, haben Rennsportler hier immer wieder große Schwierigkeiten.

Start mit Starthelfer

Steht ein Starthelfer zur Verfügung (Zeitfahren, Bahnrennen) kann der Fahrer mit beiden Füßen, angeschnallt, in den Pedalen stehen. Auch hierbei steht die Kurbel des Antrittsbeines in etwa 45°-Stellung nach vorne (etwa entlang dem Unterrohr).

Der Startende greift mit seinen Händen in die Lenkerbeuge, um von Anfang an durch gleichmäßigen Armzug eine stabile Geradeausfahrt zu erreichen. Die Arme müssen beim Start angewinkelt sein, so daß der Fahrer weit nach vorne gebeugt seine Kraft auf die Pedale bringen kann.

Der Schwerpunkt des Körpers darf jedoch nur wenig vor dem Tretlager liegen. Legt sich der Startende zu weit nach vorne, kann sein Hinterrad durchrutschen oder zur Seite wegspringen.

Der Startende fährt so lange im Stehen, bis er seine gewünschte Drehzahl (Tempo) erreicht hat. Erst danach setzt er sich bei gleichbleibender Trittgeschwindigkeit auf den Sattel.

118

Die Rennmaschine bleibt bei einem exakten Startvorgang fast in vertikaler Stellung. Wird sie zu stark zur Seite geneigt, faßt der Fahrer in der Regel am Unterlenkerholm. Durch die verkürzte Position und die ungünstigere Kraftverteilung muß er diesen Mangel durch erhöhte Neigung und erhöhten Armgegenzug während der Druckbewegung des entgegengesetzten Beines kompensieren. Die Stabilität einer möglichst exakten Geradeausfahrt geht dabei jedoch verloren.

Zurückschauen während der Fahrt

Diese Handlung gehört zu den alltäglichsten Tätigkeiten des Rennsportlers. Gerade der ältere Anfänger tut sich jedoch schwer, will er sich umschauen. Meist unterläßt er dies lieber und bleibt dadurch unsicher.

Am einfachsten kann zurückgeschaut werden, wenn die Hände am Oberlenker direkt neben dem Vorbau aufliegen (jedoch geringere Zugmöglichkeiten). Je weiter außen angefaßt wird, um so instabiler wird der Fahrtverlauf (erhöhter Zug, bessere Reaktionsfähigkeit).

In Unterlenkerposition ergibt sich die stabilste Haltung, wenn die Hände in der Lenkerbeuge liegen und gleichzeitig die Arme beim Vorgang des Zurückschauens fixiert werden.

Zurückschauen während der Fahrt im Sitzen: Sowohl im Straßenverkehr als auch im Wettkampf ist es äußerst wichtig, sich nach hinten, und trotzdem weiterer stabiler Geradeausfahrt, orientieren zu können.

Zurückschauen bei Fahrt im Stehen: Anfangs bei fixierter, waagrechter Kurbelstellung, später auch während der Tretbewegung.

119

Zurückschauen während der Fahrt im Stehen

Zu einer guten Beweglichkeit auf der Rennmaschine gehört, daß ein Fahrer sich auch während der Fahrt im Stehen, möglichst bei weiterführender Tretbewegung umschauen kann.

Auch hier muß anfangs bei fixierter Kurbelstellung (horizontal) geübt werden, um dies in der Folge bis zum Umschauen im Stehen während der Tretbewegung auszudehnen. Wird die Kurbel vertikal fixiert, kann der Fahrer sich jeweils nur nach einer Richtung umschauen, und zwar auf die Seite, an der das Pedal oben steht. Die Hände greifen dabei am günstigsten an den Bremsgriffen oder in der Unterlenkerbeuge.

Zurückschauen während der Fahrt im Sitzen und Lösen einer Hand vom Lenker

Grundsätzlich muß ein Radsportler von Anfang an lernen, ein- und freihändig ohne und mit Tretbewegung fahren zu können.

Die Lenkerhand liegt dabei am Oberlenker direkt neben dem Vorbau auf (stabilstes Fahrverhalten). Natürlich kann auch aus anderer Lenkerhaltung einhändig gefahren werden, doch setzt dies eine größere Sicherheit des Übenden voraus.

Wird in Unterlenkerhaltung gefahren, ist es zum Einhändigfahren günstiger, die Lenkerhand auf den Unterlenkerholm aufzulegen. Somit kann durch den Druck des Körpers auf den Arm dieser leicht fixiert werden.

Fährt beim Vorgang des Umschauens, das im übrigen nach beiden Seiten beherrscht werden sollte, ein weiterer Fahrer

Zurückschauen und eine Hand vom Lenker lösen: Die „Lenkerhand" bleibt beim Anfänger am Oberlenker. Fährt ein weiterer Fahrer daneben, wird die „freie" Hand grundsätzlich auf die Schulter des Partners gelegt, was die stabile Geradeausfahrt verbessert.

Freihändig fahren: Möglichst nur im „Schonraum" (verkehrsfreie Straßen und Plätze) üben.

120

nebenher, ist es ratsam, die freie Hand auf dessen Schulter aufzulegen, um eine stabile Geradeausfahrt zu haben und an diesem Partner auf keinen Fall hängen zu bleiben.

Freihändigfahren

Für diese Übung ist ein entsprechendes Gleichgewichtsgefühl erforderlich, welches in langer Übungsfolge erarbeitet werden muß. Beim Freihändigfahren ohne Tretbewegung können bei waagrechter Kurbelstellung die Knie an den Rahmen angelegt werden, um dadurch ein stabileres Fahrverhalten entwickeln zu können. Grundsätzlich soll der Körper nicht zur Seite abgeknickt werden. Er sollte stets in einer vertikalen Linie zur Maschine stehen.

Läuft eine Maschine nicht genau in der Spur (Rahmen leicht verzogen oder Laufräder geringfügig aus der Rahmenmitte), kann es vorkommen, daß beim Freihändigfahren oder auf rasanten Abfahrten der Rahmen zu schwingen anfängt. In einem solchen Falle muß ein Knie (besser beide) an das Rahmen-Oberrohr gepreßt werden, bis die Schwingungen aufhören.

Solche Schwingungen können bei jedem noch so guten Rahmen entstehen! Neben einer Geradeausfahrt beim Freihändigfahren und fortlaufender Tretbewegung sollten unbedingt auch leichte Richtungsänderungen während der Fahrt (Schlangenlinien, Fahren um eine Kurve etc.) geübt werden. Zuerst ohne, später mit Tretbewegung und natürlich auf verkehrsfreien Straßen!

Schalten

Ein Rennfahrer muß aus jeder Situation schalten können: Vor oder nach Kurven, nach Einfahrt in eine Steigung, in einer Steigung, an deren Ende, mitten in einem Rennfahrer-feld usw.

Ziel des komplikationslosen Schaltens muß sein, den gewünschten Zahnkranz oder das Kettenblatt ohne Konzentrationsverlust einlegen zu können. Dies verlangt, daß ein Fahrer beim Schaltvorgang nicht nach Schaltung und Kette schauen muß, um sicher zu sein, daß der entsprechende Gang „drin" ist. Jede mögliche Situation muß fortwährend im Einzel- und Gruppentraining und natürlich durch Erfahrung bei Wettkämpfen geübt werden.

Anfängertraining

Übungsfolge: Fahren auf ebener Strecke, Hände am Oberlenker, beide Schalthebel wechselweise bewegen und Gänge wahllos einlegen. Es kann dabei mit nur einer Hand (rechts) und auch mit beiden Händen geschaltet werden (rechts – Schaltung/links – Umwerfer). Der Anfänger sollte sich anfangs daran gewöhnen, nur mit der rechten Hand zu schalten. Nur der Straßenfahrer, der öfters Rahmennummern an seiner Maschine anlegen muß, schaltet beidhändig!

Francesco Moser   Dietrich Thurau beim Schalten am Berg

Beim Fahren versuchen, gewünschte Gänge einzulegen und die Kette so zu justieren, daß sie genau läuft. Dabei darf der Blick nicht auf die Schaltung gerichtet werden, sondern muß ausschließlich auf die davor liegende Straße gerichtet bleiben.

Als Gruppentrainingsform kann hier auf größeren Plätzen wahllos durcheinander gefahren werden. Die Übenden müssen dann automatisch ihre Konzentration auch auf die anderen Sportler richten.

In der Sprache der Radsportler wird nicht davon gesprochen, der wievielte Gang eingelegt, sondern welcher Zahnkranz (hinten) oder welches Blatt (Kettenblatt groß oder klein) aufgelegt ist. Die Frage nach dem Gang bringt keinerlei generelle Aufschlüsse, da die Übersetzungen jeweils den Anforderungen der Strecke angepaßt sein müssen.

Soll ein kleinerer Gang (Berggang) eingelegt werden, bezeichnet man dies als Zurück- oder Hochschalten. Für Schalten in die andere Richtung gibt es die Bezeichnungen „hinunter", „dicker" und „vor"! Der Sprachgebrauch richtet sich dabei vornehmlich nach den einzelnen Regionen.

Problematisch wird vor allem das jeweilige Zurückschalten auf leichtere Übersetzungen, während beim Vorschalten in der Regel auch die topographischen Schwierigkeiten geringer sind. Dort gibt es nur Probleme vor Endsprints, wenn ein Fahrer zu lange mit dem Einlegen des Ganges für das Finale gewartet hat und sich in der Hektik verschaltet.

122

Dem Zurückschalten dagegen geht oftmals ein Streckenprofil-Problem voraus, das oftmals erst im letzten Augenblick erkannt und auf das entsprechend schnell reagiert werden muß. Es kann beispielsweise geschehen, daß während der Fahrt um eine unübersichtliche Kreuzung der Fahrer feststellen muß, daß sein eingelegter Gang viel zu dick ist und er auf dem schnellsten Wege zurückschalten muß. Schwierig wird dies vor allem vor plötzlich auftretenden Steigungen. Die Problematik liegt darin, daß einerseits so lange als möglich mit dem Schalten gewartet werden soll, um möglichst wenig Tempo zu verlieren und daß andererseits dann, meist unter extremen Bedingungen der Gang noch umgelegt werden muß.

Anfänger können sich hier nur helfen, wenn sie in der Lernphase grundsätzlich früher schalten und noch so lange es „rollt" den eingelegten Gang ausjustieren können.

So manchem Fahrer ist es schon passiert, daß er zu lange mit dem Schalten wartete, dann sehr lange für den Schaltvorgang brauchte, gleichzeitig seine Konzentration auf diesen Vorgang richtete, weil es nicht sofort klappte. Als Folge stellte er anschließend fest, daß seine Mitkonkurrenten uneinholbar davongefahren waren!

Deshalb ist jeder Schaltvorgang so weit zu automatisieren, daß der Fahrer sicher sein kann, beziehungsweise er nur einen kurzen Blick riskieren muß, ob er auch den richtigen, gewünschten Gang eingelegt hat.

Voraussetzung hierfür ist jedoch, daß der Fahrer weiß, welche Kränze auf seinem Zahnkranz und welche „Blätter" auf der Kurbel montiert sind. Gute Fahrer sind dabei so weit geschult, daß sie auch bei einem eventuellen Hinterradwechsel während des Rennens mit einem kurzen Blick auf den Mehrfachkranz erkennen können, welche Kränze auf dem „neuen" Laufrad montiert sind. Dabei ist vor allem wichtig, die ersten beiden (kleinen) Kränze (oder Ritzel) in ihrer Größe bestimmen zu können. Der weitere Abstand der folgenden Kränze gibt dann Aufschluß über deren Größe.

Bergfahrten

Bei Bergfahrten ist es notwendig, daß der Fahrer auch im Stehen fahren kann. Durch Positionswechsel aus dem Sitzen in das Stehen können Tempowechsel, kürzere, verstärkte Steigungen usw. mühelos überwunden werden, ohne Schaltvorgänge durchführen zu müssen.

Kommt ein Fahrer bei einem Rennen am Berg in Schwierigkeiten, kann er sich eventuell „retten", indem er den nächst größeren Gang einlegt und sofort nach Beendigung des Schaltvorganges aufsteht und so noch einmal zusätzliche Kräfte mobilisiert. Hat er wieder den Anschluß an das Feld hergestellt, kann er sich wieder setzen und zurückschalten. Eine solche Aktion ist jedoch kaum mehr als zweimal an einer Steigung anzuwenden.

Eine weitere Möglichkeit besteht darin, vor dem Berg an die Spitze eines Feldes zu fahren und sich dann nach und nach zurückfallen zu lassen, so daß zum Ende der Steigung möglichst noch weitere Fahrer des Feldes hinter einem liegen.

wenden   nachjustieren

Springt die Schaltung am „Berg" und läßt sich infolge zu starker Steigung nicht schnell genug nachjustieren, kann nur durch eine Wende (auf den Verkehr bzw. Mitfahrer achten) und folgendem Nachjustieren auf der Abfahrt und nachfolgender Wende zur Bergfahrt die Fahrt aufrechterhalten werden.

Weit öfter wird der Freizeitsportler damit konfrontiert, daß er am Berg auf eine leichtere Übersetzung zurückschalten müßte – oder die Kette springt – oder der Schalthebel ist nicht genügend fixiert und verstellt sich durch den hohen Widerstand der Schaltungsfeder (Schraube am Schalthebel anziehen).

Gleichzeitig „traut" sich der Fahrer nicht, die Hände vom Lenker zu nehmen, beziehungsweise der Schwung geht verloren. Folge ist, daß er absteigen und gegebenenfalls sein Velo die restliche Steigung hinaufschieben muß.

In einem solchen Falle, vorausgesetzt es folgen keine weiteren Fahrer oder Fahrzeuge, kann auf dem Anstieg gewendet, auf einer kurzen Abfahrt die Schaltung justiert und durch eine neuerliche Wende die weitere Bergfahrt in Angriff genommen werden.

Dasselbe gilt für ein Anfahren aus dem Stand: Auch hier kann es vorteilhafter

Albert Fritz beim Durchfahren einer Kurve

richtig   *falsch*

Fahrer in der Kurve: Das bogeninnere Bein soll nach Möglichkeit nicht ausgestellt werden, um für Notfälle noch Sicherheitsreserven (Ausstellen des Beines) zu haben.

sein, in Abwärtsrichtung anzufahren, zu wenden und somit zumindest aus geringem Tempo heraus wieder anzufahren.

Kurvenfahren

Erhöhte Geschwindigkeiten sowohl auf der Ebene als auch auf Abfahrten erfordern entsprechende Techniken auf und mit der Rennmaschine.

Position des Fahrers

Je mehr die Geschwindigkeiten ansteigen, desto stärker muß während einer
Fahrt um eine Kurve die Position des Fahrers stabilisiert werden. Die höchste Stabilität wird erreicht, wenn die Hände in den
Unterlenkerbeugen liegen und beide Arme leicht fixiert sind. Das kurvenäußere
Bein wird durchgestreckt (Kurbeln vertikal
und fixiert), um durch Druck des äußeren
Beines auf das Pedal die Stabilität zu erhöhen. Es kann allerdings auch in annähernd waagrechter Stellung der Kurbeln
(wie Querfeldeinfahrer auf Abfahrten) gefahren werden – die Kurvenstabilität vermindert sich dabei geringfügig.

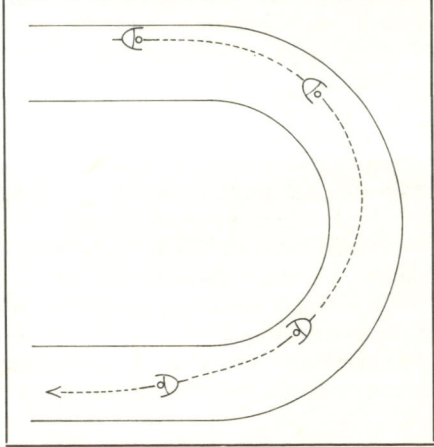

Formen von Kurvenfahrten (schneiden).
Rechtskurve: Von außen nach innen unter
Beibehaltung einer Sicherheitszone innen
und außen.

125

Der Lenkeinschlag wird um so geringer, je höher die Geschwindigkeit wird. Dies bedeutet, daß die Seitenneigung von Mensch und Maschine entsprechend verstärkt werden muß. Trotz der seitlichen Neigung sollten beide eine Vertikale bilden. Ebenso soll das bogeninnere Bein nicht ausgestellt werden. Dieses Bein-Ausstellen sollte gewissermaßen eine Reserve bilden, wenn zum Beispiel ein Fahrer während der Kurvenfahrt feststellen muß, daß er zu schnell ist und sich noch mehr in die Kurve legen müßte. Das Ausstellen kann eine solch schwierige Lage entschärfen, da das zusätzliche Seitengewicht eine stärkere seitliche Neigung nicht mehr erfordert.

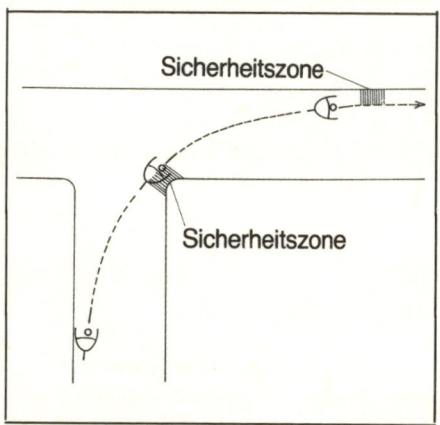

Formen von Kurvenfahrten (schneiden).
In der Linkskurve darf der Mittelstreifen
grundsätzlich nicht überfahren werden.

Fahrlinie um eine Kurve

Das Durchfahren von Kurven (Ansteuern, Schneiden) wird im Prinzip auf die gleiche Art vollzogen wie im Motorsport. Wichtig ist, daß man die Kurven von außen nach innen und wieder nach außen durchfährt.

Der innere Rand der Kurve darf frühestens ab der Kurvenmitte erreicht werden. Noch günstiger wäre es, wenn dieser erst im letzten Kurvendrittel erreicht würde.

Die Fahrlinie um die Kurve soll so ausgelegt sein, daß am Ende der Kurve immer noch ein Sicherheitsspielraum von etwa 1 m besteht, um eventuelle Hindernisse (Split etc.) noch gefahrlos umfahren zu können. Dasselbe gilt auch für den Kurven-Innenrand. Selbst bei einem Rennen sollte es die Fairneß gebieten, daß zumindest noch ein minimaler Streifen freigelassen wird. Gerade so viel, daß ein in Not gekommener Konkurrent sein Vorderrad in diese Lücke stecken kann – auch in Sprints.

Formen von Kurvenfahrten (schneiden).
Bei engen Kurven (Kriterien) ebenfalls Sicherheitszone freilassen.

Kurven dürfen nur vollständig geschnitten werden, wenn eine Vollsperrung der Straße besteht. Auf öffentlichen Straßen dürfen Linkskurven (auch aus Gründen der persönlichen Sicherheit) nur bis maximal zum Mittelstreifen geschnitten werden. Dies gilt auch für Wettbewerbe! Wird dieser Grundsatz durchbrochen, setzt der betreffende Sportler sein Leben leichtsinnig aufs Spiel!!

Kurvenfahrt: Vor übersichtlichen Rechts-
kurven ist es günstiger, vom linken Stra-
ßenrand aus die Kurvenfahrt einzuleiten.
Die innere Kurbel steht oben.

Kurvenfahrt: In Linkskurven grundsätzlich
nicht über die Straßenmitte bzw. den Mit-
telstreifen fahren.

Bei Straßenrennen kommt es oft vor, daß unbekanntes Gelände durchfahren wird und die Teilnehmer keine Kenntnis über die genaue Streckenführung haben. Auf Nebenstraßen ohne Mittelstreifen gilt, daß stets in der Straßenmitte die Kurvenfahrt begonnen wird. Damit bleibt genügend Spielraum, unvorhergesehene verstärkte Kurvenradien ohne Schwierigkeiten auszusteuern.

Bremsen beim Kurvenfahren

Grundsätzlich sollte der Bremsvorgang vor einer Kurve abgeschlossen sein, damit die Räder gleichmäßig laufen können und somit besser haften. Der Bremsvorgang sollte nach Möglichkeit abgeschlossen werden, so lange sich der Fahrer noch in der Geradeausfahrt befindet. Muß in der Kurve noch eine geringe Bremskorrektur vorgenommen werden, darf nur die Vorderbremse vorsichtig gezogen werden, da dieses Rad stärker belastet ist als das Hinterrad. Wird die Hinterradbremse gezogen, kann es passieren, daß dieses seitlich ausbricht.

Hat man unvorhergesehen Rollsplit vor sich und ist zu schnell, so muß man sich kurzfristig aus der Schräglage aufrichten, geradeausfahren und mit beiden Bremsen abbremsen, und zwar so lange, bis man gefahrlos weiterfahren kann. Ähnlich wird es, wenn man merkt, daß man zu schnell ist (s. Skizze S. 126).

Entwickeln der Kurven-Fahrtechnik

(Eingehen der seitlichen Neigung in der Kurve)

Anfänglich auf ebener Strecke und dabei ohne Tretbewegung Schlangenlinien fahren. Der seitliche Richtungswechsel bleibt anfangs gering und in zeitlich großem Abstand zum folgenden Richtungswechsel, um Zeit zum Neuaufbau und neuerlicher Konzentration auf den Bewegungsvorgang zu bekommen. Mit zunehmender Sicherheit können die Wellen kürzer und die seitlichen Richtungswechsel weiter werden.

Eine weitere Steigerung bilden Wellen- und Schlangenlinien auf leichten bis mittelschweren Gefällstrecken (möglichst verkehrsfrei).

Erst wenn vollkommene Sicherheit auch bei höheren Geschwindigkeiten besteht, kann dasselbe wieder von vorne, jedoch mit Tretbewegung, erfolgen. Bei starken

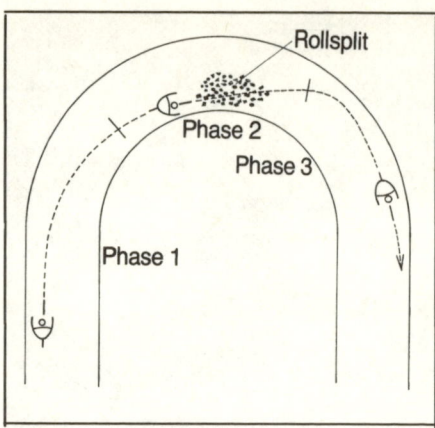

Umfahren, bewältigen von nicht vorhersehbaren Hindernissen während der Kurvenfahrt (z. B. Rollsplitt):
Bei zu hoher Geschwindigkeit während der Kurvenfahrt (1), aufrichten, geradeausfahren und gleichzeitig beide Bremsen ziehen (2), erst danach weiterer Richtungswechsel (3).

Schlangenlinien auf leichten Gefällstrecken ohne und mit Tretbewegung bilden eine günstige Vorübung für das Kurvenfahren.

128

seitlichen Wechseln oder hohem Tempo muß beachtet werden, daß die Pedale am Boden aufschlagen können. Ein Sturz könnte dann die Folge sein!

Wellen bzw. Schlangenlinien und gleichzeitige Tretbewegung bilden nicht nur gute Vorübungen für eine treffliche Kurventechnik, sondern auch für sämtliche Gruppentrainingsformen und Formen des Wettkampfs.

Anhand dieser Übungen wird das richtige „Steuern" erlernt (Beherrschen der Rennmaschine)! Sämtliche Ausweichmanöver, plötzliche Richtungswechsel durch „Wellen" in einem Feld oder einer Trainingsgruppe müssen durch Körperverlagerung „ausgesteuert" werden.

Überfahren, Überspringen von Hindernissen

Hindernisse, die erst sehr spät erkannt werden können (Schlaglöcher, Steine, Bordsteine, gestürzte Fahrer etc.) erfordern, daß sie möglichst ohne Sturzfolgen umfahren oder übersprungen werden. Generell ist in solchen Situationen zumindest eine Entlastung durch Körperverlagerung des jeweiligen Laufrades erforderlich, um ein Durchschlagen des Reifens, der Felge oder gar einen Aufprall mit Sturzfolgen zu vermeiden.

Körperverlagerung

Wird ein Hindernis überfahren, muß der Fahrer aus dem Sattel gehen und zur Vorderrad-Entlastung sein Gewicht kurzfristig nach hinten verlagern. Bevor auch mit dem Hinterrad das Hindernis überfahren wird, muß das Gewicht vor dem Tretlager sein, um auch das Hinterrad entlasten zu können. Dieser Gewichtswechsel kann jedoch nur bei geringem Tempo vor-

Überfahren von Schienen: Diese sollen stets in stumpfem Winkel überfahren werden, d. h. im Falle der Schienenanlage auf dem Foto muß der Sportler rechtzeitig nach links ausscheren (zuvor vergewissern, ob die Straße frei ist) und vor den Schienen einen Bogen nach rechts fahren, um diese in fast rechtem Winkel zu überqueren.

genommen werden. Bei hohem Tempo hilft nur, aus dem Sattel zu gehen und so viel als möglich Druck von der Maschine durch eine Hochentlastung des Körpers wegzunehmen oder mit beiden Rädern durch schwunghafte Hochentlastung vom Boden abzuheben.

Vorderrad anheben

Während der Anfahrt aufstehen, Kurbeln waagrecht, Körpergewicht hinter den Mittelpunkt (Tretlager) verlagern, Arme geringfügig beugen und fixieren. Durch ruckartigen Zug der Arme und gleichzeitigen Oberkörpereinsatz nach oben ziehen. Zur Erleichterung für den Anfänger kann mit dem Oberkörper eine Auftaktbewegung durch vorangehendes, kurzes Tiefgehen mit der Schulter und direkt im Anschluß Nach-oben-reißen eingesetzt werden. Der Auftakt muß genügend stark sein, daß das Vorderrad vom Boden abhebt. Der Lenker ist unbedingt mit beiden Händen/Armen so zu fixieren, daß es keinen Lenkeinschlag gibt, da sonst Sturzgefahr entstehen könnte. Je weiter das Gewicht nach hinten verlagert wird, desto höher kann abgehoben werden.

Hinterrad anheben

Anfahren, aufstehen, Kurbeln waagrecht, Körperschwerpunkt vor den Rahmenmittelpunkt (Gesäß etwa über dem Tretlager), Arme fixieren, Füße nach unten neigen und mit gebeugten oder gestreckten Beinen (fixiert) mittels einer Körper-Auftaktbewegung nach oben das Hinterrad vom Boden heben. Aus der Stellung des Körpers vor dem Mittelpunkt ergibt sich die Höhe des Hinterrades beim Abheben vom Boden. Die Füße haben Halt in den Pedalen durch Riemen, Haken und Schuhplatten. Mit Gummisohlen und entsprechenden Pedalen (BMX) kann das Rad auch ohne Haken und Riemen ange-

Vorderrad anheben: Zu diesem Zweck das Körpergewicht hinter das Tretlager verlagern und die Maschine mit fixierten Armen, zuvor Körperauftakt, nach oben reißen.

Hinterrad anheben: Hierzu das Körpergewicht etwas vor das Tretlager verlagern und mittels Auftaktbewegung des Körpers und nachfolgender Fixation der Beine das Hinterrad anheben. Mit den Händen kann gleichzeitig die Auftaktbewegung unterstützt werden, indem der Lenker so angefaßt wird, als ob man diesen nach vorne/unten wegdrehen will (Hände möglichst in der Unterlenkerbeuge).

hoben werden, indem der Lenker nach vorne/oben während der Absprungbewegung gezogen wird.

Abheben der kompletten Maschine vom Boden

Anfahrt wie oben, Schwerpunkt direkt über dem Tretlager und Füße nach unten geneigt. Mittels Auftaktbewegung von Körper und Armen die Maschine nach oben reißen. Eine ähnliche Möglichkeit besteht, indem die Füße anstatt nach unten nun nach oben gezogen werden. Dadurch bietet sich jedoch nur an den Haken entsprechender Halt. Bei der Landung können bei einer solchen Durchführung leicht die Pedale verloren werden.

Nachdem die einzelnen Bewegungen beherrscht werden, müssen zur Vervollkommnung die einzelnen Übungsteile in einen komplexen Bewegungsvorgang zusammengefaßt werden.

Beide Räder vom Boden gleichzeitig abheben: Der Körperschwerpunkt bleibt über der Mitte (Tretlager), mittels Körperauftaktbewegung und fixierten Beinen, Armen, ebenso gleichzeitigem Handzug am Lenker (wie bei Hinterrad anheben) wird die Maschine während der Fahrt angehoben.

Nun können Hinternisse in den Ablauf einbezogen werden. Anfänglich können dies einfache Markierungen sein (Striche, Bänder, dünne Zweige). Bei entsprechenden Leistungen kann zu festen Hindernissen übergegangen werden (Balken, Latten, Bordsteine etc.).

Während der Übungen muß darauf geachtet werden, daß der Anfänger besonders langsam an das Hindernis heranfährt, um somit den Bewegungsablauf auch gedanklich mitvollziehen zu können. Erst mit zunehmender Sicherheit ist nun auch das Tempo zu erhöhen.

Hüpfen, gleichzeitig Rad seitlich versetzen

Die Praxis erfordert, daß die Maschine auch angehoben und gleichzeitig seitlich versetzt wieder aufgesetzt werden kann. Die typische Situation für diese Übung ergibt sich, wenn aus irgendeinem Grund ein Fahrer in einer Kurvenausfahrt zu weit hinausgetragen und ein Sturz nur durch einen Sprung auf den Bordstein vermieden werden kann.

Zum Erlernen muß das Hüpfen und seitliche Versetzen von Vorder- und Hinterrad zuerst separat und erst später als Einheit geübt werden. Zu beachten ist, daß vor allem beim Anheben und seitlichen Versetzen des Vorderrades kein noch so geringer Lenkeinschlag erfolgt. Um seitlich versetzen zu können, muß die Auftaktbewegung selbstverständlich auch nach dem Abheben zusätzlich noch zur jeweiligen Seite erfolgen.

Stürze beim Auffahren auf Hinternisse sind nur dann zu vermeiden, wenn zumindest das Vorderrad hoch genug angehoben wird. In der Regel gibt es dabei Defekte am Hinterrad.

Körperkontakte

Bei großen Fahrfeldern bleibt es nicht aus, daß immer wieder Teilnehmer gegenseitig Körperkontakte bekommen. Diese gehen gefahrlos vorüber, wenn die beteiligten Fahrer wissen, was sie zu tun haben.

Hierzu hilft nur ständige Übung, indem der Körperkontakt zum Partner gesucht wird: Anfangs nur mit den Ellbogen (seitlich hinausstellen) den Kontakt suchen. Danach mit den Schultern und auch dem Oberkörper (aneinander anlehnen).

Armkontakt während der Fahrt:
Die Partner berühren sich anfänglich nur sanft und versuchen, sich sofort voneinander zu lösen, indem beide nach außen abkippen.

Im Training und auch in der Praxis sollte stets der Fahrer, auf den der andere auffährt seine Fahrtrichtung beibehalten, beziehungsweise nicht ausweichen. Durch diese Stabilisierung wird es dem Auffahrenden leichter möglich, wieder loszukommen. Das Lösen erfolgt durch seitliches Wegkippen vom Partner und gleichzeitigen Druck des Ellbogens auf den Auflagepunkt beim Partner.

Übungsformen

Arme gegen Arme, Arme gegen Körper, Schulter gegen Schulter. Diese Übungen sollten jedoch nur von erfahrenen Sportlern, beziehungsweise mindestens einem wirklich sicheren Fahrer durchgeführt werden.

Kontakte der Laufräder

Neben den Körperkontakten, die in der Regel ohne Folgen bleiben, kommt es beim Gruppentraining vor, daß sich ein am Hinterrad Fahrender aus verschiedenen Gründen an diesem mit seinem Vorderrad „aufhängen" kann. Übung und richtiges Verhalten während des Kontaktes dieser Laufräder helfen, auch in Gefahrensituationen einen Sturz zu vermeiden.

b

c

Arm-/Körperkontakt: Nur der Fahrer, welcher mit seinem Arm den Partner berührt, löst sich durch seitliches Wegkippen – der andere führt weiterhin geradeaus.

Wird man durch den Vordermann etwas bedrängt, macht man diesen durch leichten seitlichen Druck mit der Hand auf den Körper auf die Gefahr aufmerksam.

In der Regel verlagert der Auffahrende sein Gewicht zu sehr gegen den Widerstand (Hinterrad), so daß er beim Freiwerden des Vorderrades natürlicherweise zuviel Seitenneigung erhält und stürzt.

Anstatt gegenzuhalten muß der Auffahrende versuchen, so schnell als möglich durch entgegengesetztes seitliches Abkippen vom Hinterrad wegzukommen. Auf keinen Fall darf ein seitlicher Lenkeinschlag erfolgen. Der Lenker muß absolut in Geradeausfahrt gehalten werden.

Übungsformen

Seitlich am Hinterrad des Vordermannes auflaufen und langsam an den Reifen herantasten. In der Anfangsphase des Übens braucht der Auffahrende nur so dicht als möglich an den Reifen heranfahren, ohne diesen zu berühren. Wichtig ist, daß danach schwunghaft seitlich weggefahren wird. Erst mit zunehmender Sicherheit ganz an den Reifen heranfahren und sofort oder nach einigen Metern vom Hinterrad wegkippen. Auch bei dieser Übung muß der Vordermann unbedingt seine Fahrlinie einhalten.

Sämtliche Grundübungen können als Spielformen oder in Form eines entsprechenden Geschicklichkeitsparcours auch mit größeren Gruppen durchgeführt werden.

Kontakt der Laufräder: Nach dem Kontakt des eigenen Vorderrades mit dem Hinterrad des Vordermannes durch seitliches Abkippen von diesem lösen. Niemals den Druck auf

das Hinterrad mit dem eigenen Vorderrad verstärken, da im Moment des Lösens meistens ein Sturz folgt.

1.3 Formen des Gruppentrainings

Training in Gruppen bringt dem Radsportler nicht nur Unterhaltung und Geselligkeit. Interessierte und entsprechend Motivierte können, sofern sie die notwendigen Techniken beherrschen und mit einer leistungsmäßig ausgeglichenen Gruppe fahren, bedeutend schneller und länger ihr Tempo halten als bei Alleinfahrten.

Äußere Merkmale

Nach außen sieht dabei eine solche Gruppe wie ein ungeordnet, wild daherbrausender Haufen aus, der zudem den Straßenverkehr behindert!

Tatsächlich nutzen die Beteiligten den Windschatten am Hinterrad ihres Vordermannes. Da der Wind nur selten direkt von vorne oder hinten kommt, bleibt es nicht aus, daß auch die Fahrer entsprechend der Windrichtung seitlich hinter ihren Vorderleuten herfahren, um tatsächlich Windschatten zu haben.

Innere Merkmale

Je höher das Tempo einer Gruppe, desto höher wird die kräftemäßige Beanspruchung. Die Folge davon ist, daß die Beteiligten nur noch verhältnismäßig kurze Zeit an der Spitze mit gleichbleibendem Tempo „führen" können. Daraus ergibt sich die Notwendigkeit, daß sich die Beteiligten diese „Führungsarbeit" möglichst gleichmäßig teilen.

Freizeitsportler beim Training

Dies ergibt an der Spitze einen ständigen, regelmäßigen „Führungswechsel". Der oder die (bei Doppelreihe) die Führung abgebenden Fahrer „lösen" ab und lassen sich ans Ende der Gruppe zurückfallen, nehmen dort wieder Anschluß und rücken nach und nach wieder bis zur Spitze zur neuerlichen Führung vor.

Aus aerodynamischen Gründen herrschen an den einzelnen Positionen innerhalb der Gruppe unterschiedliche Windverhältnisse. Vor allem beim Wechsel aus der zweiten Position in die Führungsposition wird dieser Unterschied besonders deutlich spürbar. Aus relativ kraftloser Fahrt (auf der Ebene) muß von einem Augenblick zum anderen Kraft aufgewandt werden, um das vorgegebene Tempo weiterfahren zu können.

Ein solcher Wechsel kann praktisch nie ganz genau in gleichem Tempo vollzogen werden, da die momentanen Konditionsverhältnisse und auch die Konzentration der Fahrer ständig wechseln.

Vollkommenheit bedeutet hierbei jedoch, daß der die Führung Übernehmende fast in gleichem Tempo weiterfährt wie zuvor der Vordermann. Hierzu bedarf es langer Übung und viel Trittgefühls, denn nur an der Trittgeschwindigkeit kann das Tempo eingeschätzt werden. Dies verlangt, daß ein Sportler über entsprechendes Trittgefühl verfügen muß und trotz sich plötzlich ändernder Druckverhältnisse die eingeschlagenen Drehzahlen mittels entsprechender Druckveränderung auf die Pedale halten kann und nicht schneller oder langsamer wird.

In Gruppen, die „laufen" bzw. „rollen", kann relativ kraftlos gefahren werden. Entsprechend Trainierte und Motivierte können im Gruppentraining einen hohen Trainingseffekt erzielen – Voraussetzung ist, daß immer wieder ein hohes Tempo bis an die individuelle Leistungsgrenze gefahren wird.

Fahren am Hinterrad

Beim Radfahren spielt der Windschatten und das Fahren im Windschatten eine entscheidende Rolle. Durch geschickte Nutzung können oft schwächere Fahrer beachtliche Erfolge erzielen. Dasselbe gilt für Gruppenfahrten. Wichtig beim Hinterradfahren ist, daß der Sportler so dicht als möglich an seinen Vordermann heranfahren kann.

Technik des Hinterradfahrens bei direktem Gegenwind

Grundsätzlich muß der am Hinterrad fahrende Fahrer geringfügig seitlich versetzt hinter seinem Vordermann fahren (seitlicher Abstand 5–15 cm). Dadurch hat er selbst etwas Sicht nach vorne am Vordermann vorbei und kann somit frühzeitig kleinere Hindernisse erkennen und diesen ausweichen. Wichtigster Faktor für diese Maßnahme ist jedoch, daß durch das seitlich versetzte Fahren Tempounregelmäßigkeiten der Vorderleute ohne zu bremsen ausgeglichen werden können („Auflaufen auf den Vordermann"). Und dies, ohne selbst zu bremsen und somit Tempo wegnehmen zu müssen. In einer Reihe sollte so wenig als möglich gebremst werden. Jedes Bremsen bringt Unruhe („Wellen") und zusätzlichen Kraftverlust.

Hinterradfahren: Durch dichtes Auffahren auf den Vordermann wird der Windschatten des Vordermannes zum Fahren genutzt. Dabei so fahren, daß man hinten stets seitlich versetzt zum Vordermann fährt, um Temposchwankungen durch Auflaufen und Abfallen aufzufangen bzw. das Bremsen so weit wie möglich vermeiden zu können.

Wird der Vordermann langsamer, muß versucht werden, durch reduzierten Druck auf die Pedale oder durch seitliches Vorbeifahren am Vordermann die Verlangsamung aufzufangen. Aus diesem Grund soll nicht direkt am Hinterrad des Vordermannes gefahren werden, da dann ein Bremsvorgang mit anschließend neuerlichem Beschleunigen einen zusätzlichen Substanzverlust zur Folge hätte. Ebenso wird durch solche Fahrer der Rhythmus empfindlich gestört! Es ist also nicht derjenige der beste Hinterradfahrer, der dicht am Hinterrad fährt und dabei laufend bremsen und wieder antreten muß. Viel günstiger beim Anfänger ist, wenn ein etwas größerer Abstand (50 – 60 cm) eingehalten wird und somit Tempounterschiede leichter ausgeglichen werden können. Der am Hinterrad fahrende Fahrer soll nach Möglichkeit nicht auf das Hinterrad seines Vordermannes blicken. Hierbei entstehen große Unsicherheiten (Wellen), da der Fahrer durch den sich bewegenden Reifen und die unter ihm wegsausende Straße nur noch ein Flimmern wahrnehmen kann, das automatisch unsicher macht. Der Anhaltspunkt für den richtigen Abstand zum Vordermann muß entweder am Rücken des Fahrers, am Tretlager oder gar an der Vorderradnabe gesucht werden. Je weiter weg der Fixpunkt liegt, um so ruhiger läßt es sich am Hinterrad fahren.

Beim Erlernen darf am Anfang durchaus ein größerer Abstand eingehalten werden.

Dieser verkürzt sich mit zunehmender Sicherheit automatisch. Ziel muß es jedoch sein, so dicht als möglich an den Vordermann heranzukommen.

Fahren auf der „Windkante"

Ein Radfahrer spürt im Gegensatz zum Motorradfahrer sehr genau, aus welcher Richtung der Wind kommt. Versierte Fahrer versuchen deshalb automatisch, auf der dem Wind abgewandten Seite hinter dem Vordermann herzufahren. Kommt der Wind beispielsweise von rechts, so muß auf der linken Seite hinter dem Vordermann gefahren werden, und zwar immer so weit seitlich versetzt, daß voller Windschutz besteht. Der richtige Winkel wird dabei gefunden, indem der Hintermann aufläuft, beziehungsweise sich abfallen läßt, um den geringsten Widerstand (größten Sog) zu finden.

Die richtige Position am Hinterrad ist erreicht, wenn der Fahrer das Gefühl hat, daß der Wind im Gesicht von hinten kommt. Wird ohne Kopfschutz gefahren, zieht es dabei die Haare leicht nach vorne.

Der Vordermann ist für die gesamte Gruppe während der Phase seiner Führung verantwortlich. Hindernisse muß er langfristig umfahren (allmähliche Richtungswechsel), so daß sich die anderen ohne Probleme darauf einstellen können. Fahrer, die bis kurz vor einem Hindernis ihre Geradeausfahrt einhalten und erst im letzten Moment ausweichen, handeln grob fahrlässig und beschwören unnötige Gefahren herbei.

Beim Hinterradfahren sollte seitlich am Vordermann vorbei eine geringe Sichtmöglichkeit bestehen.

Der Fahrer im Windschatten soll weiterhin möglichst nicht direkt auf das Hinterrad des Vordermannes schauen, sondern sich einen Fixpunkt, an welchem er seinen Abstand zum Vordermann erkennt, entweder am Tretlager, an der Vorderradnabe bzw. am Rücken des Vordermannes suchen.

Bei geordnetem Fahren in einer Reihe werden die Ablösungen grundsätzlich gegen den Wind durchgeführt. Der Führende fährt dabei mittels eines deutlich sichtbaren Richtungswechsels von seinem Hintermann weg (etwa 1 m ausscheren). Dieser Fahrer muß sein Tempo dabei beibehalten (weitertreten), bis er sich endgültig von der Gruppe gelöst hat.

Rennfahrer im Wettkampf auf der Windkante: In diesem Falle kommt der Wind von links, so daß sich alle Fahrer jeweils rechts hinter ihren Vordermann einordnen, um den Sog des Vordermannes so optimal als möglich zu nutzen.

Wichtig ist, daß gegen den Wind abgelöst wird!

Wird dagegen vom Wind weg abgelöst, entsteht die Gefahr, daß ein „aufgelaufener" Fahrer behindert wird. Die geringste Gefahr ist dabei eine Welle vom Vordermann, die aber leicht zu Stürzen führen kann.

Ähnliche Schwierigkeiten können von dem am Hinterrad fahrenden Fahrer vermieden werden, indem er, sowie er an die zweite Position aufrückt, grundsätzlich einen etwas größeren Abstand zum Vordermann einnimmt (auf jeden Fall seitlich hinter dem Hinterrad bleibt).

Bei Mannschaftswettbewerben sollte allerdings so viel Vertrauen zu den Kameraden bestehen, daß solche Vorsichtsmaßnahmen nicht notwendig sind. Bei zufälligen Gruppierungen in Wettkämpfen und in Trainingsgruppen, wo die Konzentration nicht so groß ist, wird Vorsicht empfohlen! Der sich zurückfallenlassende Fahrer bleibt während der Ablösephase dicht neben der Reihe (s. Abb. S. 141), um auch hierbei noch einen geringen Windschutz zu haben. Das Tempo darf dabei jedoch nicht zu stark verlangsamt werden, da sonst am Ende der Gruppe beim Anschlußnehmen zu stark gesteigert „angetreten" werden muß.

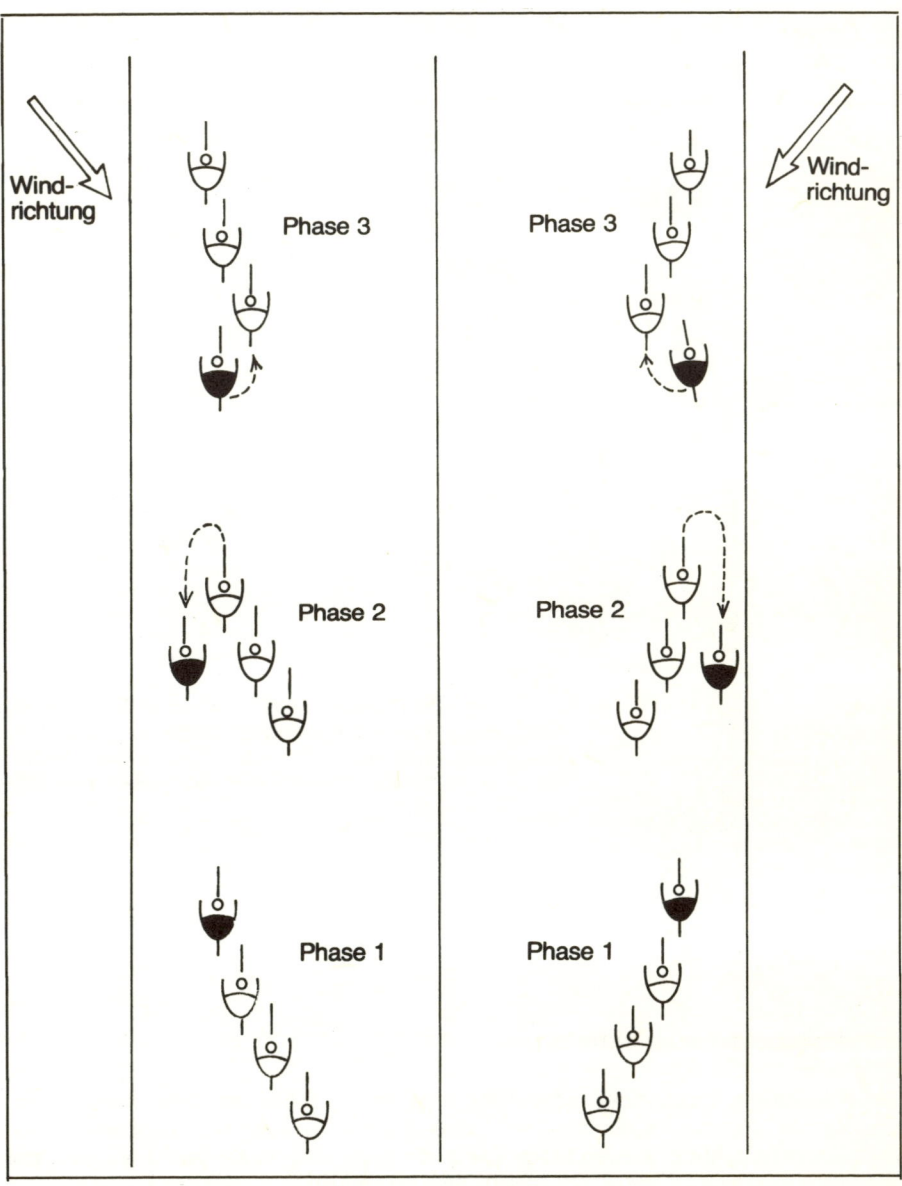

Jeweils auf der dem Wind abgewandten Seite des Vordermannes reihen sich die Fahrer ein, um größtmöglichen Windschatten zu erhalten.

Die Ablösung erfolgt gegen den Wind (ausscheren und ans Ende der Gruppe zurückfallen lassen).

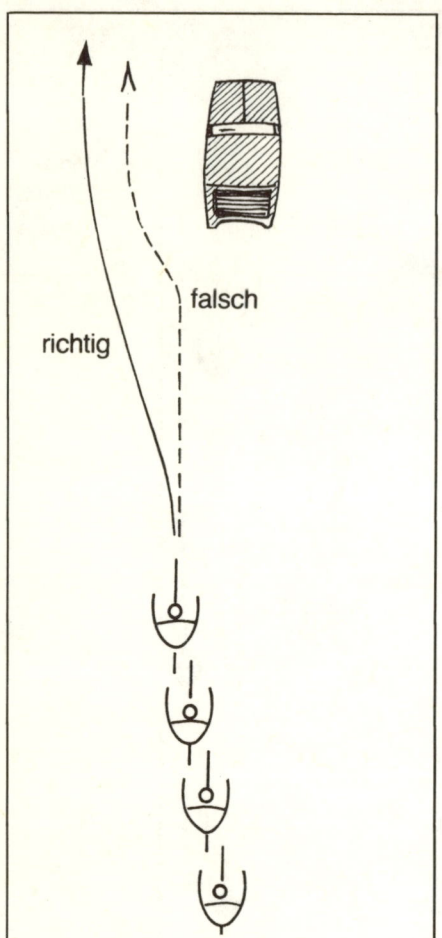

richtig

falsch

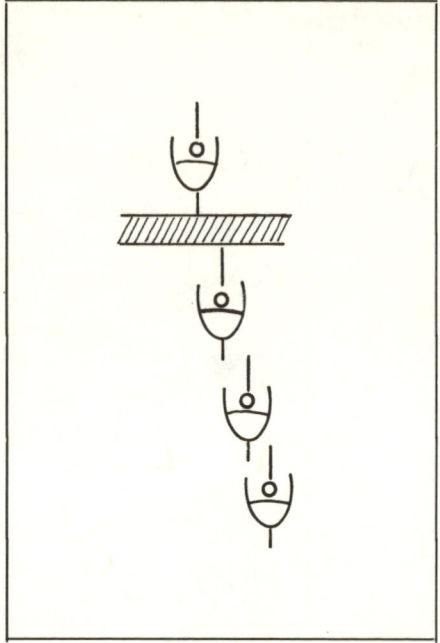

Der zweite Fahrer läßt einen Sicherheits-abstand (gestrichelt) zum Führenden, so daß selbst bei einer Ablösung in die falsche Richtung keine Komplikationen entstehen.

◄

Hindernisse müssen in langem Bogen umfahren werden.

Fahrlinie beim Gruppentraining

Die Windrichtung entscheidet, auf welcher Seite sich die Teilnehmer hinter dem Führenden staffeln. Kommt z. B. der Wind von rechts, so kann der Führende knapp am rechten Fahrbahnrand fahren, während sich seine Kollegen links hinter ihm einreihen. Der Führende muß sich jedoch grundsätzlich einen Freiraum von mindestens ca. 50 cm zum Straßenrand lassen, um Platz für den Fahrspurwechsel während des Ablösevorganges zu haben.

Kommt der Wind von links, muß der Führende entsprechend der Gruppengröße so weit links fahren, daß möglichst auch der Letzte der Gruppe noch auf der Straße und im Windschatten seines Vordermannes fahren kann (s. Abb. S. 141).

142

Die Windverhältnisse (-stärke und -richtung) müssen stets in das taktische Konzept bei Wettkämpfen eingebaut werden: Auf diesem Foto fährt die Spitze des Feldes so weit rechts (der Wind kommt von links), daß nur wenige Fahrer im Windschatten des Vordermannes bleiben können.

Im Training darf auf keinen Fall vom Führenden, auch beim Ablösen, die Straßenmitte überschritten werden. Dies erfordert, daß die Fahrlinie etwa maximal bis ca. einen Meter rechts vom Mittelstreifen verlaufen kann. Können bei einer solchen Formation nicht alle Teilnehmer gut im Windschatten ihres Vordermannes fahren, so empfiehlt es sich, die Gruppe zu teilen.

Im Wettkampf bestimmen andere Faktoren die Fahrlinie: Sollen die Gegner mürbe gemacht oder gar abgehängt werden, so bleiben die sich aktiv an der Führungsarbeit beteiligenden Fahrer gerade so weit vom Straßenrand weg (links oder rechts), daß nur dieser Kreis wirklich im Windschatten fahren kann. Die anderen müssen sich mit der unbequemen Fahrt entlang der Grasnarbe (,,mit einem Ohr im Sand") und nur unvollständigem ,,Windschatten" begnügen. Eine solche Methode ist geeignet, eine große Gruppe wirkungsvoll zu dezimieren!

Änderung der Staffelformation durch sich ändernde Windrichtung

Bei unmerklicher, langsamer Richtungsänderung der Strecke spürt der Führende oftmals nicht, wenn sich die Windrichtung ändert. Die am Hinterrad Fahrenden dagegen spüren die kleinste Richtungsänderung des Windes. Oftmals muß dabei die Seite gewechselt werden, ohne daß der Führende davon etwas mitbekommt. Somit braucht dieser Fahrer Informationen, um seine Fahrlinie und ggf. Ablöserichtung zu ändern.

143

Zu diesem Zweck muß der Führende durch Zuruf seiner Mitfahrer auf die neue Fahrlinie dirigiert werden. Ebenso muß angesagt werden, wenn sich die Ablöserichtung ändern soll. Der am Hinterrad Fahrende muß trotz dieses Hinweises so aufmerksam sein, daß er sich beim Ablösevorgang nicht am Hinterrad des Vordermannes mit seinem Vorderrad „aufhängt", da dieser durch Windgeräusche die Aufforderung vielleicht nicht richtig verstanden hat und noch zur alten Richtung ablöst.

In kleinen Gruppen sollten die Führenden auch dann umdirigiert werden, wenn der Letzte der Gruppe mehr als einen Meter Abstand zum Straßenrand hat. Dieser unterläßt diesen Hinweis meist, da er froh ist, freien Raum am Hinterrad zu haben. Fährt jedoch eine kleine Gruppe zu weit links, können unnötige Gefahren verursacht werden. Außerdem geht dabei die ideale Fahrlinie verloren, da irgendwann diese korrigiert (Welle) werden muß.

Lücken lassen

Nicht zu führen gilt in meinen Augen als unsportlich! Besonders verwerflich wird dies, wenn ein Fahrer in einer Reihe mit nach vorne fährt und an der Spitze der Gruppe mit Absicht das Tempo absinken läßt bzw. passiv wird. Will oder darf ein Fahrer aus irgend einem Grund nicht führen – vielleicht aus mannschaftstaktischen

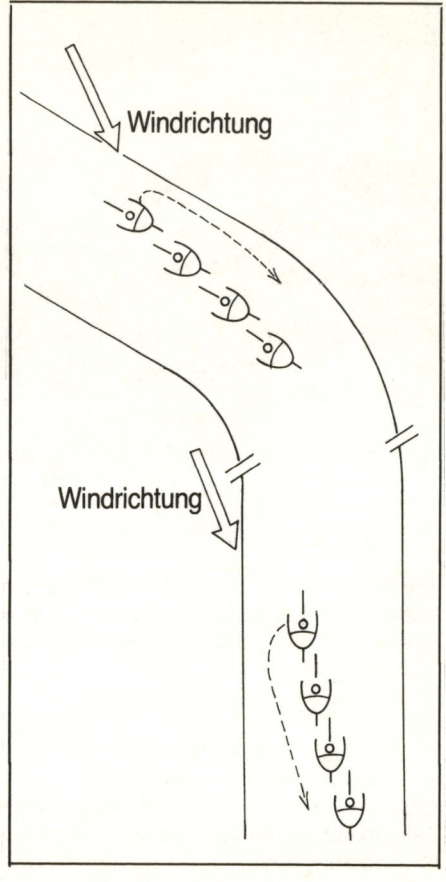

Bei Richtungsänderungen muß das Fahren im Windschatten und die Ablöserichtung verändert werden.

Gesichtspunkten – so sollte dieser sich aus der Reihe heraushalten, indem er am Ende der Gruppe jeweils für die Abgelösten eine Lücke läßt oder diese vor sich in die Reihe läßt.

An den weiteren Teilnehmern der Gruppe liegt es dann, zu entscheiden, wie sie sich selbst verhalten wollen.

Bei hohem Tempo kommt es aber auch vor, daß ein Fahrer vorübergehend, vielleicht auch für die restliche Zeit, nicht mehr führen kann. Auch in einem solchen Fall sollte dieser Fahrer am Gruppenende für seine Kollegen jeweils ein „Loch aufmachen".

In beiden Fällen genügt es nicht, nur einfach aufzumachen, sondern gleichzeitig durch Zuruf darauf hinzuweisen. Dabei reicht der kurze Zuruf „rein" oder „fahr rein"! Der

Ablösende sieht in der Regel seine Mitfahrer aus dem Augenwinkel und da der Letzte sein „Loch" erst so spät als möglich aufmacht, kann es dabei leicht zu Mißverständnissen kommen.

Sicherung der Gruppe

Bei Gruppentraining ist es günstig, wenn stets ein Begleitfahrzeug (am günstigsten ein Motorrad) hinter der Gruppe fährt. Daran erkennen die schnelleren Verkehrsteilnehmer sofort, daß es sich um eine „geordnete Trainingsgruppe" handelt und verhalten sich entsprechend.

Einzelreihe: Jeder versucht, so dicht als möglich am Vordermann zu bleiben. Durch regelmäßigen Wechsel an der Spitze übernimmt jeder Fahrer, entsprechend seinen konditionellen Möglichkeiten, die Führung bei möglichst gleichbleibendem Tempo.

Ist kein Begleiter (Auto oder Motorrad) dabei, sehen viele Autofahrer in der Gruppe einen „undisziplinierten Haufen" und werden in vielen Fällen schnell aggressiv! Belehrungen, Beschimpfungen bis hin zu „Wellen" oder Vollbremsungen sind die Folge.

Einzelreihe

Sie stellt die für den Anfänger einfachste Gruppenformation dar. Die Führungen der einzelnen Fahrer können dabei unterschiedlich lange dauern, je nach konditionellen Verhältnissen.

Im Anfängertraining bzw. bei relativ geringem Tempo, kann eine Einzelreihe aus beliebig vielen Fahrern bestehen. Limitierender Faktor sollte bei Trainingsfahrten jedoch der Straßenverkehr bzw. die Straßenbreite sein. Bei hohem Tempo sind Einzelreihen nur wirkungsvoll, wenn diesen nicht mehr als sechs Fahrer angehören. In größeren Gruppen dauert der Weg während des Ablösevorgangs von der Spitze bis ans Ende der Gruppe zu lange und erfordert somit zu viel zusätzliche Kraft, da der Ablösende zu lange „im Wind steht" In Wettbewerben können na-

Doppelreihe: Bei größeren Gruppen empfiehlt sich diese Trainingsform.

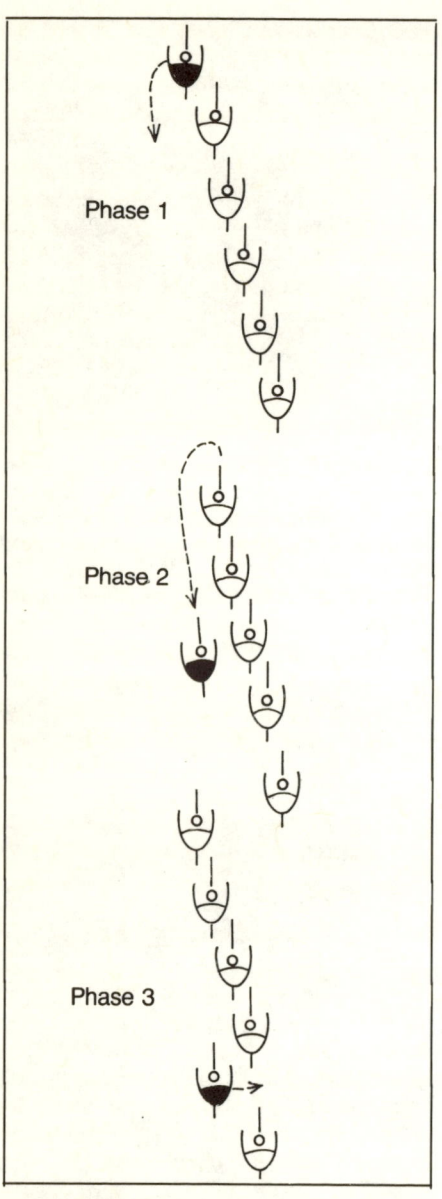

Phase 1

Phase 2

Phase 3

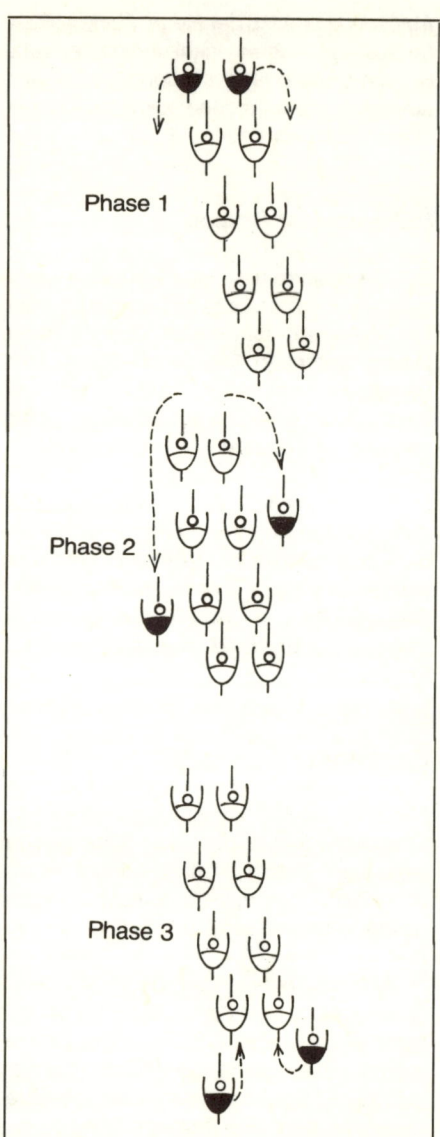

Phase 1

Phase 2

Phase 3

Links: Lücke lassen
Fahrer, die nicht führen können, fahren nur am Ende der Gruppe, machen dort jeweils dem Zurückkommenden Platz zum Einreihen.

146

Rechts: Doppelreihe
Die Ablösungen erfolgen jeweils nach außen (Phase 1).
Um nicht zum Hindernis für Mitfahrer und Verkehr zu werden, nicht parallel zueinander zurückfallen lassen (Phase 2).
Anschluß nehmen (Phase 3).

türlich größere Gruppen in Einzelreihen fahren. Doch regiert meist sehr schnell die Vernunft der Fahrer, indem diese in einem solchen Fall ihr Führungsverhalten ändern und im Kreisel fahren. Die Problematik einer Einzelreihe im Anfängertraining besteht nicht nur aus der Technik des Hinterradfahrens oder der Ablösung (gegen den Wind).

Die Hauptschwierigkeit entsteht durch das Tempo- bzw. Führungsverhalten der einzelnen Teilnehmer. Da ein Anfänger natürlicherweise noch über kein optimales Tempogefühl verfügt, steigt oder fällt das Tempo bei jedem Führungswechsel. Die Folge ist, daß die Teilnehmer am Ende durch ständiges Bremsen und Antreten zwar erschöpft, jedoch niemals über längere Zeit richtig schnell gefahren sind. Gruppen mit starken Leistungsunterschieden können deshalb kaum ein gleichmäßiges oder gar hohes Tempo über längere Zeit erreichen.

Wichtig!
Ein großer Unruhefaktor wird ausgeschaltet, wenn sämtliche Teilnehmer mit gleicher Übersetzung fahren!

Doppelreihe

Sie besteht aus zwei Einzelreihen, d. h. die Teilnehmer fahren jeweils zu zweit nebeneinander. Dabei gelten dieselben Regeln für das Windschattenfahren wie in einer Einzelreihe. Abgelöst wird nicht mehr generell gegen den Wind, sondern jeweils nach außen. Der auf der rechten Seite fahrende Fahrer nach rechts und dessen Partner nach links. Beide lassen sich an der Außenseite der Gruppe zurückfallen. Möglichst nicht auf gleicher Höhe, da sonst für die in der Reihe Fahrenden ein Engpaß entstehen kann (diagonal versetzt).

In der Doppelreihe können sich die Führenden gegenseitig kontrollieren. So kann jeder Anfänger neben einem Geübten schneller und leichter ein gutes Tempogefühl entwickeln.

Die Doppelreihe stellt gleichzeitig die wohl beliebteste Trainingsform für Trainingsgruppen dar. Es läßt sich dabei so schön miteinander „schwatzen".

Gleichzeitig kann aber auch dem Partner so richtig einer „eingeschenkt" werden. Dabei stellt der eine Partner sein Vorderrad, d. h. er achtet ständig darauf, daß dieses leicht vor dem des Partners bleibt. Der Partner dagegen versucht, gleichzuziehen und so treiben sich beide unmerklich zu immer schnellerer Fahrt, die erst mit der „Aufgabe" eines der beiden endet. Ein solcher Kampf schärft die Willenskraft, doch muß von einer ständigen Nutzung einer solchen „Willensschulung" abgeraten werden. „Vorderradsteller" sind oftmals Sportler, die auch als „Trainingsweltmeister" bezeichnet werden, d. h. ihre Wettkampfleistungen liegen nicht nennenswert über den Trainingsleistungen.

Training in Doppelreihe kann aus o. a. Gründen ein hervorragendes Trainingsmittel – auch zur Leistungsentwicklung – darstellen. Zu oft oder zu extensiv angewandt, kann Training in beiden Fällen das Gegenteil, Leistungsstagnation oder gar -rückgang bewirken. Auch hier kommt es auf die richtige Dosierung an.

Kreisel oder belgische Reihe (Staffel)

Äußerlich sind es auch hier zwei Einzelreihen. Diese bewegen sich jedoch in unterschiedlich hohem Tempo. Das Grundprinzip dieser Technik ist, daß jeder Fahrer ständig Kontakt zu seinem Vordermann hat. Nur während der Führung und der folgenden Ablösung aus der Führung bleibt ein Fahrer ohne Windschatten.

Die Fahrer bewegen sich in einer Kreisformation, ähnlich dem Paternosterprinzip. Geführt wird nur so lange, bis der Vordermann überholt ist. Damit das Tempo auf gleichem Niveau bleibt, fährt der Überholende nach abgeschlossenem Überholvorgang durch deutlichen Richtungswechsel vor den Überholten und nimmt danach Druck von den Pedalen (wird langsamer), damit er seinerseits überholt werden kann. Nach dem Ablösen lassen sich die Teilnehmer in der langsameren Reihe bis zum Gruppenende zurückfallen. Auch bzw. gerade beim Zurückfallen entlang der Reihe muß der Kontakt zum Vordermann beibehalten werden. Ständiger Kontakt zu den Vorderleuten ist Voraussetzung für ein konstantes Tempo. Wird ein solches annähernd erreicht, braucht vor allem Beim-Anschluß-nehmen nicht zu stark angetreten zu werden.

Grundsätze des Kreisels

Jeder Teilnehmer übernimmt die Führungsarbeit zu genau gleichen Teilen. Je langsamer sich die Reihen gegeneinander bewegen, um so besser „rollt" der Kreisel. Durch geringe Tempounterschiede ist nur geringe Beschleunigungskraft beim Anschlußnehmen notwendig. Die Gruppe kann länger schnell fahren.

Kreisel (auch belgische Reihe genannt) im Wettkampf: Die Führungsdauer bleibt für alle Fahrer gleich, da jeweils nur so lange geführt wird, bis der Vordermann überholt ist.

148

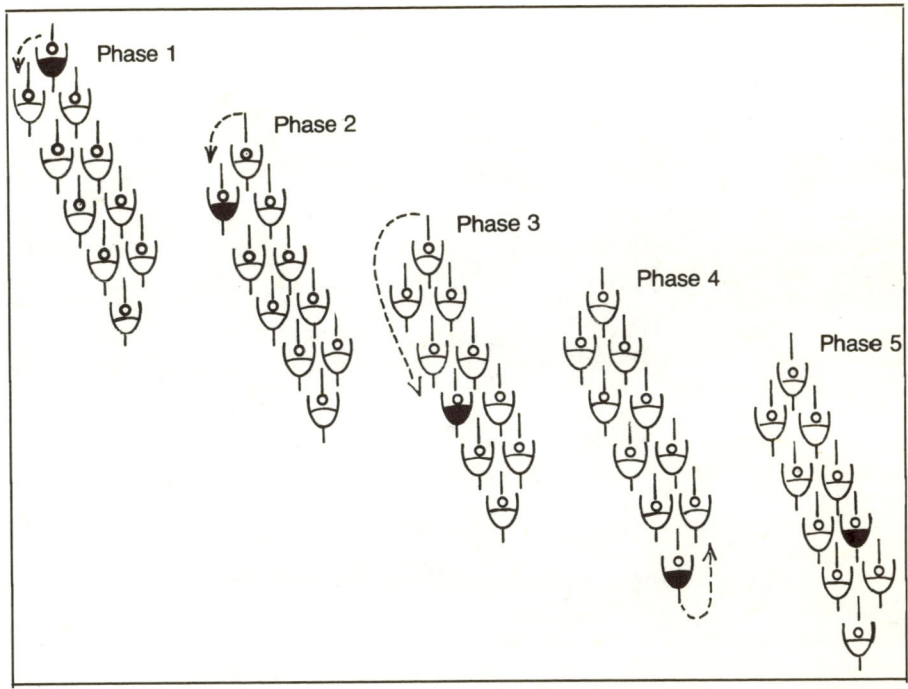

Kreisel:
Nachdem der Vordermann überholt ist, gegen den Wind seitlich ausscheren (Phase 1).
Den Druck nur geringfügig von den Pedalen nehmen (Phase 2). Stets Kontakt zum
Vordermann halten (Phase 3). Am Ende der Reihe wechseln (Phase 4). In der Reihe
wieder nach vorne fahren (Phase 5).

Es darf nur so lange geführt werden, bis der Vordermann überholt ist. Bleibt ein Fahrer
zu lange an der Führung, muß der Abgelöste mitfahren (steigern). In der Regel tritt das
Gegenteil ein und es entsteht ein zu großes Loch, was wiederum am Ende der Gruppe
zu Engpässen mit notwendig starkem Antritt und Anschlußnehmen verbunden ist.
Schwache Fahrer werden dabei stärker, teilweise überfordert, während Starke u. U.
noch im Schongang fahren. Aus diesem Grund bietet sich diese Form bei Wettkämpfen
im Frühstadium an, wo zwar das Interesse zu schneller Fahrt, jedoch auch Zurückhal-
tung vor zu frühem Kräfteverschleiß besteht. Trotzdem muß diese Technik-Form im
Training geübt und ausgefeilt werden, denn nur technisch einwandfreie Ausführung
garantiert ein gutes Tempo.

Der Kreisel eignet sich nicht für Vierer-Mannschafts-Zeitfahren (außer auf Abfahrten).
Bei größeren Gruppen und hohem Tempo dagegen wird diese Technik zur Notwendig-
keit. Bei zu großem Leistungsgefälle innerhalb einer Gruppe oder in der Endphase eines
Rennens wird diese Technik wirkungslos.

a

b

a–b–c–d: *Wechsel von der langsameren zur schnelleren Reihe – je langsamer die beiden Reihen aneinander vorbeifahren, um so leichter kann am Ende der Gruppe die Reihe gewechselt werden.*

a–b–c: Der an die Führung kommende Fahrer fährt bei Übernahme der Führungsarbeit, ohne das Tempo zu steigern, an seinem Vordermann vorbei, schert dann aus der Fahrlinie aus und nimmt etwas Tempo weg. Wichtig ist dabei, daß beim Zurückfallen entlang der Gruppe stets Kontakt zum Vordermann gehalten wird. Die langsamer fahrende Seite fährt stets auf der dem Wind zugewandten Seite, da auch stets gegen den Wind abgelöst wird.

1.4 Verhaltensregeln im Straßenverkehr

Durch den steigenden Anteil an Radfahrern am Straßenverkehr setzen sich sinnvollerweise viele Institutionen und Verbände mit der Sicherheit und Absicherung der Radfahrer auseinander. Diese Schulung bezieht sich vornehmlich auf den Individualverkehr und auf die Sicherheit der Kinder.

Der trainierende Radsportler muß dagegen etwas andere Gesetzmäßigkeiten beachten und sich solchen unterordnen. Diese haben mehr Ähnlichkeit mit den Sicherheitsaspekten für Kleinkrafträder als mit denen des Fahrrades.

Radwege, die für Kinder sicherlich verkehrsgerecht gebaut sein mögen, können dabei u. U. zu erhöhten Risiken für den Radsportler führen. Dabei geht es nicht nur um den chronischen Mangelzustand dieser Wege (Schlaglöcher, Dreck, Scherben usw.), sondern auch um deren Verlaufsformen (Schikanen an Kreuzungen usw.). Für den Radsportler ist es dabei oftmals besser, solche Straßen zu meiden, um nicht auf diesen Wegen fahren zu müssen.

Ähnliches gilt für die mit Ampeln überzogenen Straßen. Das dauernde Antreten hat zwar einen guten Trainingseffekt, doch kann das ständige Warten-müssen leicht zu Erkältungen führen.

Ein Radsportler – auch der zivile Radfahrer – muß grundsätzlich folgende Regeln beachten, will er möglichst unbeschadet auf der Straße fahren:

Der Abstand zum Straßenrand sollte stets ∅ 80 cm betragen, um somit Sicherheitsreserven bei einem dicht vorbeifahrenden PKW oder zu früh „einbiegenden" LKW zu haben.

Die Aufmerksamkeit muß stets auf größere Entfernungen (nach vorne und hinten) gerichtet werden, um Verkehrsentwicklungen frühzeitig zu erkennen und sich rechtzeitig darauf einzustellen (z. B. Überholvorgänge von entgegenkommenden Autos usw.).

Stets den Fahrtverlauf, die Position der Fahrzeuge auf der Straße und die möglichen Reaktionen der Autofahrer beachten. Z. B. kann oftmals an der Fahrlinie der Autos bzw. am persönlichen Verhalten des Fahrers dessen folgende Aktion „erahnt" werden.

Bei Verkehrsstaus ebenfalls das Tempo drosseln und nur langsam an den langsam fahrenden oder stehenden Autos vorbeirollen (laut StVO verboten).

Bei stehenden Fahrzeugen: Möglichst auf der linken Seite vorbeirollen, da Fahrer seltener überraschend aussteigen als deren Beifahrer.

Bei rollenden Kolonnen: Vorsicht vor Kreuzungen, da dort abgebogen werden kann (auf Blinklicht, Kopfbewegungen des Fahrers bzw. der Beifahrer achten).

Läßt ein Fahrer eine Lücke zum Vordermann, will er u. U. die Fahrspur wechseln.

Einzeltraining: In der Regel gibt es hierbei nur selten Schwierigkeiten. Die Hauptschwierigkeiten haben Autofahrer in der Regel mit dem Tempo des Rennfahrers, welches leicht unterschätzt wird. Deshalb auch hier hohe Aufmerksamkeit auf alles, was sich im Umfeld bewegt.

Gruppentraining: Auf beliebten Straßen möglichst in Einzelreihen fahren, generell jedoch solche Straßen meiden. Selbst wenn man im Recht ist, lieber einmal verzichten (nachgeben) und den Autofahrer vorlassen.

Bei Gruppentraining an den Ampeln nicht an der Autokolonne vorbeifahren (es sei denn, es ist abzusehen, daß nicht alle Autos während der Grünphase die Kreuzung überqueren können). Fahren ganze Gruppen oder einzelne aus den Gruppen an wartenden Fahrzeugen vorbei, entsteht in der Folge ein größerer Stau, welcher weder Sportlern noch Autofahren nützt – im Gegenteil nur Aggressionen entwickelt.

An Kreuzungen daran denken, daß die (z. T. große) Gruppe zum Überqueren der Straße mehr Zeit benötigt als ein einzelner Fahrer. Deshalb nur in entsprechend große Verkehrslücken eingliedern. Bei großen Gruppen und Seitenwind die Gruppengrößen reduzieren (nicht über die Straßenmitte fahren). Hindernisse (z. B. stehende Autos) in langen Wellen umfahren. Je umsichtiger ein Sportler fährt – auch bei hohem Tempo – um so weniger Gefahr entsteht für ihn.

Durch eigenes, frühzeitiges Handeln können kritische Situationen vermieden werden!

1.5 Grundlagen des Bahnsports

Radrennbahnen werden nach keinem einheitlichen Schema wie z. B. Leichtathletik-Laufbahnen gebaut. Länge bzw. Kurven- und Geradenlänge richten sich vielmehr nach Möglichkeiten des vorhandenen Terrains im Freien oder in der Halle.

Neue Bahnen werden im Freien zwischen 200 und 333 m Länge gebaut. Die Maße der Bahnlängen sind dabei so ausgelegt, daß stets an den bestehenden Start bzw. Zielmarken nach einem bestimmten Rhythmus volle 1000 m erreicht werden.

Es gibt aber auch noch viele ältere Bahnen, vor allem in Frankreich und Belgien, wo z. B. erst nach Erreichen der 5000 m-Marke (Profi-Verfolgung) wieder eine Standard-Start-/Zielmarke erreicht wird. Auf solchen Bahnen muß dann über die 4000 m-Distanz im Kurvenausgang gestartet werden, was für Fahrer und zu erwartende Zeiten nicht von Vorteil ist.

Die Überhöhung der Kurven und Geraden richtet sich ebenfalls nach der Bahnlänge und den Wünschen der Veranstalter. Steherbahnen brauchen dabei eine steilere Kurvenüberhöhung als Bahnen, die ausschließlich für Rennen ohne Schrittmacherführung genutzt werden.

„Schnelle" Bahnen, also Bahnen auf denen gute Zeiten erzielt werden sollen, sollten jedoch in den Kurven nicht zu flach sein.

154

Auf „schnelle" oder „langsame" Bahnen hat zudem der Bahnbelag entscheidenden Einfluß: Auf Holz ist der Rollwiderstand geringer als auf Beton oder gar Asphalt. Deshalb sind es vor allem Holz- und nur wenige Betonbahnen, welche auch tatsächlich „schnell" sind.

Dritter wichtiger Punkt für die Aussage von „schnellen" oder langsamen Bahnen ist außerdem der Standort der Bahn, denn Klima und Windverhältnisse spielen ebenfalls eine wichtige Rolle!

Im Bahnsport kann auf ein und derselben Bahn eine Zeit z. B. von 4.55 Min. und an einem anderen Tag von 4.45 Min. (4000 m Verfolgung) gleichermaßen gut sein, wenn Temperatur, Windverhältnisse und Luftdruck entsprechend unterschiedlich waren.

Für Spitzenzeiten auf der Bahn sind Temperaturen von über 22° Celsius erforderlich.

Wer das Glück hat, kurz vor einem heranziehenden Gewitter und Windstille zu fahren und zusätzlich in guter körperlicher Verfassung zu sein, kann auf jeden Fall einen persönlichen Rekord fahren, den er zuvor kaum für möglich hielt.

Bei Regen allerdings müssen auf den meisten Radrennbahnen der Welt (ohne Dach) Wettkämpfe oder Training eingestellt werden. Nur in Japan, wo der Totalisator-Betrieb der Keirin-Rennen nicht ins Stocken kommem darf, gehen die Rennen weiter. Dort haben die Bahnen einen entsprechenden Belag (Asphalt/Betonmischung), der zwar nicht gerade leicht „läuft", dafür aber auch bei Regen haftet. Dem europäischen Zuschauer kommt allerdings ber erster Betrachtung das „kalte Grausen", da er mit Herzklopfen auf den ersten „Abrutscher" eines Fahrers wartet – der aber nicht kommt!

Auf Radrennbahnen werden natürlich auch spezielle „Bahnmaschinen" benutzt, welche diesen besonderen Erfordernissen angepaßt sind. Grundsätzlich wird dabei gegenüber der Straße ohne Bremsen, dafür mit Starrlauf gefahren. Für Übersetzungswechsel müssen dabei allerdings Kettenbehälter oder Zahnkränze (Ritzel) ausgetauscht werden.

Da es auf der Bahn praktisch nur geradeaus geht,wären z. B. Bremsen oder Freilauf nur ein zusätzliches Gefahrenmoment für die weiteren auf der Bahn fahrenden Fahrer. Der „Starrlauf" erfordert allerdings ein Gewöhnungstraining, denn wer das Treten vergißt, findet sich u. U. schnell wieder am Boden!

Das Befahren einer Radrennbahn bringt einem Anfänger ungewohnte, in der Anfang-fangsphase teilweise auch beängstigende Empfindungen. Vor allem die überhöhten Kurven können zu einer enormen Hemmschwelle werden.

Ein Rennfahrer kann sich jedoch nur frei entfalten, wenn er sich auf einer solchen Wettkampfstätte sicher fühlt. Erst dann ist er in der Lage, die Bahn voll zu nutzen und ohne Beklemmung auch in einem Rennfahrerfeld zu fahren.

„Radfahren ist Schwungsache"! Diese These hat eine wichtige Bedeutung für den gesamten Radsport bzw. den leistungsorientierten Freizeitsportler.

Am Beispiel des Bahnsports wird diese Aussage jedoch besonders verdeutlicht: Jeglicher Tempowechsel, vor allem das Beschleunigen, kostet zusätzliche Kraft, da außerdem nur mit einem „Gang" (Starrlauf) gefahren werden kann. In Wettkämpfen (vor allem Rennen mit Massenstart) ist deshalb von Wichtigkeit, daß das Grundtempo stets möglich hoch bleibt, damit der Fahrer nicht am ständigen Beschleunigen-müssen „kaputt geht".

Da dabei die Gegner/Partner mitmachen sollten und dies natürlicherweise selten der Fall ist, gibt es Möglichkeiten, den zusätzlich notwendigen Kraftaufwand durch technische und taktische Fertigkeiten so gering als möglich zu halten. Jeder Sportler muß haushälterisch mit seinen Kräften umgehen. Er muß versuchen, das durch Kurven- und Geradenüberhöhung mögliche „Gefälle" in sein technisch/taktisches Konzept mit einzubauen. Je mehr er durch die Erdanziehungskraft (abkippen, nach unten fahren) und je weniger er mittels seiner Körperkraft beschleunigen kann, um so mehr Kraftreserven stehen für den laufenden Wettkampf zur Verfügung.

Position auf der Bahnmaschine

Grundsätzlich muß auf der Bahnmaschine eine stabile Position eingenommen werden. Trotzdem kann der Lenker mit mehreren Griffvariaten gehalten werden: Oberlenker an den Querholmen (neben Vorbau) aber auch an der oberen, nach vorne führenden Lenkerkrümmung. Schnelle Fahrt erfordert dagegen grundsätzlich Unterlenkerhaltung.

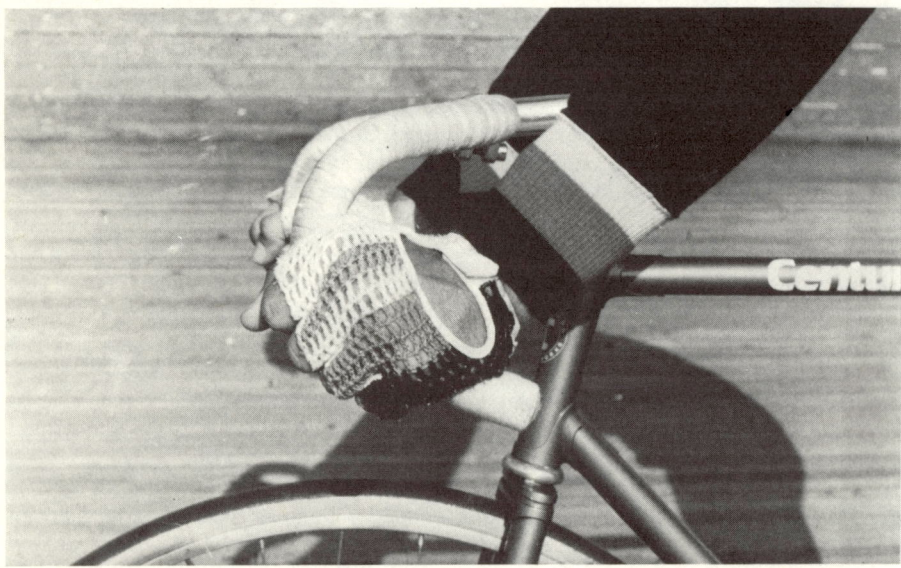

Griffmöglichkeiten am Lenker der Bahnmaschine
Hände in der Unterlenkerbeuge:
Bei hohem Tempo usw. Mit dieser Haltung ist die Bahnmaschine am besten zu steuern

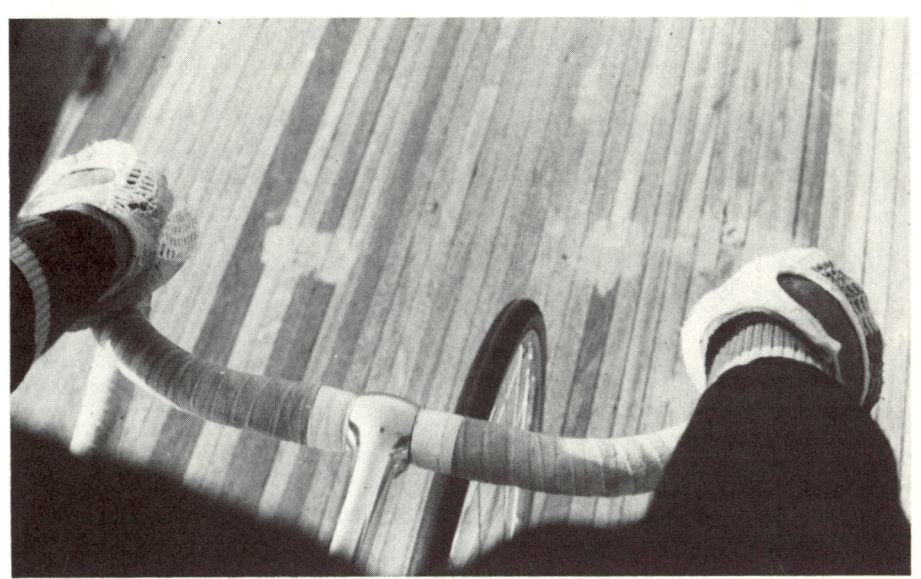

Hände am äußeren Oberlenker:
Bei langsamerer Fahrt kann mit dieser Haltung günstiger geatmet und gleichzeitig besser gesteuert werden.

Hände am Oberlenker neben dem Vorbau:
Diese Haltung ist auf der Bahn nur zum Spazierfahren geeignet, da mit dem engen Griff der Hände zwar stabil geradeaus gefahren werden kann, die Reaktionsfähigkeit jedoch deutlich eingeschränkt ist.

Die Hände liegen dabei in der Lenkerbeuge. Die Arme müssen bei Unterlenkerhaltung leicht angewinkelt sein. Der Zug erfolgt gleichmäßig und gleichzeitig mit beiden Armen.

Gefahren wird auf offenen Bahnen mit einer Standardposition, die möglichst identisch mit der Straßenposition sein sollte. Einzig der Lenker wird tiefer gestellt, um beim Schnellfahren eine möglichst günstige aerodynamische Haltung zu erreichen.

Bei der Sattelhöhe muß die Kurbellänge mit einbezogen werden. Kürzere Kurbeln verlangen eine um das Maß der Verkürzung höhere Satteleinstellung. Die Standard-Position gilt für allgemeine Wettbewerbe auf offenen Bahnen. Bereits auf Bahnen mit geringerem Rollwiderstand (Holzbahnen) kann die Position geringfügig tiefer eingestellt werden. Dies gilt nicht für Spezialdisziplinen – Zeitfahren, Sprint. Dort muß der Sattel generell entsprechend höher eingestellt werden.

Zweier-Mannschaftsrennen auf Winterbahnen erfordern durch die hohen Drehzahlen und den erhöhten Kurvendruck eine niedrigere Position (Amateur ca. 1–2 cm und Sechstagefahrer/Profis bis zu 3 cm). Werden bei einem Zweier-Rennen auf offenen Bahnen höhere Übersetzungen gefahren, muß der Sattel zumindest auf der Standard-Position bleiben.

Zweier-Mannschaftsrennen

Verfolger im Wettkampf (Roland Günther)

Wichtig ist, daß der Druck auf das Pedal während der Tretbewegung entsprechend früh einsetzen kann. Dies erfordert zumindest eine genaue Standard-Position, wenn nicht gar eine leicht nach hinten versetzte Sattelposition (entsprechend verkürzter Vorbau).

Fahrer, die zu weit über dem Tretlager sitzen, müssen enorm viel Kraft aufwenden. Sie haben zusätzlich den Nachteil, daß sie selbst geringste Temposteigerungen nur mit übermäßigem Krafteinsatz erfolgen können.

Tritt-Technik Bahn

Bahn-Disziplinen erfordern hohe Drehzahlen und gleichzeitig eine ruhige Körperhaltung, um die Kraft voll in die Vorwärtsbewegung zu bringen und gleichzeitig bewegungsbereit für evtl. Ausweichmanöver zu sein.

Die Anforderungen an die Bewegungsausführung beim Treten sind deshalb: Je schneller gefahren wird, um so mehr muß der Druck auf das Pedal so früh als möglich einsetzen (der Fahrer muß das Gefühl bekommen, von hinten nach vorne zu drücken).

Der Krafteinsatz muß dabei noch vor Überschreiten des Kulminationspunktes durch Schub nach vorne erfolgen. Gleichzeitig muß die Zugphase nach hinten/oben verlängert werden.

Die Fuß-Haltung richtet sich nach der Beschaffenheit der Füße und der Paßform der Schuhe (Sprengung). Diese individuelle Fußhaltung muß während der gesamten Tretbewegung möglichst gleich bleiben. Ein kleiner Bewegungsausschlag ist dabei jedoch vertretbar und läßt sich nicht vermeiden.

Diese Gewichtsverlagerung verlangt vom Fahrer viel Übung, denn bereits durch unterschiedliche Bahn- und vor allem Kurvenlängen wird jeweils ein unterschiedlich starkes „Hineinlegen" (Abkippen) in die Kurve verlangt. Während dieses „Hineinlegens" in die Kurve muß der Sportler unbedingt eine gewisse Körperspannung und Spannung in den Armen aufrechterhalten. Löst ein Fahrer zu früh diese „Spannung" auf, noch vor Beendigung der Kurve (meist aus Angst), treibt es ihn durch die Fliehkraft nach oben. Schon mancher Anfänger hat auf kurzen Winterbahnen durch einen solchen Fehler die Bahn am Kurvenausgang nach oben verlassen müssen.

Grundsätzlich lassen sich die gesamten technisch-taktischen Grundlagen, Gefühl für Kurvenfahrten etc. auf den naturgemäß kurzen Hallenbahnen besser und schneller erarbeiten als auf großen Freiluftbahnen. Der Vorteil der kleinen Bahnen liegt darin, daß der Anfänger mit geringerem Kraftaufwand fahren und somit seine Konzentration verstärkt auf das Üben und Erlernen der Grundtechniken richten kann. Wird auf solch kleinen Bahnen die Geschwindigkeit zu hoch (vor allem bei Wettbewerben mit einem hohen sportlichen Stellenwert), kann das Gefahrenmoment dagegen sehr groß werden.

Die spezielle Kondition für Meisterschafts-Disziplinen, sowie die dafür erforderlichen taktischen Grundlagen und Anforderungen können dagegen in ihrer Feinform besser und günstiger auf großen Bahnen erarbeitet werden.

Steuern (lenken) auf der Bahn

Auf der Straße soll mittels Körperverlagerung, auf der Bahn muß durch Körperverlagerung gesteuert werden. Andere Möglichkeiten sind zu gefährlich und können zu Stürzen, Abspringen der Reifen etc. führen. Richtungswechsel können bei hohem Tempo nur durch seitliches Abkippen (Fahrer samt Maschine) eingeleitet werden.

Die Bahnübersetzungen in Training und Wettkampf

In den einzelnen Disziplinen gibt es jeweils spezielle, allgemein gebräuchliche Übersetzungen. In den Sprint-Disziplinen werden vermehrt „harte", dagegen in den Verfolgungsdisziplinen „weiche" Gänge gefahren. Die Unterschiede liegen vor allem in der Kettenblattgröße. „Hart" zu treten sind dabei die kleineren Blätter des Halbzollsystems (46–48 × 14). „Hart" sind aber auch die Blätter des 10 mm-Systems, obwohl diese in der Größenordnung der „weichen" Verfolger-Blätter und sogar darüber liegen (49–52 × 15). Die „harten" und kleineren Blätter ermöglichen offenbar einen besseren Antritt.

Verfolger benutzen die größeren, „weichen" Blätter (49–51 × 15). Mit diesen Blättern haben die Fahrer mehr das Gefühl, besser zu „rollen", wahrscheinlich deshalb, weil durch die größeren Blätter der Druck auf das Pedal etwas geringer sein muß.

Bei Zweier-Mannschaftsrennen auf Winterbahnen wird dagegen vornehmlich mit 52 × 16 gefahren. Bei den Profis mit den vielen Jagden und Tempowechseln ist dieser Gang einfach ideal. Es gibt keinen besseren! Dieser Gang ist leicht in Schwung zu bringen und er „rollt" gut.

Bei den Amateuren, die im Rahmenprogramm von Profi-6-Tagerennen maximal am Abend eine Stunde fahren und diese Rennen eigentlich als Ausgleich und Vorbereitung auf die wichtigsten Wettkämpfe des Sommers nutzen sollten, genügt der etwas höhere Gang der Sommer-Zweier-Rennen (49×15) bei etwas verlängerten Kurbeln (167,5 oder 170 mm). Eine solche Übersetzung wäre für die Vorbereitung auf die Sommer-Wettbewerbe mit Sicherheit günstiger, doch findet sich selten ein Fahrer, der tatsächlich die Winter-Rennen als das ansieht, was sie auch sein sollten – nämlich Vorbereitung! Die Trainingsübersetzungen liegen in der Regel beim kleinsten (46 oder 49 × 14/15) und erst mit zunehmender Form beim mittleren Kettenblatt (47/50 × 14/15) einer jeden Serie. Vor allem im Schüler-, Jugend- und Juniorenbereich muß hier noch mehr differenziert werden. Selbst bei Erwachsenen genügt nicht, ständig mit nur einem Trainingsgang zu fahren.

Die Übersetzungen müssen an die körperliche Leistungsfähigkeit, an die Bahnverhältnisse, die Witterung und an das Trainingsprogramm, einschließlich der Gruppenstärke und -größe, angepaßt werden. Ähnlich ist es bei Wettkämpfen, wo auch die Übersetzungen neben den Anforderungen der Disziplin an die Größe und Stärke der Gruppe angepaßt sein müssen. Ist abzusehen, daß das Feld nicht zu den Stärksten gehört, ist es oft ratsam, ebenfalls kleinere Übersetzungen zu fahren – vor allem, wenn man der Favorit ist.

Für das Training bedeutet dies, daß vor allem in den Nachwuchsklassen nicht ständig die maximal erlaubten Übersetzungen, sondern diese den entsprechenden Anforderungen angepaßt werden müssen. Eine Übersetzung wird dann zu hoch, wenn der Fahrer diese nicht mehr sauber „rund" bekommt. Merkmale hierfür sind wechselseitiges Ziehen mit den Armen und dadurch ungenaue Geradeausfahrt, seitliches und/oder Hoch/Tief-wippen des Körpers. In jedem dieser Fälle muß sofort die Übersetzung reduziert werden. Mit zunehmender Kondition im Laufe der Saison können die Übersetzungen entsprechend der Leistungsfähigkeit gegebenenfalls erhöht werden. Dies gilt für jede neue Saison!

Bei jungen Rennfahrern (Schüler, Jugend) ist außerdem zu beachten, daß diese auf Grund ihrer noch relativ geringen Körperkräfte günstiger (ökonomischer) mit den „weichen" Übersetzungen fahren können. „Harte" Kettenblätter verlangen dabei zu viel Kraft. Die Schüler in der Bundesrepublik dürfen mit maximal 78 Zoll bei Bahnwettbewerben fahren. Dies können sein: 52x18 oder 49x17 oder 46x16. Der günstigste Gang ist dabei der mit dem größten Kettenblatt (52x18) und dem größten „Ritzel" (Zahnkranz), weil dieser vom Schüler leichter und flüssiger zu bewegen ist.

Etwa folgende Übersetzungen können als Richtmaß angesehen werden:

	Training	allg. Wettkampf	Sprint	Verfolgung	Vierer
Schüler	51×18	52×18			
Jugend 14–16 und	50×16 51×16	51×16 52×16	46/47×14 49/50×15	/49×15	50×15
Junioren 16–18 und	51×16 49×15	49×15	46/47×14	49/50×15	50×15
Erwachsene und	51×16 49/50×15	49/50×15 o. 46/47×14	47/48×14	50/51×15	51×15

Bei der Wahl des Ganges/Übersetzung gilt zusätzlich noch ein wichtiger Grundsatz: Je kleiner und kürzer die Bahnen werden, um so kleiner werden die Übersetzungen auch für Spezialwettbewerbe. Auf Winterbahnen mit ihren engen, kurzen Kurven können kaum dieselben Gänge, die während des Hochsommers in Spezialdisziplinen gefahren werden, zum Einsatz kommen.

Aufsteigen, Pedal aufnehmen

Das Aufsteigen auf die Bahnmaschine und Auffahren auf die Bahn muß unbedingt vom unteren Bahnrand aus erfolgen. Dabei muß möglichst auf der Geraden (zu Beginn) aufgestiegen und am Ende der Geraden abgestiegen werden, um bereits trainierende Fahrer so wenig als möglich zu behindern.

Fahrer, die zum Auf- und Absteigen den oberen Bahnrand benutzen und zu diesem Zweck zuvor die Bahn zu Fuß überqueren, gefährden sich und die bereits fahrenden Fahrer. Durch das Aufsteigen vom unteren Bahnrand aus wird es notwendig, daß der Fahrer zumindest mit einem Fuß während der Fahrt ein Pedal aufnehmen muß. Da durch den Starrlauf die Kurbel nicht fixiert werden kann, muß der Schlupf ins Pedal, sofern nicht bereits beherrscht, aus dem Tempo heraus geübt werden (s. Grundlagen-übungen/Straße u. Fotos Seite 114).

Der Bahn-Anfänger kann daraus gleichzeitig eine günstige Gewöhnungsübung an die ungewohnte Kurven- und Geradenüberhöhung machen. Durch das Umrunden der Bahn auf dem „Teppich" (in der Regel blau gestrichene Anfahrfläche, Cote d'Azur) bekommt er bereits einen ersten Eindruck über die tatsächlichen Bahnverhältnisse. Die Pedalauf-nahme wird beherrscht, wenn dieses während der Fahrt aufgenommen werden kann, ohne den Blick von der zu befahrenden Bahn nehmen zu müssen.

Auffahren auf die Bahn

Bevor vom „Teppich" aus auf die Bahn gefahren wird, muß sich jeder Fahrer vergewis-sern, daß und ob die Bahn frei ist. Zu diesem Zweck muß jeder Sportler in der Lage sein, ohne Fahrlinienwechsel nach hinten schauen zu können. (Auch diese Übung läßt sich am günstigsten auf dem „Teppich" so lange üben, bis sie beherrscht wird. Der Fahrer fährt hierbei in Oberlenker- und auch in Unterlenkerposition).

Jeder Anfänger hat eine natürliche Angst vor der Kurvenüberhöhung und sei sie noch so gering. Diese Angst muß ihm grundsätzlich genommen werden. Das Befahren der Bahn wird aus diesem Grund in mehreren Etappen geübt: Anfänglich darf nur von der Geraden aus (zu Beginn der Geraden) nach oben gefahren werden. Vor Geradenende verläßt der Übende wieder die Gerade. Die Übung wird ausgedehnt, indem der Anfänger immer weiter nach oben fährt (jeweils zurückschauen) und folglich immer später herunterkommt. Dies bedeutet, daß er immer weiter in die Kurve hineinfährt und sich dabei gleichzeitig zum unteren Bahnrand hinbewegt (s. Zeichnung S. 164).

Grundsätzlich muß beim Befahren der Bahn durch die Kurve hindurch (langsam fahren) die Kurve weit oben angefahren werden (Geradenende). Im Verlauf der Kurvenfahrt läßt sich der Fahrer nach unten abfallen, um zum Kurvenausgang wieder nach oben zu steuern. Je höher in die Kurve hineingefahren wird und je länger die Fahrt am oberen Bahnrand in die Kurve hinein verläuft, mit um so höherer Fahrlinie kann die Kurve durchfahren werden.

Aufstehen während der Fahrt

Beim Beschleunigen aus dem Tempo heraus, ist es günstig, wenn der betreffende Fahrer an jeder Stelle der Bahn aufstehen und sich setzen kann. Beherrscht ein Anfänger die Bahn einigermaßen, wird das Übungsprogramm ausgedehnt:

Um ein Aufschlagen der Pedale beim Auffahren auf die Bahn (an steilen Stellen) zu vermeiden, darf eine Richtungsänderung erst erfolgen, wenn sich das rechte Pedal in der Aufwärtsbewegung befindet, ansonsten besteht die Gefahr, daß man hängenbleibt (was meistens einen Sturz zur Folge hat)

Befahren der Bahn:
a) auffahren auf die Bahn am Beginn der Geraden
b) immer weiter in die Kurve hineinfahren und allmählich nach unten kommen
c) durch die Kurve hindurch auf der Bahn bleiben – hoch hineinfahren und so spät als möglich abfallen, um zum Ende der Kurve wieder nach oben zu fahren. ▶

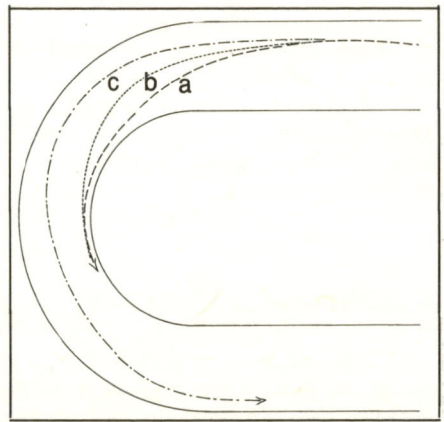

Auffahren auf die Bahn in der Kurve! Achten und auf die Kurbelstellung, um beim Hochfahren nicht aufzuschlagen bzw. zu stürzen. Der Teppich kann nur verlassen werden, wenn sich die rechte Kurbel in der Aufwärtsbewegung befindet (s. Foto S. 164).

Übungsfolge

Von jedem Punkt der Kurve aus muß ein Fahrer nach oben fahren können. Anfangs vom Kurvenausgang, später von der Kurvenmitte.

Sicherheitszonen auf der Bahn

Trainieren mehrere Fahrer auf der Bahn, muß jeder darauf achten, dem anderen auch in Notsituationen (Gedränge bei einem Zusammenschluß) gewisse Fluchträume zu lassen. Fahrer, welche nicht mit hohen Tempo fahren, dürfen bei Richtungsänderungen nicht die gesamte Bahnbreite nutzen. Sie müssen nach unten und besonders nach oben zum Bahnrand grundsätzlich Freiräume lassen, um ggf. schnelleren Fahrern die Möglichkeit zum Vorbeifahren zu lassen.

Steuern auf der Bahn

Schlangenlinien

Nachdem der Anfänger eine Bahn in einigermaßen ordentlicher Fahrweise umrunden kann, muß das Gefühl der Gewichtsverlagerung beim Steuern erarbeitet werden. Gleichzeitig wird das Gefühl für die Bodenhaftung der Reifen verbessert.

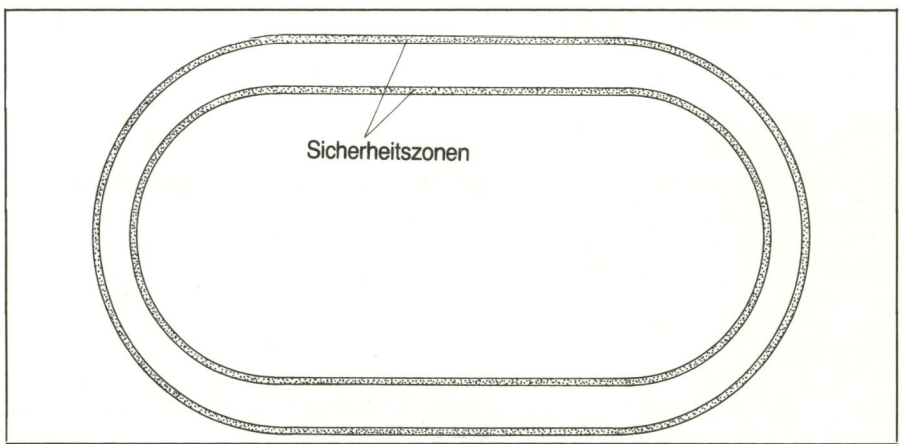

Sicherheitszonen:
Langsam auf der Bahn fahrende Fahrer sollen nach Möglichkeit sowohl unten als auch oben Freiräume für schneller fahrende Fahrer lassen.

Grundübung hierfür ist das Fahren in Schlangenlinien: Anfangs ausschließlich auf der Geraden und in langen Wellen. Mit zunehmender Sicherheit werden diese kürzer gefahren.

Nun werden die Übungen auch auf die Kurven ausgedehnt. Anfangs mit geringem seitlichem Richtungswechsel – lang (z. B. entlang der Steherlinie in der Bahnmitte) und in der Folge immer kürzer. Danach erst wird der Richtungswechsel größer und weiter.

Ein Fahrer muß von allen Punkten der Bahn seine Fahrtrichtung nach oben und unten jeweils bis zum Bahnrand und später vom unteren Bahnrand nach oben zur Barriere und umgekehrt wechseln önnen.

Hierzu unbedingt Einzelübungen und erst bei einer gewissen technischen Fertigkeit in Gruppen. Bei Gruppenübungen muß darauf geachtet werden, daß alle Fahrer dasselbe machen und daß diese das Grundtempo beibehalten, zumindest nicht zu langsam werden. Anfänger können

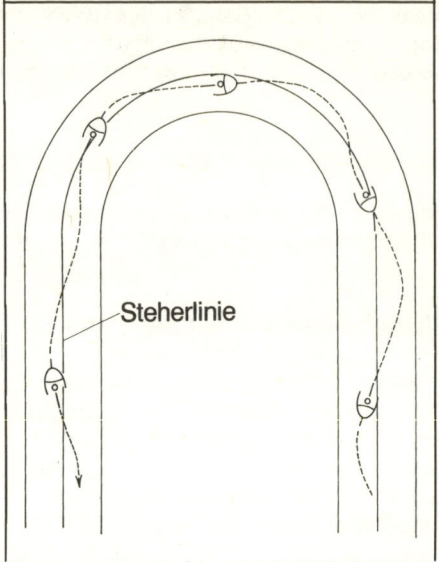

Schlangenlinien/Wellen entlang der Steherlinie:
Richtungswechsel in hoher Wiederholungszahl durch wechselseitiges Abkippen erhöht die Fahrsicherheit.

auch mit Hilfe eines Schrittmachers (Rennfahrer oder Derny) das Schlangenlinienfahren üben. Der Schrittmacher muß jeweils behutsam vorgehen. Grundsätzlich muß auch einer solchen Trainingsform ein Einzeltraining vorausgehen.

Aufstehen, hinsetzen während der Fahrt: Zum Beschleunigen aus der Fahrt heraus, bzw. zum Antritt aus dem Stand, ist es notwendig, daß im Stehen gefahren werden kann.

Beim Beschleunigen aus der Fahrt kommt hinzu, daß der betreffende Fahrer zuerst aufstehen und später wieder hinsitzen können muß, und zwar an jeder Stelle der Bahn. Bei dieser Übung muß der Lenker grundsätzlich in der Unterlenkerbeuge gehalten werden.

Übungsfolge

Aufstehen auf der Geraden, vor der Kurve wieder setzen, nach Einfahrt in die Kurve setzen, die Kurve im Stehen durchfahren.

Aufstehen in der Kurve, Kurvenmitte, auf der Geraden setzen; Kurveneingang; Kurvenausgang.

166

*Sprinter beim Beschleunigen (Antritt) aus langsamem Tempo
(links G. Scheller, rechts F. Schmidtke)*

Die Fahrlinie verläuft anfangs am unteren Bahnrand und mit zunehmender Sicherheit immer weiter oben. Zuletzt am oberen Bahnrand.

Vor allem das Aufstehen in den Übergängen (Gerade/Kurve und Kurve/Gerade) bedarf besonderer Schulung. Bei Jugendfahrern kann hier in fast allen Fällen beobachtet werden, daß diese bis zur Gerade warten, um dann erst anzutreten/aufzustehen. Dies geschieht aus natürlicher Vorsicht da oft diese Übergänge subjektiv steiler als die Kurven empfunden werden.

167

Antritte – Beschleunigen aus dem Stand

Beim Antritt muß die Kurbel des Antrittsbeines in etwa 45°-Stellung (ungefähr entlang des Rahmenunterrohres) stehen. Die Maschine selbst steht in direkter Fahrtrichtung. Seitliches Verstellen des Hinterrades ist laut Reglement nicht erlaubt und bringt vor allem dem Anfänger zusätzliche Schwierigkeiten, da er dadurch automatisch nach unten wegfährt. Der folgende Richtungswechsel bereitet ihm danach so große Schwierigkeiten, daß der „Gewinn" durch das Gefälle mehrfach verloren geht.

Der Fahrer greift beim Start mit seinen Händen in den Unterlenkerbeugen. Das Körpergewicht muß möglichst über der Tretlagermitte liegen, um ein Durchrutschen des Hinterrades zu vermeiden. Ebenso darf keine starke seitliche Neigung vorgenommen werden, um auch ein seitliches Wegrutschen zu verhindern.

Die Fahrlinie beim Start soll beim Anfänger grundsätzlich entlang der Meßlinie verlaufen. Versierte Fahrer können eine leichte „Welle" nach unten fahren. Die Gefahr, daß das Hinterrad wegrutscht, bleibt, so lange der Fahrer zu weit vor dem Tretlager steht. Der Fahrer fährt während eines Startvorganges so lange im Stehen, bis er sein gewünschtes Tempo erreicht hat. Erst danach setzt er sich.

▶

Antritt aus dem Stand mit Starter: Anfänger müssen darauf achten, möglichst geradeaus anzufahren. Fortgeschrittene können ggf. die Bahnüberhöhung durch eine geringe Welle nach unten ausnützen. Versteuert sich ein Fahrer, schlägt dieser geringe Gewinn an Schwung ins Gegenteil um, d. h. auf der folgenden „Bergfahrt" zurück auf die Bahn geht der gesamte Tempogewinn mehrfach verloren.

Bei Zeitfahrwettbewerben dauert dieses Stehen während der Beschleunigunsphase je nach Übersetzung und spezieller Kondition bis zu 200 m. In Mannschaftswettbewerben muß sich der Führende jedoch früher setzen, da mit zunehmender Geschwindigkeit der Kraftaufwand durch den größer werdenden „Sog" der hinten fahrenden Fahrer geringer wird und diese somit ins „Leere" treten. Hier muß sich der Führende entsprechend früher (ca. 90 – 120 m) setzen.

Übungsformen

Starten ohne Starthelfer: Hierzu langsam anrollen, wenn das Antrittsbein in entsprechender Stellung ist, antreten. Ca. 5–6 m vor dem Antritt aufstehen.
Starten mit Starthelfer: Dieser stellt sich hinter den Fahrer, Hinterrad zwischen den Beinen, hält den Fahrer am Sattel.Beim Aufsitzen des Fahrers steht der Helfer neben der Maschine (unten) und hält am Oberlenker und Sattel so lange, bis der Fahrer startbereit ist. Danach geht er hinter diesen in Startposition.

Weitere Grundlagenübungen

Weitere Übungen zur Sicherheit der Sportler müssen jeweils in der Anfangsphase auf den Geraden und später auch in den Kurven geübt werden:

Einhändig fahren, umschauen nach links und rechts
Freihändig fahren
Im Stehen fahren und nach links und rechts umschauen

Diese Übungen müssen ebenfalls praktisch in jeder Situation beherrscht werden (außer freihändig fahren).

Ohne dieses Grundlagentraining sollte mit keinem Fahrer auf der Bahn ein Leistungstraining durchgeführt werden. Fehlen ihm diese Grundlagen, tritt vorzeitig ein Leistungsstillstand ein.

Wird das Leistungstraining zu früh begonnen, erlernt dieser Sportler die Grundlagen nur sehr schwer und hat mit diesen Technik-Abläufen stets Schwierigkeiten.

Umschauen auf der Bahn während der Fahrt
a) nach innen

b) nach außen:
Von Anfang an muß diese Technik geübt werden, um gefahrlos auf der Bahn fahren zu können, auch wenn andere gleichzeitig fahren/trainieren.

Freihändig fahren:
Durch freihändig Fahren wird das Gefühl für die Steuerung der Maschine mit dem Körpergewicht verbessert. Diese Übung sollte jedoch nur angewandt werden, wenn ausgeschlossen ist, daß andere Fahrer nicht dadurch gefährdet werden.

Bahn-Einzelreihe:
Die Fahrer fahren wie auf der Straße hintereinander. Der Unterschied dabei ist, daß der Hintermann stets möglichst rechts vom Vordermann fahren sollte, um beim Auflaufen durch den weiteren Weg oberhalb vom Vordermann ohne Temporeduktion weiterfahren zu können.

1.6 Gruppentraining Bahn

In gut harmonierenden Gruppen kann natürlich auch auf der Bahn über längere Zeit schnell gefahren werden. Es gibt nur Einzelreihen. Andere Gruppen wären infolge der Bahnform unökonomisch.

Fahrlinie des führenden Fahrers in einer Einzelreihe

Der die Einzelreihe anführende Fahrer fährt in der Regel am unteren Bahnrand. Er hält sich dabei zweckmäßigerweise ca. 10 – 20 cm über der „Meßlinie" (unterste Linie auf der Bahn). Nur wenn er vermeiden will, daß Andere gut an seinem Hinterrad fahren können (Punktefahren, Zweier-Manschaft), muß er seine Fahrlinie näher an den Anfahr-streifen (unter der Meßlinie) verlegen. Am Besten „rollt" es jedoch, wenn knapp über der Meßlinie gefahren wird. Bei engen Kurven (z. B. Hallenbahnen) geht es noch besser, wenn die Fahrlinie bis zur Kurvenmitte bis unter die Sprinterlinie (zweite Linie ca. 60 bis 90 cm oberhalb vom Bahnrand) und danach wieder auf die Meßlinie abfällt.

Generell sollte die Bahn nicht unbedingt bis zum letzten Zentimeter ausgenutzt werden, da dadurch kein Freiraum mehr besteht für etwaige Korrekturmanöver bei einem evtl. „Versteuern". Auf steilen und engen Bahnen kann sich deshalb die Sturzgefahr erheb-lich erhöhen. Herrscht auf einer Bahn großer Trainingsbetrieb, empfiehlt es sich, mit einer Reihe die Fahrlinie nach oben in die Bahnmitte zu verlegen, um ständige Ausweichmanöver um langsam fahrende Sportler zu verhindern. Solche Ausweichma-növer stören den Rhythmus einer Gruppe empfindlich und verlangen eine erhöhte Konzentration. Auf Winterbahnen empfiehlt es sich ebenfalls, auf Grund des geringeren Kurvendrucks mit „Reihen" entlang der Steherlinie (etwa Bahnmitte) zu fahren.

171

Fahren in der Einzelreihe

Auf der Bahn wird im Prinzip nur geradeaus gefahren. Tatsächlich gibt es jedoch auf offenen Bahnen ständig wechselnde Bedingungen, da je Runde einmal Gegen- und Rückenwind bestehen. Durch die Form der Bahn kann jedoch nur im begrenztem Umfang, ähnlich den Praktiken auf der Straße, dem Wind durch Bildung einer Staffelformation entgegengewirkt werden.

Zudem fehlen die Bremsen der Straßenmaschine, um bei einer Tempoverlangsamung mit diesen zu regulieren. Hier muß man in einem solchen Fall das Tempo durch Schwung wegnehmen (kraftlos weitertreten) und geringe Änderung der Fahrlinie vornehmen. Hierzu muß leicht seitlich versetzt (oben) hinter dem Vordermann gefahren werden. Bei einer Tempoverlangsamung bleibt mit einer solchen Fahrlinie Raum, beim Vordermann aufzulaufen (an ihm vorbeizufahren). Da ständig aufs Neue Kurven zu durchfahren sind, kann dort durch Beibehaltung der jeweils höheren Fahrlinie der alte Abstand noch während der Kurvenfahrt wieder hergestellt werden.

Bei Tempobeschleunigung wird automatisch direkt hinter dem Vordermann gefahren. Sowie das Tempo gleichbleibt oder gar geringer wird, muß umgehend eine höhere Fahrlinie über dem Vordermann gewählt werden.

Bleibt ein Fahrer stets direkt hinter seinem Vordermann, kann er nur durch „Kontern" und nachfolgendes „Antreten" mitfahren. Der diese Technik Praktizierende verschleißt sich und seine Mitfahrer, ehe überhaupt richtig schnell gefahren wird!

Grundsätzlich muß ein Fahrer danach trachten, stets über seinem Vordermann zu bleiben, da er auch bei Beschleunigungsphasen von oben herab leichter als von unten herauf antreten kann. Passiert es trotzdem, daß aus irgendeinem Grund in der Reihe unter den Vordermann (nach innen) gefahren werden muß, hilft nur Warten, bis die Vorderleute wieder vorbei sind und man selbst wieder Raum zum Beschleunigen hat. Durch das Antreten aus dem „Loch" heraus, also von unten, muß natürlich mehr Kraft aufgebracht werden.

Nur der zweite Fahrer einer Reihe muß darauf achten, entweder direkt oder leicht nach unten versetzt hinter dem Führenden zu fahren. Dadurch kann sich dieser Fahrer nicht am Hinterrad des Vordermannes bei der Ablösung „aufhängen". Kennt ein Fahrer die Gewohnheiten seines Vordermannes nicht, empfiehlt es sich, vor der Ablösung respektvoll einen geringen Abstand einzuhalten, um vor etwaigen Fehlreaktionen des Vordermannes (Auftaktbewegung nach unten, zu frühes Druck-Wegnehmen etc.) gewappnet zu sein.

Auch bei versierten Fahrern kommt es vor, meist durch mangelnde Konzentration, daß „Wellen" der Vorderleute ausgesteuert werden müssen. Diese Spurwechsel müssen ausnahmslos durch seitliches Wegkippen und nach Oben-Steuern aufgefangen werden. Wer nach unten steuern muß, kann nur durch Kontern und neuerliches Antreten in der Reihe weiterfahren. Der nach oben steuernde Fahrer dagegen braucht nur im seltensten Falle zu kontern und hat auf jeden Fall den Vorteil der späteren „Bergabfahrt" als Hilfe beim Wieder-Beschleunigen.

Ablösen

Am günstigsten und problemlosesten kann abgelöst werden, wenn der Führende bei der Kurveneinfahrt geradeaus nach oben führt. Nur auf Rennbahnen veralteter Konstruktion, wo der Fahrer das Gefühl hat, daß Kurveneingang/-ausgang steiler sind als die Kurvenmitte, empfiehlt sich eine spätere Ablösung zur Kurvenmitte hin. Wird in der Kurve abgelöst, muß selbst ein erfahrener Sportler eine geringe Auftaktbewegung (Welle nach unten) machen, um den nötigen Schwung nach oben zu bekommen. Bei der einfachen Geradeausfahrt muß dagegen keine Auftaktbewegung gemacht werden.

Folglich besteht mit dieser Ablöseform die größte Sicherheit, während zumindest bei weniger Geübten Ablösungen in der Kurve zu Unsicherheiten in der Reihe führen können.

Bevor der Fahrer ablöst, verläßt er auf den letzten 10 – 15 Metern allmählich die Fahrlinie, um seinem Hintermann die Möglichkeit zu freier, ungehinderter Weiterfahrt zu lassen. Zu diesem Zweck genügt eine Abweichung von 5 – 10 cm. Durch den längeren Weg hinauf ins „Gebirge" kann so binnen kürzester Zeit der Führungswechsel vollzogen werden. Richtig ausgeführt, hat ein Fahrer sogar noch die Möglichkeit, sich durch die „Abwärtsfahrt" zum Hinterrad des letzten Fahrers der Gruppe geringfügig zu erholen.

Jeder ablösende Fahrer muß grundsätzlich sein Tempo so lange beibehalten, bis er sich vollständig von seinen Nachfolgern gelöst hat. Ebenso muß nach Möglichkeit das eingeschlagene Tempo bis zum höchsten Punkt der Ablöselinie beibehalten werden. Der Druck auf die Pedale darf erst reduziert werden, wenn die Abwärtsfahrt zum Anschlußnehmen beginnt.

Generell sollte die Ablöselinie in einem runden Bogen verlaufen, und zwar so, daß kein zu starkes Abkippen (Sturzgefahr auf flachen Bahnen durch Aufschlagen des inneren Pedals) vor der Abwärtsrichtung notwendig ist. Die Höhe der Fahrlinie richtet sich dabei nach der Gruppengröße. Bei zwei Fahrern genügen zwei Meter Abweichung nach oben.

Für jeden weiteren Fahrer kann etwa ein Meter zugegeben werden. Generell gilt, lieber etwas zu hoch als zu niedrig fahren, ebenso lieber länger oben zu bleiben als zu früh nach unten zu kommen. Dies bedeutet, daß der Ablösende bei größeren Gruppen bis zum Bahnrand fährt, oben nur wenig sein Tempo reduziert und erst abwärts steuert, wenn der letzte Fahrer der Gruppe unter ihm auf gleicher Höhe ist. Bei Gruppen ab 5 – 6 Fahrern muß ebenfalls am oberen Bahnrand gefahren werden, bis der letzte Fahrer der Reihe vom oberen Fahrer aus den Augenwinkeln zu sehen ist.

Trainieren weitere Fahrer auf der Bahn, muß grundsätzlich vor jedem Ablösevorgang zurückgeschaut werden. Nur bei freier Bahn darf diese in voller Breite zum Ablösen genutzt werden. Kommen schnellere Fahrer von hinten, muß diesen genügend Raum zum Fahren gelassen werden. Der Ablösende darf dann nur wenig nach oben fahren (1 m) oder er muß sogar warten, bis der oder die Schnelleren vorbei sind und dann erst ablösen, auch wenn er zwischenzeitlich eine weitere halbe Runde führen mußte.

1.7 Zweiermannschafts-Ablösungen

Im Zweier-Manschaftsrennen gibt es derzeit zwei Ablöseformen:

a. Standard-Ablösungen: Der Partner wird an der Hose angefaßt und ins Rennen geschoben. Zu diesem Zweck haben die Fahrer hinten IInks einen Wulst (4 × 12) aus Stoff oder Schaumstoff in der Hose, an dem der Partner anfassen kann.

b. Schleudergriff-Ablösung: Die beiden Partner fassen sich an den Händen und ziehen sich gegenseitig ab.

Das Reglement für Amateur-Rennen in der Bundesrepublik schreibt ausschließlich die Standard-Ablösung vor.

Günstiger ist sicherlich die Schleudergriff-Ablösung, da mit dieser erstens vom Partner der Ablösung weniger Kraft zur Beschleunigung aufgebracht werden muß und zweitens vor allem in Größe und Gewicht deutlich unterschiedliche Athleten weit weniger Probleme haben als mit der Standard-Ablösung.

Erlernbar sind beide Ablöseformen etwa gleich schnell.

Zweier-Mannschafts-Ablösung:
a) der abgelöste Fahrer muß sich frühzeitig einordnen
b) bleibt der Abgelöste zu weit oben, muß sich auch der im Rennen befindliche Fahrer frühzeitig oben einordnen, verpaßt er dies, kommt er im ungünstigen Winkel auf seinen Partner zu – Folge: schlechte und gefährliche Ablösung.

Technik der Standard-Ablösung

Der nicht im Rennen befindliche Fahrer steigert beim Näherkommen seines Partners das Tempo, ggf. durch vorangehendes Abkippen vom oberen Bahnrand, um sich dem Tempo seines Partners etwas anzupassen.

Wichtig für den ins Rennen gehenden Fahrer ist, daß dieser sich rechtzeitig auf die vom Ablösenden (im Rennen Befindlichen) eingeschlagene Fahrlinie einordnet. Zu diesem Zweck muß er sich ständig nach rückwärts orientieren, um frühzeitig evtl. Richtungsänderungen erkennen zu können. Fährt der Ablösende am unteren Bahnrand, muß sich der Abzulösende entsprechend früh und tief (etwa an der Sprinterlinie) einordnen und ggf. die vor dem Partner fahrenden weiteren Fahrer über oder unter sich vorbeilassen. Es dürfen für Gegner und eigenen Partner keine Behinderungen entstehen.

Der Ablösende greift vor Erreichen des Partners mit der linken Hand zum Oberlenker direkt neben den Vorbau. In dieser Haltung (linke Hand am Oberlenker, rechte in

174

Unterlenkerbeuge) fährt er unterhalb parallel zum Partner auf. Er faßt, sobald er mit seinem Lenker auf der Höhe des Partners ist, dessen Ablöser, rollt weiter an ihm vorbei und schiebt durch eine Zug-, Druckbewegung den Partner ab.

Wichtig ist, daß beide Partner parallel nebeneinander fahren und der obere Fahrer Eigensteuerungen unterläßt, bis er abgeschoben ist, d. h. der Abzulösende muß sich die Fahrtrichtung durch den Ablösenden bestimmen lassen. Bekommt der Abzulösende aus irgendeinem Grunde Angst und will in eine andere als vom Partner vorgesehene Richtung fahren, kann er sich und seinen Partner gefährden.

Bei diesen Ablösungen kann es Probleme für die Fingernägel (Umknicken) geben. Deshalb hier darauf achten, daß mit nach außen aufgedrehter Hand abgelöst wird. Weiterhin sollten die Finger zum Schutz der Fingernägel abgeknickt, sein. Mit den Fingerrücken muß der Partner abgeschoben werden. Er bekommt so keine blauen Flecken und die eigenen Fingernägel danken es!

Fährt der abzulösende Partner vor der Ablösung zu langsam, darf trotzdem der Ablösende an seinem Partner auf keinen Fall vorbeifahren, denn eine schlechte Ablösung in einer Jagd ist immer noch besser als eine verpaßte, bei welcher der im Rennen Befindliche „kaputt"gehen kann, indem er eine doppelte Ablösung (3-4 Runden) fahren muß.

Zu dieser Notablösung seitlich äußerst nahe an den Vordermann heranfahren, den rechten Arm ausstrecken und den Aufprall durch leichtes Nachgeben dämpfen. Am Ende besteht praktisch direkter Kontakt zwischen der Schulter des Ablösenden und dem verlängertem Rücken des Abzulösenden. Die Ablösung erfolgt danach aus einer Druckbewegung des Armes heraus.

Kommt es bei einer Ablösung zu einer solchen „Notablösung", so kann der Ablösende vorher Schwung wegnehmen, indem er vor Erreichen des Partners eine Welle nach oben fährt und so sein Tempo verlangsamt.

Fährt der Abzulösende zu weit oben, muß der Ablösende frühzeitig nach oben fahren, um parallel an den Partner herankommen zu können. Besonders auf kurzen Bahnen ist dies wichtig, um nicht in spitzem Winkel von unten an den Partner heranfahren zu müssen.

Aus spitzem Winkel ist der Abstand von Partner zu Partner zu groß, um wirkungsvoll und sicher abschieben zu können. Günstiger ist auf jeden Fall, lieber von oben nach unten steuern zu müssen, um abzuschieben, da hierbei trotzdem noch die beiden Partner dicht beieinander fahren können.

Verpaßt ein Fahrer den „Ablöser" seines Partners, so bleibt er mit der Hand am Körper des Partners. Im Vorbeifahren streicht er mit der Hand den Rücken bis zum linken Arm des Partners entlang. Dieser nimmt seine Hand vom Lenker und wartet so lange, bis beide Hände ineinanderliegen, um sich mittels „Schleudergriff" abzulösen. Eine solche Aktion muß zusätzlich durch den Zuruf „Hand" eingeleitet werden, damit der Partner auch wirklich seine Hand vom Lenker löst. Tut er dies nicht, ist es gefährlich, am Arm

175

Ablösung beim Zweier-Mannschaftsrennen:
Der im Rennen befindliche Partner fährt parallel zum Vordermann an diesen heran (so
dicht als möglich) und schiebt diesen mittels kräftigem Schub und Hand am „Ablöser"
an. Die Lenkerhand des „Anschiebenden" faßt dabei am Oberlenker, direkt neben dem
Vorbau, um eine stabile Geradeausfahrt zu haben.

anzufassen. Zwar ist eine solche Ablösung verboten, doch ist auch hier eine etwaige Verwarnung günstiger als eine doppelt zu fahrende Tempostrecke des im Rennen befindlichen Fahrers.

Übungsformen

Anfahrt an den Partner vom Hinterrad, linke Hand am Oberlenker (direkt neben Vorbau), Partner am Ablöser fassen, in dieser Haltung einige Meter nebeneinander fahren und dann erst abschieben und gleichzeitig Fahrtrichtung bestimmen. In der Anfangsphase ist es wichtig, daß die Fahrer vor allem lernen, Körperkontakte ohne Angst einzugehen. Ebenso wichtig ist, daß die Ablösungen verlangsamt, am günstigsten mit kurzen Pausen zwischen den einzelnen Phasen, durchgeführt werden. Erst mit zunehmender Sicherheit kann und muß das Tempo erhöht werden.

Tempoaufnehmen vor der Ablösung: Im Wettkampf muß der abgelöste Fahrer versuchen, seinen Antritt so lange als möglich zu verzögern, damit sein Partner nicht zu lange fahren muß. Vor allem bei Jagden bedeutet jeder Meter, der weniger lange schnell gefahren wird, Kraftersparnis d. h. beim Langsamfahren muß der Abgelöste auch tatsächlich so langsam als möglich fahren. Der im Rennen fahrende Partner sollte jeweils nur eineinhalb Runden fahren müssen!!

Technik der Schleudergriff-Ablösung

Mittels Schleudergriff-Ablösungen kann im Grunde sicherer und mit geringerem Kraftaufwand abgelöst werden. Große Tempodifferenzen zwischen den Partnern sind hierbei leichter als mit der herkömmlichen Ablösetechnik auszugleichen.

Schleudergriff-Ablösung von Albert Fritz und Wilfried Peffgen

Der abzulösende Partner nimmt ebenfalls frühzeitig seine Fahrlinie (vor dem Feld) zur Ablösung ein. Er nimmt die linke Hand vom Lenker und hält diese mit offener Hand schräg nach hinten unter sich. Der Ablösende fährt heran und ergreift die Hand seines Partners. Er fährt weiter an diesem vorbei, fixiert seinen Arm, so daß sich der Ablösende an diesem Widerstand abziehen kann. Zur Unterstützung kann der Ablösende am Ende der Zugphase seinen Arm nach vorne schieben, um etwas Druck mitzugeben. Anfänger sollten diese Ablöseform stets nur üben, indem die Lenkerhand stets am Oberlenker greift, um eine erhöhte Stabilität zu haben. Aber auch bei Fortgeschittenen sollte grundsätzlich der im Rennen befindliche Fahrer seine linke Hand an den Oberlenker, direkt neben den Vorbau legen. Der große Vorteil dieser Ablösetechnik liegt darin, daß der Abzulösende seine Fahrtrichtung selbst bestimmen kann, ohne den Partner zu gefährden.

1.8 Grundlagen-Techniken des Querfeldeinsports

Die Ausübung dieser Disziplin erfolgt entsprechend ihrem Namen im Gelände, auf unbefestigten Wegen, Wiesen und Wald. Nur wenige Teilstücke, meist die Zielgerade, verlaufen auf asphaltierten Straßen.

Wichtigste Grundlage ist die Beherrschung der notwendigen Fahrtechniken, die in Verbindung mit dem erforderlichen Material (Reifen, Übersetzungen, Rahmen etc.) den Sportler wettbewerbsfähig machen.

Fahren im Gelände

Beim Fahren im Gelände kommt es nicht mehr darauf an, unbedingt eine Einheit zwischen Körper und Maschine auch bei Kurvenfahrt zu bilden. Wichtig für den Querfeldein-Fahrer ist vielmehr, ständig mit dem Schwerpunkt des Körpers über der Rahmenmitte (in der Regel über dem Tretlager) zu bleiben, auch wenn die Maschine kurzfristig den direkten Weg (seitlich) verlassen muß. Zu diesem Zweck darf er nicht „fixiert" auf dem Sattel sitzen, sondern muß ständig bereit sein, das Körpergewicht vom Sattel wegnehmen zu können.

Abfahrten

Im Gegensatz zu Abfahrten auf der Straße, wo sich das Gewicht über dem Maschinen-Mittelpunkt befinden muß, nimmt der Querfeldein-Fahrer eine andere Position ein. Er muß sein Gewicht wegen der meist steilen Abfahrten so weit als möglich nach hinten verlagern, um auf dem Vorderrad möglichst wenig Gewicht zu haben. Günstig ist wenn der Fahrer bei waagrechter Kurbelstellung mit dem Körperschwerpunkt hinter dem Tretlager steht. So können Unebenheiten auf Abfahrten leichter ausgeglichen werden. Würde der Fahrer bei einem noch so geringen Aufprall, z. B. auf eine Wurzel, zu weit vorne sitzen oder stehen, würde er wahrscheinlich mit dem Hinterrad abheben und über den Lenker nach vorne stürzen.

Querfeldeinrennen

Fahrer auf der Abfahrt beim Querfeldeinrennen: Das Körpergewicht muß dabei so weit als möglich nach hinten verlagert werden

Je steiler Abfahrten werden, um so weiter hinten muß ein Fahrer stehen. Wichtige Kriterien hierfür sind: Kurbelstellung waagrecht – Entlastung des Vorderrades durch Schwerpunktverlagerung nach hinten – zu diesem Zweck bis über dem hinteren Sattelrand stehen.

Anstiege

Anstiege erfordern ebenfalls eine geringe Umstellung zur Technik des Straßensports: Auch hierbei muß das Gewicht vornehmlich auf dem Hinterrad liegen, um ein Durchrutschen zu vermeiden. Dies gilt für Fahren im Stehen und Sitzen. Die Hände greifen dabei entweder an den Bremsgriffen oder an den Unterlenkerholmen. Vor allem beim Fahren im Stehen kann durch den Griff am Unterlenkerholm der Schwerpunkt sehr weit nach hinten verlagert werden.

Die Lenkerhaltung muß außerdem möglichst „breit" sein, um bei einem etwaigen Wechsel, Stehen/Sitzen und umgekehrt, nicht Griffwechsel vornehmen zu müssen.

Schalten

Nach Laufpassagen oder anderen Hindernissen wird fast immer notwendig, gegenüber der Anfahrt mit veränderter Übersetzung weiterzufahren. Dieser notwendige Schaltvorgang muß stets erfolgen, solange das Rad noch in Bewegung ist, also vor dem Hindernis.

Ein Spitzenfahrer schaltet so spät als möglich, um sehr wenig Schwung zu verlieren. Der Anfänger dagegen muß die einzelnen Phasen separat durchführen, um bewußt jeden einzelnen Vorgang kontrollieren zu können. Für ihn ist wichtig, daß er zwischen jeder Handlung genügend Zeit hat, sich auf die folgende einzustellen. Er muß also rechtzeitig schalten, um sich anschließend auf den Vorgang des ,,Abspringens" bzw. auf das schwieriger werdende Gelände konzentrieren zu können.

Fahrer bei einem kurzen Anstieg: Hierbei muß im Stehen gefahren werden.

Pedal aufnehmen

Die Technik wurde bereits im Straßensport beschrieben. Hier sei noch einmal auf die Wichtigkeit dieser Übung, die nicht oft genug vom Jugendlichen geübt werden kann, hingewiesen. Mit der vollkommenen Beherrschung des Pedalschlupfs schafft sich jeder Sportler eine wichtige Technik-Grundlage für die weiteren Übungen. Grundsätzlich sei hierzu noch festgestellt, daß die Pedale in der Endform stets aus der Tretbewegung heraus aufgenommen werden müssen. Jedes Verzögern der Tretbewegung bringt Tempoverluste in dem meist schweren Gelände.

Auf- und Absteigen während der Fahrt

Die Übergänge zwischen Fahren und Laufen und umgekehrt bilden wichtige Bestandteile der Quer-Technik. Ein technisch versierter Fahrer macht mit guter Bewegungsausführung über Hindernisse, im Wechsel zwischen Lauf und Fahrt entscheidend Boden gut, wenn er diese Techniken vollkommen beherrscht.

Folgender Bewegungsablauf ist notwendig

Anfahren an das Hindernis (die Hände fassen an den Unterlenkerholmen) – Kurbelstellung senkrecht (linkes Pedal unten) – Verlagerung des Körpergewichtes auf das linke Pedal – das rechte Bein über den Sattel auf die linke Seite der Maschine bringen und

181

zwischen linkem Bein und Rahmen durchsteigen – durch eine Auftaktbewegung (Schwung nach oben) aus dem Pedal springen – mit dem linken Bein zuerst landen und sofort das rechte (vordere) Bein aufsetzen und weiterlaufen.

Zwischen dem Fahren und Laufen darf kein Stopp entstehen. Aus diesem Grund muß das rechte Bein mittels Durchsteigen sofort in Schrittstellung nach vorne gebracht werden.

Nach wenigen Laufschritten wieder auf die Maschine aufspringen (aufgleiten) – nach festem Sitz auf dem Sattel wieder in die Pedale gleiten.

Übergang Fahren/Laufen

Nach dem Auf- und Abspringen kommt als nächstes Übungselement der Übergang vom Fahren zum Laufen mit gleichzeitigem Schultern des Rades. Diese Übung wird vor allem vor Steigungen oder Gefällstrecken notwendig, wenn diese zum Befahren ungeeignet sind.

Nach dem Abspringen nach links (Hände am Unterlenker) – Vorgang wie beim zuvor beschriebenen Abspringen – greift der Fahrer mit der rechten Hand zum Unterrohr des Rahmens und hebt die Maschine während des Laufes auf seine rechte Schulter. Die Hand umfaßt dabei das Unterrohr etwa in der Mitte.

Abspringen während der Fahrt: Gewicht auf das Standbein verlagern (Pedal unten und Kurbel fixiert)

Mit dem anderen Bein zwischen Standbein und Rahmen durchsteigen, damit ohne Stopp sofort weitergelaufen werden kann

Derselbe Vorgang (weniger Schmutz) kann auch mit dem „saubereren" Griff zum Oberrohr eingeleitet werden. Dieser verlangt jedoch größte Sicherheit und vermehrte Kraft. Bei beiden Griffen muß der Fahrer darauf achten, seinen Oberkörper beim Anheben der Maschine nicht zu drehen, sondern in Laufrichtung zu bleiben. Weist die zu überwindende Steigung einen sehr großen Neigungswinkel auf oder ist der Fahrer zu weit in diese Steigung hineingefahren, darf er mit seinem rechten Bein nicht mehr zwischen linkem Bein und Rahmen durchsteigen, sondern muß mit dem rechten Bein hinter dem linken bleiben, um ein Zurückfallen zu vermeiden. Zwar wird dadurch ein kleiner Stopp nötig, doch kann bewußte Sicherheit mehr nützen als ein riskanter Bewegungsablauf, der scheitert. Anfänger sollten vor Steigungen absteigen und in diese hineinlaufen, um keinen Schwung zu verlieren.

Über Hindernisse oder Steigungen muß die Maschine getragen werden

Übergang Laufen/Fahren

Nach Beendigung einer Laufpassage muß nach demselben Schema (Reihenfolge) wie absteigen, auch wieder aufgestiegen werden. Die Maschine wird durch Griff zum Ober- oder Unterrohr von der Schulter genommen und auf den Boden aufgesetzt. Die linke Hand liegt dabei auf dem Unterlenkerholm und sorgt für die Geradestellung des Lenkers/Vorderrades beim Aufsetzen. Erst wenn die Maschine sauber auf dem Boden läuft und beide Hände den Lenker umfassen, gleitet der Fahrer auf seine Maschine.

Überwinden von Hindernissen

Müssen Hindernisse (Querbalken, Baumstämme etc.) überwunden werden, die nur ein kurzzeitiges Absteigen vom Rad verlangen, braucht das Rad nicht mehr geschultert, sondern nur noch kurz angehoben werden. Die Maschine darf beim Anheben jedoch nicht aus der Fahrtrichtung gehoben werden (s. Foto oben).

Bewegungsablauf

Absteigen, mit rechtem Bein dabei durchsteigen – die rechte Hand greift während dem Abspringen zum Oberrohr (vor Sattelspitze) – durch eine kurze Hebung die Maschine hochbringen und das Hindernis überlaufen – danach die Maschine wieder aufsetzen – beide Hände an den Lenker und aufgleiten.

183

Anfänger steigen auch bei dieser Übung früher ab als Geübte. Ein Anfänger sollte sich dabei für jeden Vorgang genügend Zeit lassen und rechtzeitig vor dem Hindernis in den Lauf übergehen. Ebenso nach dem Hindernis lieber zwei bis drei Schritte mehr machen und exakt aufsteigen.

Fährt der Anfänger zu dicht an ein solches Hindernis heran und macht nur einen kleinen Fehler, fällt er um und muß aus dem Stand wieder neu beginnen.

2. Motorische Grundeigenschaften

Jede Sportart verlangt in der Bewegungsausführung in unterschiedlichem Maße Leistungen, welche sich aus den Merkmalen der motorischen Grundeigenschaften zusammensetzen.

Wird in Radsportlerkreisen über einen Wettkampf diskutiert, kommt in den seltensten Fällen zum Ausdruck, welche dieser Fähigkeiten für den Erfolg entscheidend waren. Dort wird vornehmlich über die Taktik des einzelnen, sowie über den Rennverlauf diskutiert, weil auch tatsächlich die taktischen Entscheidungen letztendlich über Erfolg oder Mißerfolg entscheiden.

Es darf dabei auf keinen Fall übersehen werden, welche konditionellen Voraussetzungen für einen positiven Wettkampfausgang notwendig sind. Die Qualität der Vorbereitung, des Trainings, entscheidet, welche Taktiken angewandt werden können. Die beste Taktik nutzt deshalb wenig, wenn sie wegen mangelnder Kondition nicht angewandt werden kann.
Dies alles verlangt zuerst eine gezielte Technik/Taktik-Schulung, um auch eine gezielte Trainings-Schulung wirksam werden zu lassen.

Der Radrennsport kennt eine Vielzahl von Disziplinen mit unterschiedlichen Leistungsanforderungen. So haben zumindest äußerlich Straßenfahrer und Bahn-Sprinter wenig gemein. Dieser Schein trügt, denn auch der Sprinter muß seine Grundlagen als Anfänger auf gleichem Wege wie der Straßenfahrer erarbeiten, er kann sogar ähnliche Erfolge wie der spätere Straßenfahrer erringen, ehe später die speziellen Trainingsanforderungen auseinandergehen.

Grundvoraussetzung zum Fahren auf der Rennmaschine – von den motorischen Grundeigenschaften aus gesehen – ist die **Ausdauer.**

Allein zur Erarbeitung einer guten Bewegungsökonomie sind viele hunderttausend Kurbelumdrehungen und somit gleichzeitig viele Kilometer notwendig. Die Kraft muß dabei noch nicht allzu stark eingesetzt werden, da zur Schulung der Tritt-Technik vornehmlich organische Funktionen verlangt werden. Ab dem Moment, wo ein Sportler seine Geschwindigkeit erhöht, muß er in immer größerem Umfang, entsprechend der Geschwindigkeit, Kraft aufwenden, um den gleichzeitig zunehmenden Luftwiderstand zu durchbrechen. Da die Leistungen eines Radsportlers – auch des Sprinters – stets über einen längeren Zeitraum verteilt sein müssen, bringt dieser dabei eine **Kraft-Ausdauer-**

Leistung. Diese Kraft-Ausdauer-Leistung kann um so größer sein, je mehr **Kraft** dem Athleten zur Verfügung steht. Je mehr Kraft, gepaart mit Technik, einem Athleten zur Verfügung stehen, um so größere Übersetzungen und um so länger kann er mit den erforderlichen Umdrehungszahlen fahren. Limit sollten dabei stets die erforderlichen Drehzahlen und nicht die maximal zur Verfügung stehenden Zahnkranzgrößen sein, da zu große Übersetzungen eher ein hohes Tempo verhindern.

Die hohen Umdrehungszahlen verlangen wiederum ein gewisses Maß an **Schnelligkeit**. Ein Rennsportler muß entsprechend den Anforderungen der einzelnen Disziplinen danach trachten, zumindest die durchschnittlichen Umdrehungszahlen mühelos fahren zu können. Je nach seinen persönlichen Motiven muß er außerdem die für seine gewählte Disziplin erforderlichen, maximalen Umdrehungszahlen beherrschen, will er erfolgreich sein.

Die Schnelligkeit eines Sportlers zeichnet sich ebenfalls nicht durch Leistungen binnen Sekundenbruchteilen, sondern über Zeiträume von 15 Sekunden bis über eine Minute aus. Aus diesem Grund wird vom Radsportler verstärkt **Aktionsschnelligkeit** verlangt (Fähigkeit zu hohen Bewegungswiederholungen über längere Zeiträume). Diese Bezeichnung steht demnach für die Qualität der Bewegungsausführung. Die körperlichen Leistungen bei einer solchen Bewegungsausführung werden als **Schnelligkeits-Ausdauer** bezeichnet.

Dies bedeutet auch hier wiederum gleichzeitig hohe Anforderungen an die Ausdauer und auch Kraft-Leistung des Sportlers, um überhaupt schnell fahren zu können.

Im Radsport werden in der Hauptsache Wettbewerbe mit Massenstart ausgetragen. Die hohen Geschwindigkeiten solcher Gruppen eröffnen gleichzeitig aber auch körperlich schwächeren Fahrern Erfolgschancen.

Daraus kann der Eindruck entstehen, daß entsprechendes Training nicht unbedingt notwendig ist, vor allem wenn der betreffende Sportler auf nationaler Ebene recht erfolgreich ist.

Sobald jedoch Leistungen auf internationaler Ebene oder in Spezialdisziplinen angestrebt werden, ist eine entsprechende Vorbereitung unumgänglich. Nur austrainierte, auf die jeweilige Leistungsanforderung speziell vorbereitete Athleten sind dann noch in der Lage, auch tatsächlich erfolgreich zu sein. Der Radsport bietet auch den Vorteil, daß durch Wettkämpfe die spezielle Kondition gesteigert werden kann. Dieser Vorteil wird dann zum Bumerang, wenn die Mittel zur Leistungserhaltung und -steigerung nur noch überwiegend durch Beteiligungen an Wettkämpfen gesucht werden.

Der junge, in der Entwicklung befindliche Sportler **muß**, ebenso **muß** der Erwachsene mit bestimmten Leistungszielen und nur der an der allgemeinen Beteiligung am Radrennsport Interessierte (Wettkampf- oder Freizeitbereich) **kann** seine Leistung durch spezielles Training steigern.

2.1 Schnelligkeit

Sie ist im Radsport ausschließlich als „Aktionsschnelligkeit" erforderlich. Die Schulung im Radsporttraining erfolgt über Sprints bei maximalen Umdrehungszahlen und relativ geringen Übersetzungen. Diese müssen gerade so hoch sein, daß der Athlet noch Druck auf die Pedale bringen kann.

Schnelligkeitsschulung

Gefahren werden Distanzen zwischen 100 und 250 m mit jeweils maximaler Bewegungsgeschwindigkeit. Ein hoher Schulungseffekt wird erreicht, wenn jeweils mehrere Wiederholungen in einzelne Blöcke (Serien) unterteilt werden. Zudem kann in maximalem Tempo nur gefahren werden, wenn der Sportler jeweils relativ gut von vorangegangenen Sprints erholt ist. Ebenso richtet sich die Anzahl der Wiederholungen nach der Leistungsfähigkeit des Übenden.

Eine Übungsserie kann etwa so ausgelegt werden: 2–4 Serien mit jeweils 3–5 Sprints à 100–250 m. Zwischen den einzelnen Wiederholungen kann eine Erholungsphase von „nur" 3–4 Minuten liegen. Die einzelnen Serienpausen sollten dagegen jeweils die vollständige Erholung des Sportlers garantieren (15–25 Minuten). Dies bedeutet jedoch nicht, daß in den Pausen nicht mit dem Rad gefahren werden darf, vielmehr sollte unbedingt weiter gefahren werden. Schnelligkeitstraining läßt sich am günstigsten auf festen Teilstücken (Runden oder Streckenabschnitten) durch ständiges Hin- und Herfahren durchführen.

Die Qualität der Schnelligkeit kann zusätzlich durch Üben der Sprints auf leichten Gefällstrecken und Fahren mit Starrlauf verbessert werden. In einem solchen Fall würde ausschließlich die Schnelligkeit geschult. (Bei einer Schnelligkeits-Schulung dieser Art müßte bei der Rückfahrt zum Ausgangspunkt automatisch während der Bergauffahrt Kraft aufgewandt werden.)

Nur bei Bergabtempos wird während der Tempophase ausschließlich Schnelligkeit geschult. Bereits bei Fahrten auf flachen Teilstücken muß dagegen zusätzlich vermehrt Kraft- und Ausdauerleistung mit eingebracht werden. Für die Bewegungsqualität ist dann günstiger, den Kraftaufwand so gering als möglich zu halten und nur den Ausdauer-Anteil zu erhöhen. Dies wird dann als Schnelligkeits-Ausdauer-Training bezeichnet.

Schnelligkeits-Ausdauer-Schulung

Diese Trainingsform verlangt Drehzahlen, die über den durchschnittlichen Drehzahlen der einzelnen Disziplinen liegen und gleichzeitigem Energie-Aufwand, der wenig unter dem Maximum liegt (submaximal). Die Tempoteilstücke können dabei von ca. 400 bis zu 1000 m gewählt werden. Auch hier müssen wieder mehrere Wiederholungen folgen, relativ gute körperliche Erholung vorausgesetzt, soll eine solche Trainingsform wirksam werden (ähnlich dem Ablauf des Schnelligkeits-Trainings). Die höchste Wirkung wird erzielt, wenn die gewählten Streckenlängen in gleichbleibend hohem Tempo und entsprechendem Pedaldruck durchfahren werden können. Ist das eingeschlagene Tempo nicht über die vorgesehene Distanz zu halten, wird es günstiger, die Distanz zu verkürzen und nicht das Tempo zu verringern.

Schulung der Schnelligkeit
Schnelligkeits-Ausdauer im Konditionstraining

Hierzu eignet sich vor allem die Schulung der Gewandtheit und Geschicklichkeit mittels Gymnastik-Übungen, Übungen mit Geräten (Ball, Seil etc.) sowie Spielen. Geschult werden soll das Bewegungsgefühl und die Reaktionsfähigkeit.

Dem Nur-Rennsportler fallen solche Bewegungsformen naturgemäß sehr schwer. Je mehr er sich mit diesen auseinandersetzt, um so größer wird seine Beweglichkeit und Schnelligkeit, was wiederum einen äußerst positiven Einfluß auf dessen spezielle sportliche Leistungsfähigkeit bewirkt.

2.2 Kraft

Das Fortbewegen einer Rennmaschine verlangt entsprechende Körperkräfte. Da sich der Einsatz der Kraft auf längere Zeitdauer verteilt, wird in erster Linie von einem Radsportler **Kraft-Ausdauer** verlangt. Nur zum Beschleunigen (Starts etc.) wird während weniger Sekunden ein erhöhtes Maß an Kraft (Maximalkraft) notwendig. Außerdem ist die Kraft-Ausdauer-Leistung von der zur Verfügung stehenden Kraft abhängig. Aus Gründen einer qualitativ hohen Tritt-Technik muß man grundsätzlich die Kraft-Ausdauer-Leistung vor der Maximalkraft schulen. Besonders im Spezialtraining mit der Rennmaschine muß dieser Weg beschritten werden. Würde zuerst Kraft und dann erst Kraft-Ausdauer geschult, würde die Technik des Radsportlers enorm darunter leiden.

Kraft-Ausdauer-Schulung im Rad-Training

Im Anfängertraining, aber auch im Training des erfahrenen Sportlers, muß jährlich der Aufbau vom Leichten zum Schweren erfolgen. Dieser Aufbau soll die gleichzeitige Schulung der Tritt-Technik einschließen. Kraft-Ausdauer-Schulung beinhaltet stets eine relativ hohe Belastungsintensität. Aus ökonomischen Überlegungen heraus ist dabei notwendig, daß bei sämtlichen Übungsformen die Tritt-Frequenzen über den durchschnittlichen Anforderungen der jeweiligen Disziplinen liegen. So muß z. B. der Straßenfahrer Kraft-Ausdauer-Formen bei Umdrehungszahlen zwischen 95 und 110 U/min. absolvieren. Je höher dabei die Umdrehungszahlen liegen, um so kürzer kann gefahren werden; also je höher die Intensität, um so kürzer die Tempophase.

Werden höhere Übersetzungen gefahren, muß trotzdem die Trittgeschwindigkeit im geforderten Drehzahlbereich liegen. Je extensiver (ruhiger) während Kraft-Ausdauer-Übungen gefahren wird, um so geringer wirkt der Trainingsreiz auf Muskulatur und Organismus. Am günstigsten wird Kraft-Ausdauer-Schulung im Einzeltraining betrieben, da hierbei die Beanspruchung individuell ausgelegt und somit optimal gestaltet werden kann. Aus Gründen einer psychischen Entlastung kann man dieses Training durchaus in Zweier-Gruppen (Fahrer fahren nebeneinander her) durchführen.

Kraft-Ausdauer-Schulung muß sowohl auf der Ebene als auch an Steigungen durchgeführt werden. Der Trainingsreiz wird um so günstiger (auch technisch), wenn das Tempo während der vorgesehenen Teilstücke konstant bleibt. Um Erfahrungswerte über die persönliche Leistungsfähigkeit zu erhalten, muß man jedoch immer wieder, z. B. bei Serien, die erste Teilstrecke mit fast maximalem Tempo angenehm, um so festzustellen, ob und in welchem Tempo die gewählte Distanz bei den weiteren Wiederholungen durchfahren werden kann.

Kraft-Ausdauer-, sowie alle weiteren intensiven Trainingsformen können nur entsprechende Reize auslösen, wenn die Dauer des Trainings eingeschränkt ist. Je intensiver die einzelnen Teilstücke gefahren werden, um so kürzer darf die Trainingseinheit sein.

Dies bedeutet im Erwachsenen-Training, daß etwa 1½ bis 2½ Stunden zu veranschlagen sind.

Am wirkungsvollsten wird ein solches Training, wenn zusätzlich eine zweite Trainingseinheit/Tag durchgeführt werden kann. Die Inhalte dieser zweiten TE dienen dann der Koordinationsschulung bei extensiver Intensität (ruhig dahinrollen, an Steigungen ggf. etwas intensiver).

Kraft-Ausdauer-Serien auf Flachstrecken

Grundsätzlich empfehlen sich mehrere Wiederholungen, unterteilt in Serien. Anhaltspunkte für die vorgegebenen Distanzen können z. B. Kilometer-Steine sein. Der Trainierende muß außerdem die gewählte Trainingsstrecke genau kennen. Es darf und soll nicht passieren, daß ein intensiv gefahrenes Teilstück während einer Ortsdurchfahrt absolviert werden muß.

Die Wahl der Trainingsform (Anzahl Wiederholungen, Streckenlängen etc.) richtet sich nach der Anlage der Strecke.

Die Intensität der Belastung sollte dabei stets so hoch sein, daß jeweils ein Teil der Energie auf anaerobem Wege bereitgestellt werden muß. Dies bedeutet, daß intensive Kraft-Ausdauer-Schulung jeweils nicht länger als max. 10 Minuten dauern kann. Darüber hinaus würde die Leistung ausschließlich aerob und somit mit geringem Einfluß auf eine evtl. Leistungssteigerung bleiben.

Der höchste Reiz während einem K-A-Training liegt erfahrungsgemäß bei einer Tempophase zwischen 45 Sekunden und zwei Minuten. Solche kurzen Teilstücke erfordern wiederum eine höhere Anzahl an Wiederholungen. Wird ein bestimmtes Quantum an Wiederholungen überschritten, ist es sinnvoll, Pausen dazwischenzuschalten (Serienpausen), um jeweils den Grad der Erschöpfung nicht zu weit voranzutreiben und somit noch einen positiven Reiz auf die Leistung zu ermöglichen.

Werden längere Teilstücke gefahren, z. B. mehr als 10 Minuten, reichen zwei bis vier Wiederholungen völlig aus. Je länger die einzelnen Teilstrecken dauern, um so niedriger müssen die Übersetzungen gewählt werden (s. Tabelle Seite 191, Trainingsformen/ Wiederholungen/Serien).

Kraft-Ausdauer-Schulung im Konditionstraining

Konditionstraining während der Wintermonate bietet den Vorteil, daß dort einzelne Muskelgruppen partiell trainiert werden können. Schwächen können auf diesem Wege relativ günstig ausgeglichen und gleichzeitig die gesamte Grundkondition des Sportlers erheblich gesteigert werden.

Kraft-Ausdauer-Schulung muß dabei vornehmlich in einzelnen Serien ohne und mit Gerät durchgeführt werden. Kraft-Ausdauer-Training kann im freien Gelände, in der Halle ohne und mit Geräten, sowie im Kraft-Raum erfolgen. Auch das Konditions-Training ist entsprechend den angegebenen Phasen des Rad-Trainings zu planen und zu realisieren. Natürlich sind dabei die einzelnen Übungszeiten gegenüber dem Training auf der Rennmaschine verkürzt. Je nach Übung und Intensität sollten mindestens Übungszeiten von je 20 Sekunden an aufwärts dauern.

Kraft-Ausdauer-Training im Kraftraum ist dabei am einfachsten zu bestimmen: Die Übungs-Gewichte sollten dabei jeweils so hoch liegen, daß das Gewicht jeweils zwischen 30 und 50 % der Maximal-Leistung des Athleten entspricht. Werden zum Beispiel an der Kraftmaschine aus dem Sitzen maximal 250 kg zur Hochstrecke (mit den Beinen) gebracht, sollte das Übungsgewicht zwischen 75 und 125 kg liegen.

Je weniger Gewicht aufliegt (im Falle des Beispiels 75 kg), um so schneller und mehr Wiederholungen müssen realisiert werden. Die Wiederholungszahlen/Übungszeiten je Gerät beginnen dabei ab 12 Wiederholungen und enden bei ca. 1–1½ Minuten. Der Reiz wird erhöht, indem mehrere Serien folgen. Grundsätzlich sind beim Anfänger Kraft-Ausdauer-Übungen vorerst ohne Geräte zu empfehlen. Erst mit Erreichen eines gewissen Konditionsniveaus sollten Geräte eingesetzt werden; anfangs noch ohne zusätzliche Gewichte.

Vor dem Training mit Gewichten ist unbedingt eine entsprechende Technik-Schulung notwendig, um tatsächlich Nutzen anstatt Schaden aus diesem Training zu ziehen.

Kraft

Innerhalb dieser motorischen Grundeigenschaft wird zwischen Maximal- und Schnellkraft unterschieden. Maximalkraft bedeutet dabei, so viel als möglich Widerstand bei einer einmaligen Übung zu überwinden. In der Regel ist die Maximal-Kraft von der Schnellkraft (Kontraktionsgeschwindigkeit) abhängig. D. h. Gewichte können nur zur Hochstrecke gebracht werden, wenn der betreffende Athlet binnen Sekundenbruchteilen seine Muskulatur zu maximaler Leistung mobilisieren kann.

Auch die Sprint-Disziplinen des Radsports (Sprint, 1000-m-Zeitfahren, Tandem) verlangen etwa ähnliche Voraussetzungen, doch sind diese nicht identisch mit denen von Sportarten, die einen einmaligen, maximalen Krafteinsatz erfordern (Kugelstoßen, Gewichtheben etc.).

Maximalkraft wird erforderlich bei Starts aus dem Stand bzw. Beschleunigungsphasen aus geringem in maximales Tempo binnen kürzester Frist. Voraussetzung für eine gute Maximalkraft-Leistung ist eine entsprechend gute Schnellkraft-Leistung. Diese wiederum wird, in unterschiedlichem Maße, von jedem Rennsportler benötigt und muß dementsprechend im laufenden Training geschult werden. Gleichzeitig bietet Schnellkraft-Training eine gute Voraussetzung zur Verbesserung der Aktionsschnelligkeit (Trittgeschwindigkeit).

Schnellkraft-Schulung

Diese ist ausschließlich im Konditions-Training zu schulen:

z. B. Sprünge, Hochsprünge ohne und über Geräte (Hürden, Kästen etc.). Die Wiederholungszahlen sollten bei mindestens 7–8 beginnen. Die gesamten Wiederholungen sind wiederum in Serien miteinander zu verbinden:

z. B. 5 × 10 Schlußsprünge über Hürden in drei Serien (insgesamt 150 Sprünge).

Maximalkraft-Schulung

Diese Schulung erfolgt am günstigsten im Kraftraum. Es genügt dabei nicht, einmalig ein bestimmtes Gewicht zu bewegen.

Der günstigste Effekt wird erreicht, wenn jeweils 60 – 80% des maximal möglichen Gewichtes 4- bis 7mal in voller Bewegungsamplitude bewegt werden können (hoch-, wegdrücken).

Der Reiz wird erhöht bzw. erst wirksam, wenn entsprechend viele Wiederholungen/Serien durchgeführt werden.

Vom Rennfahrer (Sprinter) wird weiterhin verlangt, daß er während ca. 15 Sekunden mit vollem Einsatz fahren kann. Dies verlangt, daß er zwar über eine hohe Maximalkraft-Leistung verfügt, diese aber auch in Form von Kraft-Ausdauer über die notwendige Zeit der Sprintphase voll einsetzen kann.

Während etwa 250 m muß ein Sprinter ca. 35 Umdrehungen bei höchstem Kraftaufwand absolvieren. Dies verlangt, daß auch Kraft-Ausdauer-Serien mit hoher Frequenz und über einen längerfristigen Trainingsprozeß bis an, bzw. über die geforderten Drehzahlen bei vollem Einsatz trainiert werden müssen. In einem solchen Falle müssen die Gewichte zur Schulung der Kraft-Ausdauer-Leistung auf 50 – 60% erhöht werden.

Dies kann so weit führen, daß die Gewichte bei Kniebeugen auf über 100 kg, im Kraftreck (senkrecht) auf über 150 kg und waagrecht auf über 250 kg ansteigen. Solche Leistungen können nicht während einer Trainingsperiode im Winter, sondern müssen über mehrere Jahre hinweg erarbeitet werden.

Schulung der Kraft im Rad-Training

Sie kann und muß gleichzeitig mit einer Technik-Schulung verbunden werden: Startübungen auf Bahn/Straße mit und ohne Starter.

Startübungen gegen zusätzlichen Widerstand (Steigung).
Die Übersetzungen sollten dabei identisch mit denen der Wettkampf-Starts sein. Grundsätzlich auch diese Trainingsform in Form von Serien:

z. B. 5 × 15 Starts über 20 – 40 m

Starts über längere Distanzen mit Maximalkraft und Kraft-Ausdauer-Anteilen

Startübungen, Beschleunigungen aus geringem Tempo etc. Streckenlänge 60 – 120 m, ebenfalls als Serientraining. Am günstigsten und einfachsten lassen sich diese Übungsformen auf einer Bahn (Radrennbahn) oder Rundstrecke (Parkplatz) durchführen.

Trainingsformen zur Kraft-Ausdauer und Schnelligkeits-Ausdauer-Schulung

Dauer/min	Kraft-Ausd. Min.-Drehz.	Schnell.-Ausd. Min.-Drehz.	Wiederholungen	Serien
10 – 15	95	105	2 – 4	–
6 – 10	100	110	2 – 4	1 – 2
4 – 6	100	110	3 – 5	1 – 2
2 – 4	105	115	3 – 5	1 – 2
1 – 2	110	120	4 – 6	2 – 3
0.45 – 1	115	125	4 – 6	2 – 4

Die angegebenen Drehzahlen stellen jeweils die unteren Drehzahlgrenzen dar. Je härter und intensiver gefahren werden kann, um so höher wird der Trainingsreiz. Im Kraft-Ausdauer-Training brauchen die Drehzahlen den Minimum-Bereich nur wenig übersteigen. Hier muß vornehmlich mit der Übersetzungshöhe reguliert werden.

Im Schnelligkeits-Ausdauer-Bereich können und sollen die Drehzahlen den Minimalbereich jeweils so weit wie möglich übersteigen. Dagegen bleibt die Übersetzungshöhe hier relativ konstant (Erwachsene 68 – 76 Zoll, Jgdl. 64 – 72 Zoll).

Die Pausenlänge zwischen den einzelnen Wiederholungen kann von der einfachen bis doppelten Zeit der intensiv gefahrenen Teilstrecke reichen. Die Serienpause dagegen sollte so ausgelegt sein, daß eine weitgehende Erholung möglich wird (ca. 15 – 20 Minuten).

191

2.3 Ausdauer

Radrennsport ist Ausdauer-Sport. Somit sind in jeder Trainingsform auf/mit der Rennmaschine Ausdauer-Inhalte enthalten. Ausdauer-Training beginnt bereits beim Spazierenfahren und endet bei härtesten, lang andauernden Belastungen. Aus diesem Grund muß Ausdauer-Training differenziert dargestellt und entsprechend den Anforderungen eingesetzt werden. Wichtig ist außerdem, daß z. B. intensives Training auch im Ausdauer-Bereich max. 2–2½ Stunden dauern kann (einschließlich der Pausen, Phasen mit geringer Intensität). Länger dauernde Trainings-Einheiten bringen keinen nennenswerten Leistungsgewinn mehr.

Länger dauernde Trainings-Einheiten dienen dagegen der Technik- und vor allem der Willensschulung des Rennfahrers. Diese Fahrten können bis zu acht Stunden dauern.

Ausdauer-Training untergliedern wir deshalb, genau wie die Langstreckler der Leichtathletik, in drei Bereiche (nach Hirsch):

1. Ausdauer-Training als Regenerationsmaßnahme,
2. Ausdauer-Training zur Technik- und Willensschulung,
3. Ausdauer-Training zur Verbesserung der aeroben Kapazität.

Ausdauer-Training als Regenerationsmaßnahme

Ein Radrennfahrer muß während eines Jahres entsprechend seinem Alter und seiner persönlichen Zielsetzung zwischen 5000 (Jugend) und 20 000 (Erwachsener) und teilweise noch mehr Kilometer zurücklegen. Je größer dieser Trainingsumfang, um so mehr muß extensiv (mit geringer Intensität) trainiert werden.

Vor allem während der Wettkampf-Saison müssen trotz täglichem Training sogenannte Ruhetage zwischengeschaltet werden, um die notwendige Regeneration zur Wiederherstellung der vollen Leistungsfähigkeit zu gewährleisten. Geeignet bzw. notwendig sind hierzu Trainingsfahrten, die im Grunde mit lockeren Spazierfahrten zu vergleichen sind. Sie sollen mindestens eine Stunde und können jeweils mehrere Stunden dauern.

Anwendungsmöglichkeiten ergeben sich an Tagen nach harten Wettkämpfen oder entsprechendem Training, bzw. als zweiter Trainings-Einheit/Tag. Dasselbe gilt bei direkter Wettkampfvorbereitung vor allem in den letzten Tagen vor besonders wichtigen Wettkämpfen.

Übersetzung: 64–76 Zoll (je nach Jahreszeit und Disziplin).

Die durchschnittlichen Umdrehungszahlen liegen dabei unter den geforderten Drehzahlen des Straßensports.

Intensität: Extensiv, d. h. stets so, daß kraftlos, mit nur geringem Druck gerollt wird. An Steigungen muß eine Übersetzung gewählt werden, die ohne Anstrengung flüssig zu fahren ist.

Merke: Es ist leichter, eine Steigung mit Schwung hinaufzufahren (guter, flüssiger Drehzahlbereich) als langsam und dadurch mit höherem Kraftaufwand.

Ausdauer-Training zur Technik- und Willensschulung

Diese Trainingsform bildet die Grundlage des gesamten Radsporttrainings. Während bestimmter Phasen wird nur nach diesem Muster trainiert. Vor allem Sportler, die mit einer gewissen Leistung zufrieden sind, außerdem Freizeitsportler sollten fast ausschließlich diese Trainingsform anwenden. Vor allem allein trainierende Sportler können nur mit dieser Trainingsform die oftmals überzogenen Kilometer-Forderungen während eines Jahres realisieren. Für einen weniger Trainierten bietet diese Form die Gewähr, sich organisch nicht übermäßig zu belasten.

Speziell das Training älterer Sportler sollte deshalb vornehmlich in dieser Form ablaufen.

Zusätzlicher Leistungsgewinn kann mit einem solchen Training nur bedingt erzielt werden. Dieses Training garantiert fast auschließlich eine konstante Leistung, welche ggf. nur durch Teilnahme an Wettkämpfen einen Leistungszuwachs erhält.

Sportler, die jedoch höhere Ziele anstreben, indem sie bestimmte Titel bzw. gute Plazierungen erreichen möchten, müssen diese Trainingsform ausschließlich zur Stabilisierung ihrer Leistung, sowie zur Technik- und Willensschulung nutzen. Ihre spezielle Kondition steigern sie dagegen mit anderen beschriebenen Trainingsformen.

Die teilweise überlangen Distanzen dieser Trainingsform (im Einzeltraining bis 160 und im Gruppentraining bis 200 km) sollten nach Möglichkeit auf „einer Backe" abgesessen werden. Unterbrechungen durch Kaffeehausbesuche etc. würden diesem Training und vor allem der Willensschulung schaden.

Ähnlich lange Distanzen können während bestimmter Phasen der Trainingsvorbereitungen stets auch an mehreren Tagen hintereinander gefahren werden. Dieses lange Training verlangt natürlich auch Ruhetage, teilweise ohne jegliches Training: Besonders vor der Saison, in der teilweise mehrere Tage hintereinander gefahren wird, sind z. B. nach fünf Tagen Training ein Ruhetag und nach acht bis zehn Tagen zwei Ruhetage notwendig. Bei Übertreibungen (vornehmlich wenn viel Zeit zum Training zur Verfügung steht) kann ein solches ohne die notwendigen Pausen zu enorm körperlichen Schwächungen führen, die in der Regel mit nachfolgendem Trainingsausfall durch Krankheiten (Grippe, Erkältungen etc.) enden.

Übersetzungen: Sie werden so rational als möglich ausgelegt. Etwa im Bereich der durchschnittlichen Umdrehungszahlen (90–100 U/min.). Die Übersetzung richtet sich dabei nach dem möglichen Tempo des einzelnen oder der Gruppe.

Intensität: Auf der Ebene in der Regel zügig, jedoch nicht zu intensiv. Ausnahmen bilden Teilstücke mit Gegenwind, wo aus Gründen des Vorwärtskommens „draufgedrückt" werden muß.

193

An Steigungen dagegen mit mittlerer bis hoher Intensität fahren; möglichst an jeder Steigung. Diese sind erst zu Ende, wenn der höchste Punkt erreicht bzw. überfahren ist. Wichtig ist, daß während einer solchen Bergfahrt „durchgezogen" wird, bis es wieder „rollt"! Sportler, die keine Steigungen zur Verfügung haben, müssen dementsprechend auf Flachstücken in unregelmäßiger Folge (Fahrtspiel) jeweils über mehrere Minuten ihr Tempo, ihre Bewegungs-Intensität steigern. Die Drehzahlen sollten dabei über die durchschnittlich geforderten Drehzahlen der jeweiligen Disziplin ansteigen.

Die gesamten, zur Anwendung kommenden Übersetzungen müssen so gewählt werden, daß ein gewisser „Druck" auf die Pedale kommt. Übersetzungen, die diesen Druck nicht mehr gewährleisten, bleiben wirkungslos!

Ausdauer-Training zur Verbesserung der aeroben Kapazität

Die unter Kraft und Schnelligkeit beschriebenen Formen des Kraft- und Schnelligkeits-Ausdaur-Trainings bilden die wichtigsten Trainingsmittel auch zur Verbesserung der aeroben Kapazität.

Diese beiden Formen können natürlich in unterschiedlicher Dauer und folglich mit unterschiedlicher anaerober Belastung trainiert werden. Aus der Tabelle „Arbeitszeit bei maximaler Belastung" (Seite 101) kann die Höhe des jeweiligen anaeroben und aeroben Energieaufwands abgelesen werden.

Ein solches Training ist jedoch nur wirksam, wenn der Athlet mit entsprechendem psychischem Einsatz (Willenskraft) trainiert. D. h. das Niveau des Trainings wird von der Kraft-Ausdauer bzw. Schnelligkeits-Ausdauer-Fähigkeit des Athleten bestimmt (Harre).

Äußerlich bedeutet dies, daß während des Trainings dieser Formen entsprechend intensiv gefahren werden muß. Der Sportler selbst muß das Gefühl haben, „hart" am Pedalausschlag zu fahren. In dem Moment, wenn der Sportler mit seinem Druck auf die Pedale sparsam umgeht (dazu nicht in der Lage ist), bzw. mit seinem Druck nachläßt, schwächt der Trainingsreiz entsprechend ab.

Deshalb ist als Voraussetzung zum Training unerläßlich, daß der Sportler die notwendige Technik und den entsprechenden Willen aufbringt. Aus diesem Grund muß auch der ambitionierte Straßenfahrer während der Saison-Vorbereitung phasenweise mit Starrlauf trainieren. Ebenso empfiehlt es sich, sofern Gelegenheit vorhanden, daß jeder versucht, auch auf der Bahn in regelmäßigen Abständen zu trainieren (günstig in Trainingsgemeinschaften), vor allem im Nachwuchsbereich.

Für Fahrer, die sich auf ein Straßen-Vierer-Rennen vorbereiten, ist es fast unerläßlich, auf der Bahn zu trainieren und Rennen mitzufahren. Hierzu eignen sich neben den Zeitfahr-Wettbewerben (4000 m Einzel- und Vierer-Verfolgung) auch Punkte- und Zweier-Mannschaftsrennen (auf offenen bzw. langen Bahnen).

Ausdauer-Training im Rahmen des Konditionstrainings

Grundsätzlich bilden auch hier die Formen des Kraft-Ausdauer-, des Schnellkraft- und Schnelligkeits-Trainings eine wichtige Grundlage zur Ausdauer-Schulung.

Hier gibt es zusätzlich wichtige und für die Arbeit in größeren Gruppen optimale Organisationsformen zur Ausdauer-Schulung, die gleichzeitig einen hohen Anteil zur Kraft-Ausdauer-Schulung beinhalten.

Diese sind: Circuit-Training, Stationstraining mit jeweils mehreren Serien, Training an Hindernisbahnen (für Schüler/Jugendliche).

Darüber hinaus gibt es eine Reihe von Ausdauer-Trainingsformen des Einzeltrainings (natürlich auch für Gruppen) im Gelände. Die Ausdauer- und Kraft-Ausdauer-Schulung findet dabei in wenig intensiver Form (extensiv) statt. Querfeldein-Fahrten im Gelände (Wald), Querfeldein-Läufe, Ski-Langlauf, Eislauf.

Der Einsatz dieser Trainingsmittel richtet sich dabei vornehmlich nach den Möglichkeiten des einzelnen.

VII. Langfristige Leistungsentwicklung

Langjähriges Training spiegelt sich in stabilen, guten sportlichen Leistungen wider. Nur junge Athleten, welche Dank guter körperlicher Voraussetzungen, entsprechender Motivation und großem Verständnis im technisch-taktischen Bereich in den Nachwuchsklassen Spitzenleistungen vollbringen können, sind davon zu Beginn ihres Leistungstrainings ausgenommen. Je länger aber auch sie sich im Leistungssport betätigen und je größer die Leistungsanforderungen werden, um so mehr müssen auch diese „Talente" zielgerichtet, mit großer Kontinuität trainieren.

Der allgemeine Leistungsanstieg im Radsport ist, wie in anderen Sportarten, auf die Ausweitung auf ganzjähriges Training zurückzuführen. Gleichzeitig ist dabei zu beachten, daß der Körper/Organismus sich an stets wiederkehrendes, gleichbleibendes Training so anpaßt, daß bei einer langen Dauer kein genügend großer Reiz zu einer Leistungsentwicklung mehr auftritt. Dies kann zu einem Leistungsstillstand, wenn nicht gar Rückschritt führen. Deshalb muß das Training in Verbindung mit Wettkampfbeteiligungen ständig variiert werden, um eine Leistungsstagnation durch Anpassung zu vermeiden.

Wettkampfangebot und Bewertungskriterien (Meisterschaften) führen innerhalb des Radrennsports zu einem gewissen Widerspruch: Hauptwettkämpfe sind vornehmlich Meisterschaften, nach denen die Leistungsfähigkeit einzelner Sportler und gar ganze Verbände beurteilt werden. Diese Meisterschaften werden derzeit grundsätzlich in einem einzigen Wettbewerb entschieden (von Bezirksmeisterschaften bis hin zu Olympischen Spielen). Anderseits dauert die Saison von Mitte März bis Anfang Oktober, wo an jedem Wochenende, oft auch während der Woche Rennen stattfinden.

Sportliche Höchstleistungen können aber nur über einen verhältnismäßig kurzen Zeitraum gehalten werden, der je nach Trainingsaufbau zwischen wenigen Tagen und wenigen Wochen dauern kann. Um eine solche lange Saison mit guter Leistung zu überstehen, muß ein Athlet ein solides Aufbautraining absolvieren, um mit einem möglichst stabilen Leistungsniveau während der Saison aufwarten zu können. Darüber hinaus muß er aber noch viele Leistungsreserven besitzen, um durch Training und verstärkten Wettkampfeinsatz zu einer wirklichen Top-Form zum richtigen Zeitpunkt zu gelangen.

Der Widerspruch zwischen sportlicher Zielsetzung und Veranstaltungsstruktur bringt manch motivierten Sportler in Konflikte. Er muß entscheiden, was, womit und wie er seine Ziele erreichen will und welche Kompromisse er dabei gegenüber sich und seinem Club, Verband usw. eingehen muß.

Je höher die einzelnen Leistungsziele liegen, um so mehr muß ein Sportler seine spezielle Form durch gezielte Trainingsvorbereitungen und Wettkampfteilnahme entwickeln und festigen.

196

Dies bedeutet, daß auch ein Spitzensportler sich während anderer Phasen mit für ihn durchschnittlichen Leistungen zufrieden geben muß. Kein Sportler kann ständig Spitzenleistungen bringen und dann auch noch bei der WM erfolgreich sein. Bringt ein Spitzenfahrer etwa Ende April/Anfang Mai gute Erfolge, ist abzusehen, daß er auch während der nationalen und internationalen Meisterschaften mit entsprechenden Leistungen aufwarten kann. Das heißt, ein Spitzenfahrer muß auch bei etwas verringerter Leistungsfähigkeit noch in der Lage sein, zumindest auf nationaler Ebene vorne mitfahren zu können. Erst ein gesteigertes Training während der Endphase vor der entsprechenden Meisterschaft sollte dann den entsprechenden Formanstieg zur Spitzenleistung bringen.

Ein solcher Trainingsaufbau kann nicht während einer Saison, auch nicht während eines Jahres erfolgen. Sichtbar wird dies bei jüngeren Athleten, die oftmals zu Saisonbeginn (Ende April) ähnliche Leistungen wie ihre älteren Konkurrenten aufweisen, jedoch in der Folge nichts mehr zuzusetzen haben, und durch zu starken Renneinsatz so überfordert werden, daß kein weiterer Leistungsanstieg, sondern eher ein Rückgang entsteht. Diese Problematik bleibt aber keinem jungen Amateur erspart.

Hinzu kommt, daß die Teilnahme am Amateuer-Rennsport in verhältnismäßig jungen Jahren beginnt, während die volle Leistungsfähigkiet erst tatsächlich im Erwachsenenalter erreicht werden kann. Dies verlangt, daß sich das Vorbereitungstraining laufend an den jeweiligen körperlichen Entwicklungsstand (Akzeleration) anpassen muß.

Dies verlangt unterschiedliche Zielsetzung im Trainingsprozeß und selbstverständlich unterschiedliche Leistungsfähigkeit in den einzelnen Altersgruppen. Oftmals sind vor allem in der Schüler- und Jugendklasse, teilweise auch noch bei den Junioren früh akzelerierte Jugendliche so im Vorteil, daß diese ihre gleichaltrigen Konkurrenten absolut beherrschen. Tatsächlich ergibt sich jedoch erst in den Erwachsenen-Klassen ein realistisches Leistungsverhältnis, das sich aus Talent, Willenskraft und Motivation zusammensetzt.

Ein Sportler braucht im Durchschnitt ca. 4 – 6 Jahre intensiver, gezielter Trainings- und Wettkampftätigkeit, ehe er sein Leistungsmaximum erreichen kann. Je breiter und umfassender in dieser Zeit, vor allem in den ersten Jahren, das Training angelegt ist, um so besser können die speziellen Fähigkeiten in späteren Jahren zur Wirkung kommen.

Erfahrungen und Trainingsvorbereitung aus dem Schüler- und teilweise aus dem Jugendbereich können dabei nur bedingt hinzugezählt werden, da mit zunehmendem Alter die Leistungsanforderungen und Geschwindigkeiten in den Wettkämpfen ansteigen. Somit ist es sinnvoller, in diesen Klassen stärker auf die technische Schulung Wert zu legen, ehe mit einem anfänglich allgemeinen und später gezielten Leistungstraining begonnen wird.

Natürlich gibt es Ausnahme-Athleten, welche nicht in das Schema der Entwicklungsmerkmale und -phasen (Lempart) passen. Es gibt, selten zwar, im Erwachsenensport immer wieder Athleten, die bereits mit einem kalendarischen Alter von ca. 19 Jahren ein biologisches Alter von ca. 22 Jahren aufweisen (typisches Beispiel hierfür Gregor Braun).

Anhand der Tabelle (Lempart) sind die einzelnen Wachstumsphasen zu erkennen

Entwicklungsmerkmale und -phasen im Radsport Etappen/Zonen	Alter
Etappe der Vorbereitung	12 – 15
Etappe des Aufbaus	16 – 18
Etappe der Spezialisierung	ab 19
Zone der ersten internationalen Erfolge	19 – 21
Zone der optimalen Leistung	22 – 26
Stabilisierung der Höchstleistung	27 – 30

Im Nachwuchsbereich treten solche Fälle dagegen häufiger auf. Dort sind oft Jugendliche im Junioren-Alter (16 – 18) so weit akzeleriert, daß sie alles beherrschen. In der Folge bleiben sie in ihrer weiteren Entwicklung stehen und werden von ihren ehemals schwächeren Konkurrenten ein- und überholt. In solchen Fällen wird ein davon betroffener Sportler oft in eine tiefe, psychische Krise hineingezogen, welche leider sehr oft zur Aufgabe des Leistungssports führt.

Die o. a. Tabelle beschreibt anschaulich die Trainings- und Leistungsmöglichkeiten. Die Konsequenz daraus muß sein, das Training und die Wettkampf-Teilnahme und -Häufigkeit unterschiedlich in Inhalt, Intensität und Häufigkeit zu dosieren.

Das Training sämtlicher Alters- und Leistungsklassen unterliegt jedoch bestimmten, durch die Wettkampfsaison vorgegebenen Zeiten.

Da nur durch ein kontinuierliches, ganzjähriges Training die Form entwickelt und erhalten werden kann, müssen der Witterung entsprechend andere, zusätzliche Trainingsmittel zum Einsatz kommen.

1. Periodisierung des Trainings-Prozesses

In der Trainingslehre wird das Training während eines Jahres in unterschiedliche Perioden aufgeteilt: Die Wettkampf-Saison wird als **Wettkampf-Periode,** die Zeit der Regeneration nach der Saison als **Übergangs-Periode** und die Zeit der Vorbereitung auf die folgende Saison als **Vorbereitungs-Periode** bezeichnet.

Die Länge der einzelnen Perioden wird durch Alter und Entwicklungsstand bestimmt. Harre stellt dar, daß im Nachwuchsbereich die Dauer der Vorbereitungs-Periode mindestens die Länge der Wettkampf-Periode umfassen sollte. Aus der Praxis muß diese These bestätigt werden. Aber auch im Spitzenbereich muß für die Sportler die Vorbereitungs-Periode entsprechend genügend lang sein, soll im Hochsommer eine wirklich optimale Leistung erbracht werden.

Wird nur während der Sommer-Saison an Wettkämpfen teilgenommen, bezeichnet man diese Art der Vorbereitung als einzyklisch (Tab. Seite 207). Bei einer einzyklischen Vorbereitung im Rennsport, mit seinen Höhepunkten ab Ende Juni (nationale Meisterschaften), beginnt das Trainingsjahr ab Anfang November (Beginn der Vorbereitungs-Periode).

Die Vorbereitungs-Periode endet mit Beginn der Wettkampf-Saison (-Periode). Danach folgt die Wettkampf- und an deren Ende die Übergangs-Periode. Diese dauert zwischen zwei (Erwachsene) und vier Wochen (Jugendliche). Die Inhalte der Übergangs-Periode dienen vornehmlich der physischen und psychischen Regeneration.

Die Länge der Vorbereitungs-Periode von teilweise über sechs Monaten bringt natürlicherweise einen relativ einseitigen, weil wettkampflosen, schwierig zu überwindenden Zeitraum. So mancher Sportler sieht dabei nicht ein, warum er nun ausgerechnet im November und/oder Dezember intensiv trainieren soll, da es ja bis zu Saisonbeginn noch recht lange dauert.

Aus diesem Grund empfiehlt sich vor allem für erfahrene und leistungsstabile Sportler eine zusätzliche Wettkampftätigkeit auf der Winterbahn und/oder bei Querfeldeinwettbewerben. Ein solcher Einsatz wirkt sich um so positiver auf die Leistung im Sommer aus, je konzentrierter (binnen 4 – 6 Wochen) diese zusätzliche Wettkampfphase durchgeführt wird. Dabei geht es nicht um entsprechende Erfolge, sondern um eine entsprechende Schulung. Jeder Sportler, der nicht zu den Quer-Spezialisten gehört, sollte diese Wettkämpfe als Vorbereitung auf wichtige Wettkämpfe des Sommers nutzen. Dasselbe gilt für die Bahn, wo Erfolge in Zweier-Mannschaftsrennen auf Winterbahnen nur wenig Leistungen in olympischen Disziplinen des Sommersports verglichen werden können.

Mit Aufnahme einer zusätzlichen Wettkampf-Phase während der Vorbereitungs-Phase im Winter wird die Vorbereitung als zweizyklisch bezeichnet. Aber auch einer solch zweizyklischen Vorbereitung müssen entsprechende Trainingsphasen mit allgemeinen Trainingsmitteln vorangehen, die eine entsprechende Grundlagenschulung beinhalten.

2. Das Training in der Vorbereitungsphase

2.1 Trainingsinhalte in der Vorbereitungsperiode für ein einzyklisches Jahresprogramm

In der Vorbereitungs-Periode wird die konditionelle Grundlage für die Wettkampf-Periode geschaffen. Grundsätzlich ist es günstiger, in dieser langen Trainingsphase mit unterschiedlichen Leistungszielen die spezielle Kondition weiterzuentwickeln und auf eine absolut solide Basis zu bringen. Die einzelnen Inhalte sind:

1. Etappe: Schulung der allgemeinen Kondition
2. Etappe: Schulung der speziellen Kondition

1. Etappe: Durch vorrangig allgemeine Konditions-Übungen, zielgerichtet zur Verbesserung der Kraft-Ausdauer und lokalen Muskel-Ausdauer, muß während dieser Phase eine solide, konditionelle Grundlage geschaffen werden. Das Training dieser Etappe hat entscheidenden Einfluß auf die Leistungen der folgenden Saison. Wird hierbei zu wenig trainiert, vor allem nicht intensiv genug, fehlt die nötige Grundlage für die zweite Etappe der Vorbereitungs-Periode und führt somit zu geringerer Leistungsstabilität. Der angestrebte Leistungshöhepunkt der folgenden Saison bleibt dann meist nur noch ein Wunschtraum.

Eine Höchstleistung während der Wettkampfsaison kann um so sicherer erreicht werden, je mehr die Trainingsschwerpunkte während der ersten Etappe der Vorbereitungsperiode beim Radsportler der Ausbildung der allgemeinen Kondition gewidmet sind.

Dies kann durch Training im Gelände mit dem Fahrrad (Querfeldeinfahrten auf unbefestigtem Boden) oder ohne (Trimm-Pfad, Geländelauf), in der Halle (Gymnastik, Spiele, Circuit- oder Stationstraining), im Kraftraum (Serien-Training, Circuit) erfolgen.

Rad-Training sollte vornehmlich im Ausdauer-Bereich (Grundlagen-A) durchgeführt werden und vornehmlich der technischen Entwicklung (Erhaltung der Bewegungsökonomie) dienen.

2. Etappe: Die zweite Etappe dient schwerpunktmäßig der Verbesserung der speziellen Fähigkeiten. Vorrangig muß hier Rad gefahren werden, um die spezielle Ausdauer-Anforderungen zu erarbeiten. Dies verlangt viele Kilometer im Training. Die Trainingswirkung wird durch eine hohe Anzahl an Trainings-Einheiten günstiger gegenüber weniger TE mit höheren km-Leistungen. Da auch bei diesem Training besonders auf technische Verbesserungen geachtet werden muß, empfiehlt es sich, mit Übersetzungen zu fahren, die einen relativ hohen Drehzahlbereich ermöglichen (gleichzeitig Schulung der intensiven Ausdauer).

Aber auch in der zweiten Etappe der Vorbereitungs-Periode muß das notwendige Kraft-Ausdauer-Training mittels allgemeiner Konditionsarbeit aufrecht erhalten werden. Diese muß bis kurz vor Saisonbeginn durchgezogen werden (vor allem bei Heranwachsenden). Die Inhalte, bzw. die Intensität des Trainings der allgemeinen Konditionsarbeit, nehmen in dem Maße ab, wie der Umfang des Rad-Trainings zunimmt. Es ist zweckmäßig, die beiden Etappen der Vorbereitungs-Periode so zu gestalten, daß jeweils zum Ende jeder Phase die Intensität und teilweise auch der Umfang des Trainings ansteigt.

Je intensiver trainiert wurde, um so wichtiger wird jeweils am Ende einer solchen Phase eine sogenannte Festigungsphase. Dabei wird das Trainingsprogramm deutlich reduziert und gleichzeitig extensiv, um Muskulatur und Organismus die Gelegenheit zu geben, zu regenerieren und um die durchgeführte Trainingsarbeit in zusätzliche Leistungsfähigkeit umsetzen zu können. Eine Festigung dient der psychischen und physischen Regeneration des Sportlers. Dieser kann in der folgenden Etappe auf ein hohes, solides Leistungsfundament vertrauen.

Weiterhin ist zu empfehlen, während der Vorbereitungs-Periode in unregelmäßigen Abständen Ausgleichssport zu betreiben. Mit der Ausübung kann vor allem in Festigungsphasen und wohldosiertem Einsatz hervorragend aktive Erholung betrieben werden. Sowie der Ausgleichssport regelmäßig als Wettkampfsport betrieben wird, sinkt die Möglichkeit des psychischen Ausgleichs. Dagegen bilden zum Beispiel sporadische Teilnahmen an alpinen Ski-Rennen hervorragende Möglichkeiten zu psychischer Vorbereitung, da hier ein gewisser Wettkampf-Streß auftritt, auch wenn man „nur" mitfährt (max. 1–2 Wettkämpfe/Winter). Je abwechslungsreicher das Trainingsprogramm gestaltet wird, um so mehr Spaß hat der Sportler und um so günstiger wird die Trainingswirkung. Extreme Betätigungen in Ausgleichssportarten sollten jedoch dem Breitensportler überlassen bleiben.

Inhalte der einzelnen Trainingsphasen

1. Etappe: November bis Dezember

Trainingsziel: Schulung der Gewandtheit, Ausdauer und Kraft-Ausdauer.

Trainingsmitttel:
Rad-Geländefahrten auf unbefestigtem Grund je TE 1–2 Std., der Kraft-Ausdauer-Effekt erhöht sich, wenn Starrlauf gefahren wird (64–68"). Straßentraining – Starrlauf (64–68"), Schulung der Technik/Koordination – je TE bis zu 3 Std.

Allgemeines Konditionstraining:
Gelände – Geländelauf (Hügelläufe auf weichem Untergrund), 30–45 min – Kraft-Ausdauer-Schulung-Trimm-Pfad - an den einzelnen Stationen jeweils Serien-Training zur Schulung der K-A 1–1.30 Std., je Station mehrere Serien mit vorgegebener Wiederholungszahl

Halle/Kraftraum:
Gymnastik zur Dehnung, Beweglichmachung und Kräftigung; Spiele zur Schulung der Gewandtheit, Geschicklichkeit, Reaktion; Hindernisbahn – Circuit- und Serien-Training mit Geräten zur K-A-Schulung – Dauer 1½–2 Std.

Trainingshäufigkeit:
Je nach Möglichkeit und örtlichen Voraussetzungen; Erwachsene/Junioren 4–5 TE/Woche; Schüler/Jgd. 2–3 TE/Woche (Jgd. ggf. 3 – 4).

2. Etappe: Januar bis Ende März

Trainingsziel: Verbesserung der speziellen Ausdauer und Kraft-Ausdauer

Trainingsmittel Rad:
Straßentraining – Grundlagen-Ausdauer – bis 2 Wochen vor dem ersten Rennen mit Starrlauf (66–68); je näher die Saison kommt, um so länger werden die Distanzen, jedoch nur sporadisch (bis 5 Std./Schaltung); ebenfalls mit zunehmender Form intensives Ausdauer-Training, bzw. in den letzten zwei Wochen Schnelligkeits-Ausdauer. Vorrangig bleibt die Grundlagen-Ausdauer-Schulung (km machen). Nach Einbau der Schaltung jeweils zum Trainingsende kurzfristig Kraft-Ausdauer-Schulung durch Erhöhung der Übersetzung (300 m bis 3 km).

Allgemeines Konditionstraining im Gelände:
Mit dem Rad oder zu Fuß Quer-Fahrten/Läufe bei schlechter Witterung (Dauer 1½ bis 2½ Std.) Starrlauf oder Schaltung.

Halle/Kraftraum:
Im Februar noch intensive K-A-Schulung (Serien etc.), danach Abbau und bis kurz vor Saisonbeginn Spiele/Gymnastik mindestens 2 x je Woche.

2.2 Trainingsinhalte in der Vorbereitungsperiode für ein zweizyklisches Jahresprogramm

Im Radsport gibt es praktisch die Möglichkeit, während des gesamten Jahres an Wettkämpfen teilzunehmen. Im Sommer Straße/Bahn und im Winter Querfeldein und Winterbahn.

Trotzdem muß sich jeder Athlet im klaren sein, welche Ziele er hat. Fährt er zu viele Rennen, kann es ihm passieren, daß er zwar eine gute Grundlage entwickelt hat, jedoch nicht mehr in der Lage ist, diese Rennen auch selbst mitzuentscheiden. Mit einer sinnvollen Wettkampfbeschränkung und somit mehr Trainingsfreiraum können dagegen die speziellen Fähigkeiten zusätzlich gesteigert und unterstützt werden. Ein Sportler, der seine Ziele im Sommer sieht, sollte nicht unbedingt, bzw. nur in Ausnahmefällen, auch im Winter den absoluten sportlichen Erfolg suchen.

Wettkämpfe im Winter (Querfeldein und Bahn) bilden eine wertvolle Hilfe beim Erarbeiten der speziellen Kondition. Bedingung für einen sinnvollen Trainings-Aufbau ist eine Selbstbeschränkung in der Wettkampfteilnahme. Es darf nicht so weit kommen, daß durch eine lange Wettkampfphase das notwendige Konditionstraining leidet. Zu viele Wettkämpfe bringen außerdem das Problem einer psychischen Überlastung, welche die mögliche Leistungsentfaltung verhindern bzw. beeinträchtigen kann.

Günstig wäre eine Wettkampfphase über 4–6 Wochen, die zwischen die 1. und 2. Vorbereitungsetappe zwischengeschaltet werden könnte. Notwendigerweise würden dadurch beide Etappen etwas verkürzt. Der Leistungszuwachs könnte jedoch schneller und sicherlich idealer in spezielle Leistungsfähigkeit umgewandelt werden. Die notwendige Festigung müßte auch hierbei ca. 2 Wochen dauern, um den Sportler wieder an die Mischung Konditions- und Rad-Training zu gewöhnen. Außerdem sollte während der Wettkampf-Phase ein zumindest leichtes Ausgleichstraining nicht ausbleiben.

Quer-Rennen:
Während 4–6 Wochen regelmäßiger Wettkampf-Teilnahme (Ausdauer und Kraft-Ausdauer-Schulung). Starts nach Möglichkeit nur in der näheren Umgebung des Wohnortes, um lange Reisen (Reisestreß) zu vermeiden.

Bahn-Rennen:
Bahnrennen für Amateure laufen mehrheitlich als Rahmenprogramm neben den Profi-6-Tage-Rennen. Die üblichen Zweier-Mannschaftsrennen auf diesen kurzen Bahnen

(durchschnittlich 200 m Länge) sind besonders zur Technik/Taktik-, sowie Schnellig-keits- und Ausdauer-Schulung geeignet. Die Teilnahme an diesen Rennen wird sinnvoll, wenn sich die Fahrer auf nur wenige Veranstaltungen während eines kurzen Zeitraums beschränken. Ein für eine Meisterschafts-Disziplin des Sommers motivierter Fahrer muß sich auf einen kurzen Wettbewerbszeitraum beschränken. Besonders bei zu vielen Bahnrennen fehlt diesem Fahrer im Sommer die spezielle Kondition, in Zeitfahr-Disziplinen auf internationaler Ebene erfolgreich zu sein. Aber auch eine zu lange Phase der Beteiligung bei Querfeldein-Rennen verhindert einen soliden, konditionellen Aufbau, vor allem bei Fahrern, welche sich noch in der körperlichen Reifung befinden.

Inhalte der einzelnen Trainingsphasen

1. Etappe: November bis Anfang/Mitte Dezember:
Allgemeines konditionelles Grundlagen-Training. Rad: Straße/Gelände (Starrlauf/Schaltung). Lauf: Geländeläufe, Trimm-Pfad. Halle/Kraftraum: Schulung der Gewandt-heit/Geschicklichkeit, Ausdauer, Kraft-Ausdauer.

Wettkampf-Phase über 4 – 6 Wochen:
entweder im Dezember oder Mitte Dezember bis Ende Januar; gleichzeitig leichte Konditions-Arbeit (Halle, Gelände etc.)

2. Etappe:
Die Wettkampf-Phase wird mit einer zweiwöchigen Festigung abgeschlossen (aktive Erholung/Ausgleichssport usw.); danach gezielte Kraft- und Kraft-Ausdauer-Schulung und auf der Straße beginnendes Ausdauer-Training.
Straße: Starrlauf bis zu 4 Std.
Halle: Kraft-Ausdauer Circuit/Serien etc.; Spiele, Gymnastik.
Kraftraum: Kraft und Kraft-Ausdauer-Schulung, Serien mit relativ hohen Gewichten; K-A ca. 40–50 % bis K mit 50–70 %.
März: in der ersten Woche noch Training wie Februar, danach Abbau des Kraft- und Kraft-Ausdauer-Trainings und gleichzeitig Steigerung des Rad-Trainings; bei ungünsti-ger Witterung Geländelauf, Trimm-Pfad.
Halle: Gymnastik/Spiele.

2.3 Trainingsmittel und deren Anwendung während der Vorbereitungs-Periode

Starrlauf Straße

Schulungsziele: Koordination/Tritt-Technik, Ausdauer und teilweise K-A-Schulung. Ver-wendet werden jeweils kleine Übersetzungen (64 – 68 Zoll), die mit relativ geringem Kraftaufwand zu bewegen sind. Durch die ständige Bewegung wird die Technik positiv beeinflußt. Zu hohe Übersetzungen würden dagegen diesen möglichen Technik-Gewinn verhindern und beeinträchtigen. Zur Verbesserung der Tritt-Technik können Gefällstrek-ken so hinuntergefahren werden, indem ständig Druck auf die Pedale gebracht wird.

Diese Trainingsform verhilft außerdem zu sehr viel „Luft"! Wer seine Füße bei solchen Abfahrten nur durch den Pedaldruck nach vorne schlagen läßt, erzielt garantiert keinen Technik-Gewinn.

Starrlauf-Training hat außerdem einen sehr hohen Ausdauer-Effekt. Da ständig getreten werden muß, kann der Puls nie allzuweit zurückgehen. K-A wird in dem Moment geschult, wenn gegen erhöhten Widerstand (Wind, Steigung) gefahren werden muß.

Querfeldeinfahrten mit Starrlauf

Schulungsziel: K-A-Schulung bei wettkampfspezifischer Bewegung
Übersetzungen je nach Gelände (in der Regel 64 – 68 Zoll).
Übungsdauer: je TE bis 2″ Std.

Der erhöhte Rollwiderstand bringt einen enorm K-A-Schulungseffekt. Die Streckenwahl sollte so angelegt sein, daß möglichst während der gesamten Trainingsdauer gefahren werden kann (Stopps bringen technische Probleme und erfordern vor allem beim Anfahren besonders viel Kraft zum neuerlichen Schwungaufnehmen).

Querfeldeinfahrten mit Schaltung

Schulungsziel: Ausdauer und K-A – Gewandtheit/Beweglichkeit auf dem Sportgerät.
Die Übersetzungen richten sich nach dem Gelände. Bei Training mit Schaltung wird vor allem der Ausdauer-Effekt deutlich erhöht. Geländeschwierigkeiten sind problemloser zu bewältigen.

Gymnastik

Schulungsziel: Dehnung, Beweglichmachung, Kräftigung

Der Kraftaufwand erfolgt beim Radfahren mit den Beinen dynamisch und mit Rumpf/ Armen statisch. Daraus ergibt sich ein gewisser Bewegungsmangel, der durch zusätzliche gymnastische Übungen ausgeglichen werden muß. Radfahren führt jedoch nicht zu Haltungsschäden! Bei Vernachlässigung gymnastischer Übungen wird dagegen die Dehnfähigkeit der Muskulatur herabgesetzt. Dehnfähigkeit und Elastizität der Muskulatur ist eine wichtige Voraussetzung für gute Leistungsfähigkeit.

Dehnung/Beweglichmachung wird erreicht, indem die Muskeln und Bänder, welche die einzelnen Körperteile verbinden, durch Wechselbelastung (Dehnung/Verkürzung) bewegt werden. Dies kann durch Heben/Senken und Kreisbewegungen erfolgen. Der Übungseffekt wird um so größer, je intensiver und mehr Wiederholungen bzw. je länger statische Übungsteile (Dehnung) durchgeführt werden.

Circuit-Training – Serien-Training – Hindernisbahn

Schulungsziel: Ausdauer und Kraft-Ausdauer – Gewandtheit/Geschicklichkeit

Für den Radsport empfehlen sich K-A-Übungen, die mit einer möglichst hohen Bewegungsfrequenz geübt werden können. Besonderer Wert sollte auf eine Ganzkörperschulung gelegt werden.

Für das Training der Radsportler hat sich gezeigt, daß mit der Einteilung in Übungszeit und -dauer, bei gleichzeitigem Stationswechsel (Pause) ein hoher Effekt erzielt wird. 10–18 Stationen – Übungszeit zwischen 20 Sekunden und 1 Minute – Pausen 20 Sekunden bis 1 Minute. Die Anlage der Stationen richtet sich nach den Möglichkeiten der Halle.

Beispiele Halle:

1 Medizinball aus der Bauchlage gegen die Wand
2 an der Sprossenwand hängen – Bein hoch
3 einhängen in Sprossenwand – Rumpfaufrichten über Kasten in Bauchlage
4 Medizinball gegen Wand stoßen
5 über Bank hüpfen (Parallelhüpfen)
6 Sprossenwand/Kasten – seitlich wippen
7 dto. einmal nach links einmal nach rechts
8 wechselseitig auf Kasten steigen
9 über Bank hüpfen (hoch), Arme halten Bank fest
10 Klappmesser
11 hüpfen auf weicher Matte
12 Medizinball werfen fangen im Stehen/Sitzen
13 über Hürden hüpfen
14 Medizinball-Einwurf gegen Wand

Beispiel Kraftraum:

1 Bankziehen
2 Bankdrücken
3 Beine – Drücken waagrecht/senkrecht
4 auf Kasten steigen
5 Kniebeugen
6 Seilzug Arme
7 Sit up
8 Schnell-Maschine
9 Kurzhantel usw.

3. Wettkampfperiode

3.1 Training und Wettkämpfe in der Wettkampf-Periode

Durch die speziellen Anforderungen der sportlichen Betätigung mit der Rennmaschine und einer mit anderen Sportarten wenig vergleichbaren, unregelmäßig folgenden Regeneration, auch bei höchsten Belastungen (Abfahrten, Windschatten etc.), kann auch die spezielle sportliche Form mittels Rennbeteiligung gesteigert werden. Grundvoraussetzung bleibt natürlich das Vorbereitungstraining. Vor allem in speziellen Zeitfahr- und Kurzzeit-Disziplinen können besondere Leistungen nur durch entsprechendes Konditions- und disziplinspezifisches Training mit der Rennmaschine erworben werden.

Aber auch für die spezielle Kondition in diesen Disziplinen bildet die Teilnahme an anderen Wettbewerben, die äußerlich wenig mit der Spezial-Disziplin gemein haben, eine wichtige Möglichkeit zur Leistungssteigerung.

Entsprechend der Zielsetzung muß demnach neben dem Trainings- auch das Wettkampfprogramm aufgebaut werden. Für einen motivierten Sportler bedeutet dies, möglichst anderen Reizen (nicht in den Aufbauplan passende Wettkämpfe) widerstehen zu können.

Der Saisonaufbau muß ebenfalls in mehrere Etappen gegliedert werden. Die unterschiedliche Terminierung der Meisterschaften im Radsport (Landesverbands-, Nationale und Weltmeisterschaften im Bahn- und Straßenrennsport) erfordert deshalb unterschiedlich aufgebaute und zeitlich abgestimmte Vorbereitungsphasen (s. Tab. S. 207, 212).

Trotz verschiedener Trainings- und Wettkampfbedingungen sollte die sportliche Form des Athleten entsprechend seinen Fähigkeiten auf einem einheitlichen Niveau stehen. Auch ein Athlet, der sein Ziel in guten Leistungen bei einer nationalen oder gar internationalen Meisterschaft sucht, muß während der restlichen Saison stets über ein solides Konditions-Niveau verfügen, das dem auf internationaler Ebene Motivierten noch zu nationalen Spitzenergebnissen und dem auf nationaler Ebene Motivierten noch zu guten, konstanten Leistungen reicht. Nur mit einem solch soliden Fundament sind dann auch tatsächlich Leistungssteigerungen möglich. Für den Sportler bedeutet dies, daß er entsprechend seinen Beweggründen wissen muß, mit welchem Einsatz er „normale" Rennen fährt und erfolgreich beendet und welche Reserven er noch zu einer weiteren Leistungssteigerung zur Verfügung hat. Nur ein sich seiner Fähigkeiten Bewußter kann auch tatsächlich diese Leistung bringen. Er weiß, welche Reserven er noch freimachen kann und muß.

Kein Sportler kommt jedoch daran vorbei, daß seine sportliche Form Schwankungen unterliegt. Je sinnvoller der Aufbau erfolgt, um so mehr können Leistungsschwankungen eingeplant bzw. regelrecht gesteuert werden. Schwierig wird dies allerdings bei jungen, noch nicht allzu leistungsstabilen Sportlern, wo zusätzliche körperliche Entwicklung bis zur vollständigen Reifung (Erwachsene) für unvorhersehbare Schwankungen sorgen können.

Die Leistung kann um so stabiler entwickelt werden, je länger (max. 6 Wochen) die einzelnen Phasen der intensiven und gemäßigten Trainingsarbeit dauern. Außerdem dürfen die klimatischen Bedingungen im Vorbereitungsprogramm nicht außer acht gelassen werden. Je weniger Leistungsstabilität vorhanden ist, um so stärker kann durch äußere Widrigkeiten, schlechte Witterung etc., die sportliche Form beeinträchtigt werden. Der betroffene Sportler spürt dies in der Regel durch auftretende Krankheiten (Erkältung, Fieber usw.).

Trainingsperioden der einzelnen Alters- und Leistungsklassen

Monate	Nov.	Dez.	Januar	Februar	März	April	Mai	Juni	Juli	Aug.	Sept.	Okt.
Amateure			Vorbereitung									Überg.
1-zyklisch	1. Etappe	Festig.	2. Etappe			1. Etappe	Festig.	2. Etappe	Festig.	3. Etappe		

zu Beginn der Vorbereitungsperiode sporadische Wettkampf-Teilnahme

Monate	Nov.	Dez.	Januar	Februar	März	April	Mai	Juni	Juli	Aug.	Sept.	Okt.
Amateure			Vorbereitung					Wettkampf				Überg.
2-zyklisch	1. Etappe	Wettkampf	2. Etappe			1. Etappe	Festig.	2. Etappe	Festig.	3. Etappe		

gezielte Wettkampf-Teilnahme während 4–6 Wochen in der Vorbereitungsperiode

Monate	Nov.	Dez.	Januar	Februar	März	April	Mai	Juni	Juli	Aug.	Sept.	Okt.
Jugend			Vorbereitung					Wettkampf				
1-zyklisch	1. Etappe	Festig.	2. Etappe	Festig.	3. Etappe / Festig. / 1. Etappe / Festig.		2. Etappe	Festig.	3. Etappe		Überg.	

sporadische Wettkampfteilnahme in der Vorbereitungsperiode, ohne auf das konditionelle Training zu verzichten

Monate	Nov.	Dez.	Januar	Februar	März	April	Mai	Juni	Juli	Aug.	Sept.	Okt.
Schüler			Vorbereitung					Wettkampf			Überg.	
1-zyklisch	1. Etappe	Festig.	2. Etappe	Festig.	3. Etappe / Festig.	1. Etappe	1. Etappe	2. Etappe	Festig.	2. Etappe		

Die Wettkampf-Saison sollte unterbrochen werden. Der Saisonbeginn kann nach vorne verlegt werden, wenn gleichzeitig unregelmäßig an Wettkämpfen teilgenommen wird.

Monate	Nov.	Dez.	Januar	Februar	März	April	Mai	Juni	Juli	Aug.	Sept.	Okt.
Querfeldein	Wettkampf			Überg.	Überg.			Vorbereitung				
2-zyklisch	1. Etappe	Festig.	2. Etappe			1. Etappe		Wettkämpfe		2. Etappe		

3.2 Entwicklung der speziellen sportlichen Form während der Saison

Rahmentrainings- und Vorbereitungsplan

Jeder Sportler geht die Saison mit unterschiedlicher Motivation und Zielsetzung an. Der eine begnügt sich mit einer regelmäßigen Wettkampfteilnahme und möglichst guten Erfolgen, ohne gleichzeitig seinen Beruf zu vernachlässigen. Der andere dagegen will größere Erfolge auch auf internationaler Ebene erringen. Dazu muß er automatisch mehr Zeit aufwenden, weil er seiner sportlichen Aus- und Weiterbildung Vorrang gegenüber seinem Beruf gibt.

Ein solch motivierter Sportler sollte jedoch grundsätzlich mit einem normalen Zeitaufwand (neben Beruf oder Studium) zur nationalen Spitze aufrücken können, ehe er sich für den verstärkten sportlichen Einsatz entscheidet. Außerdem sollte in der Regel zumindest die Berufsausbildung abgeschlossen sein.

Weniger stark Motivierte oder Sportler, die zu früh der intensiven sportlichen Betätigung zu großen Raum einräumen, scheitern an der zur Verfügung stehenden Freizeit zum Training, weil sie entweder zu viel und umfangreich trainieren oder durch die viele Freizeit zu ,,faul" werden.

Keiner dieser Sportler kommt trotz unterschiedlicher Motive daran vorbei, entsprechend den Grundsätzen der Trainingslehre sein Trainingsprogramm, die erforderliche Trainings-Intensität, den Umfang und die Wahl der Renneinsätze aufzubauen. Unterschiede ergeben sich nur durch die einzelnen Saisonziele und den sich daraus entwickelnden Anforderungen in Training und Wettkampf.

Die sportliche Form muß in einzelnen Etappen, ähnlich dem Training der Vorbereitungs-Periode, bis zur individuellen Höchstleistung entwickelt werden. Die einzelnen Etappen wiederum teilen sich in unterschiedliche Phasen des Trainings und der Wettkampf-Beteiligungen auf, um durch sinnvolle Gestaltung auch tatsächlich eine Formsteigerung zu erzielen. Jeder Phase intensiven oder umfangreichen Trainings, aber auch der Wettkampfbeteiligung, muß eine Phase der Festigung mit deutlich verringerter Intensität und kleinerem Umfang folgen, um nicht vorzeitig einen entsprechenden Formabbau hinnehmen zu müssen. Ein Sportler soll während einer solchen Festigung genügend physische und psychische Substanz ansammeln, um auch tatsächlich in der folgenden, intensiven Phase die spezielle sportliche Form weiterentwickeln zu können.

Einfluß von Wettkämpfen auf die sportliche Form

Der Radrennsport hat bekanntermaßen die Eigenheit, daß die spezielle sportliche Form auch durch Wettkämpfe gesteigert werden kann. Dabei spielt nicht nur die entsprechende Disziplin, sondern ebenfalls die Häufigkeit der Wettkampfteilnahme eine entscheidende Rolle. Die Gefahr eines Leistungsrückganges durch intensive Rennbeteiligung liegt darin, daß schon ein geringes Zuviel an Wettbewerben diesen einleiten kann.

Rennen an mehreren Tagen hintereinander und vor allem Etappenrennen können die spezielle Form hervorragend steigern. Eine Formsteigerung zum falschen Zeitpunkt nützt wenig für einen speziellen Formhöhepunkt zu einem bestimmten Termin.

Die Beteiligung und die Auswahl der Wettkämpfe muß entsprechend dem Leistungsziel erfolgen. Ebenso muß der Sportler genau wissen, welche Wertigkeit diese Wettkämpfe haben und welche Leistungen jeweils aufgebracht werden wollen und müssen.

Ein motivierter Erwachsener muß während der Saison regelmäßig an Wettkämpfen teilnehmen. Häufigkeit und unterschiedlicher körperlicher Einsatz wird dagegen durch die Leistungsziele bestimmt. Vor allem zur Vorbereitung auf spezielle Disziplinen (Zeit-Wettbewerbe als Einzel- oder Mannschafts-Disziplinen) sollte dieser Aspekt besonders berücksichtigt werden. Das heißt, der Sportler muß genügend Raum (Zeit) zum speziellen Vorbereitungstraining haben. Dies wiederum hat er nur, wenn er in den betreffenden Phasen sein Wettkampfprogramm genau dosiert.

Spezielle Trainingsinhalte

Da die Rennsport-Saison der Erwachsenen fast sieben Monate dauert, ist es ratsam, diese lange Phase in mehrere Etappen mit unterschiedlichen Wettkampfzielen und folglich unterschiedlichen Trainingsinhalten aufzubauen. Wird von Saisonbeginn bis -ende stets im gleichen Rhythmus und Inhalt trainiert, läßt die persönliche Motivation und Leistung stark nach. Ebenso sind individuelle Höchstleistungen kaum möglich. Ein sich solchermaßen vorbereitender Sportler bleibt stets weit unter seinem persönlichen Leistungsmaximum.

Eine gute Saison mit zwischenzeitlichen Höchstleistungen läßt sich am günstigsten in drei Etappen entwickeln. Diese unterscheiden sich in Zielsetzung und Trainingsumfang. Ebenso unterscheiden sich die Inhalte von Sportlern mit regionalen, nationalen und internationalen Zielen. Ein Sportler, der Erfolge bei Weltmeisterschaften anstrebt, sollte dabei etwas anders vorgehen als ein Sportler, dessen Ziel ein Erfolg bei nationalen Meisterschaften ist.

Jeder Sportler, egal ob national oder international motiviert, der glaubt, mit intensiver Rennbeteiligung oder ständig intensivem Training auch noch Ende August in Hochform zu sein, muß feststellen, daß er zu diesem Zeitpunkt nichts mehr „drauf" hat. Oftmals hat sich ein solcher Sportler in langwierigen Ausscheidungen für die WM qualifiziert, bleibt aber dort weit unter seinen Möglichkeiten, da seine Reserven lange vorher aufgebraucht sind.

1. Etappe: Diese dient dem Aufbau einer soliden „speziellen Grundform" auf dem Fahrrad. Jeder sollte dabei in den ersten vier bis fünf Wochen der Saison eine individuelle gute Leistungsfähigkeit entwickeln, die sich in entsprechenden Wettkampfleistungen ausdrückt.

2. Etappe: Diese Etappe dient der Steigerung der speziellen Form bis zu einer individuellen Höchstform bei durchschnittlich Motivierten und einer hohen Form beim Fahrer, der internationale Höchstleistungen anstrebt. Dabei sollte die „hohe Form" noch über der Höchstform des durchschnittlich Motivierten liegen.

3. Etappe: Diese dient dem durchschnittlich Motivierten zur Erhaltung, dagegen dem Spitzenfahrer zur Steigerung seiner speziellen Form für internationale Hauptwettkämpfe. Sportler, die auch auf nationaler Ebene ihren Formhöhepunkt erst während dieser 2. Etappe erreichen wollen (z. B. später Termin nationaler Meisterschaften usw.), müssen dann ihre Vorbereitung analog den Spitzenleuten mit jedoch entsprechend geringerem Aufwand und Einsatz realisieren (s. Tab. Seite 212).

Diese Etappen sollten jeweils durch „Festigungsphasen" von zwei bis drei Wochen Dauer unterbrochen werden. Die Trainingsinhalte verlagern sich dabei wesentlich auf Formen des Ausdauer-Trainings als Regenerationsmaßnahmen. Der Trainingsumfang bleibt jedoch gleich.

Ebenso sollte die Wettkampfteilnahme reduziert werden (ein Wettkampf/Woche bei Straßenrennen oder max. zwei Kriterien). Wird in einer Festigungsphase eine hohe Wettkampfbeteiligung beibehalten, kommt nur eine ungenügende Regeneration zustande, welche in der Folge zu einem krassen Leistungsabfall führen kann.

Innerhalb der einzelnen Etappen müssen sich trotzdem noch die Trainingsinhalte, ebenso wie die Zahl der Wettkämpfe unterscheiden, soll eine sinnvolle, zielgerichtete Steigerung der speziellen Kondition eintreten.

Trainings- und Wettkampfprogramme

1. Etappe: Entwicklung der speziellen Grundkondition – Dauer vier bis fünf Wochen. In dieser Phase anfänglich verstärktes Ausdauer-Training zur Technik- und Willensschulung. Erst in den letzten beiden Wochen umschalten auf Ausdauer-Training zur Verbesserung der aeroben Kapazität.

Die Rennbeteiligung wird mit dem Training gleichgeschaltet. Zum Ende dieser Etappe kann die Rennbeteiligung ausgebaut werden. Zum Beispiel kann an Stelle des intensiven Ausdauer-Trainings die spezielle Kondition auch mit der Teilnahme an einem Etappen-Rennen verbessert werden. Voraussetzung für eine zielgerichtete Leistungssteigerung ist dabei eine solide Grundkondition.

2. Etappe: Aufbau der speziellen Kondition (disziplinspezifisch) – Dauer vier bis sechs Wochen (Etappe der Vorbereitung auf regionale oder nationale Meisterschaften). Während dieser Etappe ergeben sich erstmals größere Unterschiede in der Vorbereitung (Umfang, Intensität und Wettkampfbeteiligung) zwischen Straßen- und Bahnfahrern (siehe IX. Disziplinspezifisches Training). Der methodische Aufbau beider Gruppen bleibt jedoch gleich.

Straßenfahrer: In den ersten beiden Wochen wird der Trainingsumfang erweitert. Die Inhalte sind vornehmlich Ausdauer-Training zur Technik- und Willensbildung. Danach folgen bis zu drei Wochen Ausdauer-Training zur Verbesserung der aeroben Kapazität.

In dieser Phase kann erhöhte Rennbeteiligung oder Teilnahme an Etappen-Rennen das intensive Training teilweise ablösen.

Die Etappe endet mit einer Stabilisierungsphase vor dem angestrebten Hauptwettkampf (siehe hierzu 3.8 Training der direkten Wettkampfvorbereitung).

Bahnfahrer: Dieser wechselt die Trainingsformen in den beiden ersten Wochen zwischen Ausdauer-Training zur Technik- und Willensschulung und Ausdauer zur Verbesserung der aeroben Kapazität.

Eine Anhebung der Grundkondition kann durch eine vermehrte Beteiligung an Mannschaftsrennen oder Kriterien zusätzlich erzielt werden. Je kürzer die spätere Hauptdisziplin ist, um so intensiver wird das Training dieser Etappe.

Nach den ersten beiden Wochen folgt eine mindestens dreiwöchige Phase zur Verbesserung der speziellen Kondition. Das Training verlagert sich dabei auf der Straße zu Ausdauer als Regenerationsmaßnahme an Tagen, wo zusätzlich auf der Bahn trainiert wird. An den weiteren Trainingstagen (ohne Bahntraining) dagegen Ausdauer- und Schnelligkeitsformen zur Verbeserung der aeroben Kapazität.

Auf der Bahn verlagern sich Inhalte auf Distanzausschnitte im Renntempo in verschiedensten Variationen. Auch hier muß das Training vor dem Hauptwettkampf entsprechend reduziert werden (siehe 3.8).

3. Etappe: Entwicklung der Top-Form bei Spitzenathleten bzw. Erhaltung der hohen Form aus der 2. Etappe – Dauer bis zum Saisonende bzw. bis zum internationalen Hauptwettkampf.

Auch dieser Etappe muß mindestens eine zweiwöchige Festigungsphase vorgeschaltet sein. Liegt das Hauptwettkampfziel sehr spät, kann diese Festigungsphase auf drei bis vier Wochen ausgedehnt werden.

Athleten, die sich auf Weltmeisterschaften vorbereiten, entwickeln ihr Training entsprechend den Inhalten der 2. Etappe weiter. Als Steigerung zur Erlangung der Top-Form sollte hierbei das Gruppentraining verstärkt einsetzen. Dort kann im hohen Geschwindigkeitsbereich länger gefahren werden. Beim Straßenfahrer können Etappenrennen wichtige Mittel zur Steigerung dieser Form sein. Allerdings schleichen sich dabei oft Schwächen im Heimtraining dieser Athleten ein, da deren psychische Belastung bei Rundfahrten nicht ohne Einfluß auf das Heimtraining bleibt.

Athleten, welche sich nicht auf Trainingsgruppen in dieser Phase stützen können, müssen zumindest nach derselben Methode wie in der 2. Etappe aufbauen. Das intensive Training läßt sich allerdings leichter durchführen, wenn von diesem Athleten noch einmal bestimmte Leistungsziele angestrebt werden. Fehlen solche Ziele, ist ein Leistungsabfall nicht zu vermeiden, da dann auch das Training zumindest in der Qualität nachläßt. Ein solches Nachlassen hat wiederum negative Auswirkungen auf einen langfristigen Leistungsaufbau, da das Leistungsniveau zu Saisonende mitbestimmend für die Leistung des folgenden Jahres wird.

Die letzten Wochen der Saison sollten noch einmal zu intensiver Rennbeteiligung ohne Rücksicht auf gewollte Konditionshöhepunkte genutzt werden. Der Spitzenfahrer muß dabei seine „Ernte" einfahren, also ständig in den Preisen sein. Der nach oben Strebende dagegen soll diese Rennen zu einer letztmaligen Leistungssteigerung nutzen, um für das folgende Jahr eine günstigere Ausgangsbasis zu haben.

3.3 Einzel- und Gruppentraining

Anwendungsmöglichkeiten während verschiedener Trainings-Phasen

Das Training des Radsportlers ist vom Grundprinzip her keinen besonderen äußeren Einschränkungen, wie vorgeschriebene Trainingszeiten auf dem Platz oder in der Halle, ausgesetzt. Dies hat den Vorteil, daß ein Rennsportler überwiegend selbst bestimmen kann, wann, wo und wie er trainieren will. Er benötigt ausschließlich seine Rennmaschine und die Straße.

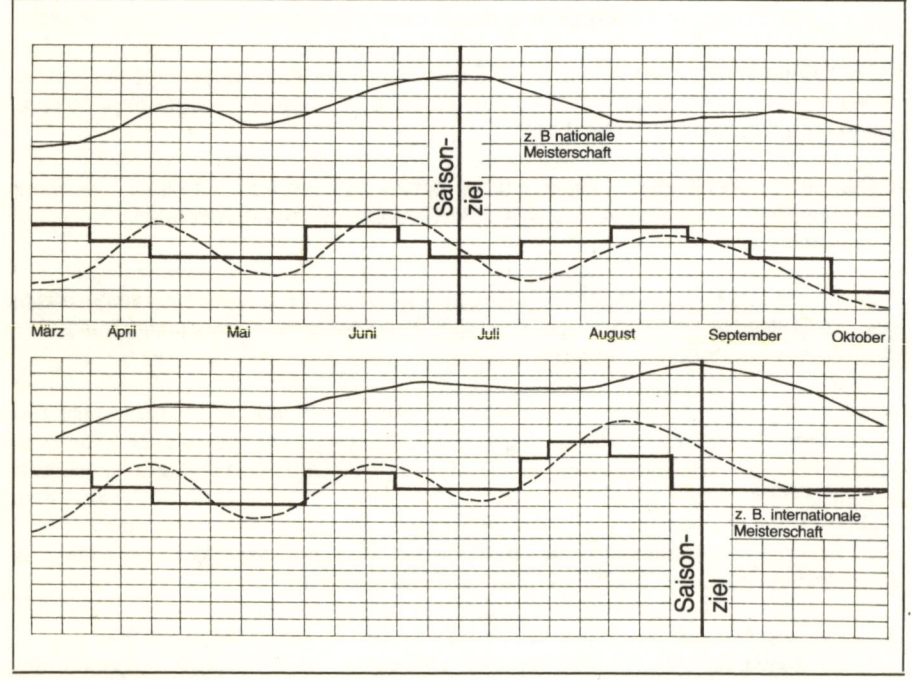

Trainingsperioden:
Schematische Darstellung eines Trainingsplanes mit unterschiedlichen Konditionshöhepunkten.
Durchgezeichnete Linie zeigt den angenommenen Konditionsverlauf – Kastenform/ Trainingsumfang – gestrichelt/Intensität. Auf der Abbildung wird nicht die genaue Menge, sondern die Verteilung des Trainings in Umfang und Intensität gezeigt.

212

Der Anfänger muß Anschlüsse an Gruppen (Vereine) suchen, um dort im gemeinsamen Training mit Gleichgesinnten technische, taktische und konditionelle Fähigkeiten zu erarbeiten und zu verbessern. Das Gruppentraining gibt dem Anfänger zusätzlichen Halt. Vor allem in Phasen instabiler Leistungsfähigkeit (häufig bei einsetzendem regelmäßigem Training zu beobachten) ist für ihn der Antrieb durch Gleichgesinnte und die Anerkennung durch die Gruppe besonders wichtig.

Schwankende Leistungsfähigkeit hat gleichzeitig eine schwankende Trainingsmoral zur Folge. Hier bietet das Gruppentraining einen Anhaltspunkt, in dem sich ein Sportler moralisch einigermaßen verpflichtet fühlt, vor allem dann, wenn ein Trainer oder Trainingspartner auf ihn wartet. Später, wenn er einmal seine Leistungen etwas stabilisiert hat, ist er nicht mehr so stark auf das Gruppentraining als Motivationshilfe angewiesen.

Im Bereich des Jugend- und Nachwuchstrainings bekommt das Training in kleineren Gruppen große Bedeutung, denn der junge Sportler sucht gleichzeitig Kontakt zu Gleichgesinnten und will mit ihnen gemeinsam Wettbewerbe bestreiten. Deshalb sind vor allem in diesen Altersgruppen Mannschaftswettbewerbe besonders beliebt. Erst mit zunehmender Leistungsstärke und mit dem Aufstieg in andere Alters- und Leistungsklassen nimmt der enge Kontakt zur Gruppe ab, ohne aufgelöst zu werden. Besonders der zur Leistung motivierte Athlet merkt, daß er neben dem gemeinsamen Gruppentraining außerdem in großem Umfang allein trainieren muß, will er sich durchsetzen und behaupten.

Für einen Spitzen-Athleten bekommen Einzel- und Gruppentraining eine besondere Wertigkeit: Im Einzeltraining muß er sich seine konditionellen Grundlagen erarbeiten. Vor allem in der Vorbereitungsphase muß er bis auf wenige Ausnahmen den größten Teil im Einzeltraining absolvieren, um sich in Ruhe und nach eigenem Ermessen (Tempowahl) die notwendigen Grundlagen zu entwickeln und zu stabilisieren. Dieses Einzeltraining erfolgt vornehmlich im Ausdauer-Bereich (Grundlagen-Ausdauer). Gruppentraining dient in solchen Phasen eher der Auflockerung und der technischen Schulung. In der Regel wird dabei zu früh zu schnell gefahren, welches zwar zu einer guten Frühform verhelfen kann. In Wirklichkeit aber bleibt dabei das Basis-Training zu sehr zurück. Bei jüngeren Athleten kann ein zu frühes und zu schnelles Fahren sehr schnell zu technischen Unsauberkeiten führen, was die Leistungsentwicklung während der Saison entscheidend beeinträchtigt.

Auch während der Saison kann die beste Konditionssteuerung in Alleinfahrten erfolgen, da der erfahrene Athlet über seine augenblicklichen Fähigkeiten am besten Bescheid weiß und sein Trainingstempo und Trainingsprogramm auf diese Art am günstigsten einteilen kann.

Einzel-Training erfordert jedoch enorme Willenskraft und -bereitschaft, die nicht jeder Athlet mitbringt. Nur Athleten, die zur Spitze wollen und die auf dem Höhepunkt ihrer Leistungsfähigkeit stehen, macht es offensichtlich wenig aus, allein zu trainieren.

Trotz vieler Vorteile des Einzeltrainings darf jedoch das Gruppentraining nicht außer acht gelassen werden. Besonders in Phasen intensiver Trainingsarbeit ist ein Athlet auf

213

Gruppentraining angewiesen, denn nur dort kann er auch längere Phasen im Bereich des maximalen Renntempos fahren. Besonders in Endphasen des Trainings vor Meisterschaften kommt ein Spitzenfahrer ohne Gruppentraining nicht aus.

Training unter Anleitung

Ein Votum für einen hohen Anteil des Leistungstrainings als Einzeltraining schließt nicht aus, grundsätzlich ohne Trainingsanleitung oder allein zu trainieren. Gerade beim Einzeltraining ist es oft besonders wichtig, wenn hart trainiert wird, einen Trainer oder Betreuer dabei zu haben. Intensive Trainingsformen, besonders im maximalen Geschwindigkeitsbereich, führen sehr schnell zu einem Absinken der Leistungsfähigkeit und gleichzeitig der Trainingsmoral und somit oftmals zu vorzeitigem Abbruch des vorgesehenen Programms. Die Anwesenheit eines Trainers bringt dagegen soviel Auftrieb – allein um diesen nicht zu enttäuschen –, daß trotz nachlassender Moral intensiv weitertrainiert wird.

Einzel-Training muß nicht bedeuten, daß der Fahrer allein trainiert. Hier kann gut mit einer größeren Gruppe gearbeitet werden. Dabei absolvieren die Fahrer ihr Trainingsprogramm in Alleinfahrten.

Leistungstraining ausschließlich in Gruppen führt längerfristig zu einem Absinken der speziellen Form eines Athleten. Die Willenseigenschaften zu Alleinfahrten gehen mit zunehmender Dauer immer mehr verloren (auch in Wettbewerben).

3.4 Wiederherstellung (Regeneration) im Trainingsprozeß

Die Wettkampfleistung eines Athleten ist abhängig von dessen Trainingsleistungen (Umfang und Intensität). Der Trainingsumfang hat dabei zwar eine wichtige Bedeutung, doch muß der Trainingsinhalt, sowie die Steuerung der Wettkampfteilnahme berücksichtigt werden. Dabei ist weniger entscheidend, ob ein Erwachsener eine jährliche Kilometer-Leistung von 25 000 oder „nur" 15 000 hat. Vielmehr müssen Inhalte des Trainings und auch die notwendigen Zeiträume für Erholungspausen stimmen. Viele Rennfahrer bringen es im Jahrestraining auf enorme Kilometer-Leistungen, doch bleibt dabei meist die zur Leistungssteigerung erforderliche Steigerung der Trainingsintensität auf der Strecke.

Im Trainingsprozeß muß intensive Belastung und Entspannung (hier lockeres Rollen) in einem angemessenen Verhältnis zueinander stehen. Nur wer in der Lage ist, auch im Training ab und zu an die eigenen Leistungsgrenzen zu gehen, ist auch in der Lage, langsam zu fahren und sich dabei zu regenerieren. Es gibt allerdings auch sogenannte „Trainingsweltmeister", die nicht nur einen hohen Trainingsumfang anstreben, sondern gleichzeitig jedes Training zu einem internen Wettkampf (gegen Partner) umfunktionieren. Dieser Fahrertyp hat jedoch meist das Problem, relativ nervenschwach zu sein; vor allem bei wichtigen Wettkämpfen.

Trainingsumfang, -intensität und notwendige Ruhetage müssen in einem angemesse-nen Verhältnis zueinander stehen. Genaue Richtlinien gibt es hierfür nicht. Diese müssen durch Eigenbeobachtungen und Erfahrung selbst gefunden werden.

Als Basis-Wissen können für die einzelnen Trainings-Perioden folgende Grundsätze berücksichtigt werden:

Training in der Vorbereitungsperiode: Hier braucht keine Rücksicht auf evtl. Wettkämpfe genommen werden. Das Training kann in unterschiedlich lange Blöcke (Mikrozyklen) während der einzelnen Phasen aufgebaut werden. Die Dauer soll dabei ständig zwi-schen drei bis zu zehn Tagen variieren. Nach einem solchen Mikrozyklus muß minde-stens ein Ruhetag (völlig ohne Training) zwischengeschaltet werden. Je länger ein Mikrozyklus dauert, um so länger sollte auch die anschließende Regenerationsphase sein (maximal zwei bis drei Tage). Ab dem Augenblick, wo intensiv trainiert wird (zum Ende der Vorbereitungs-Periode), müssen auch Unterschiede zwischen den einzelnen Trainingseinheiten (TE) gemacht werden. Dabei genügt es, während der Phase der Grundlagen-Ausdauer-Schulung ständig die Distanzen zu variieren.

Bei hartem Training in hohen Drehzahlbereichen können die Distanzen gleich bleiben und nur die Intensität (Wiederholungshäufigkeit und -dauer) wechseln.

An Tagen, wo am Abend zusätzlich Konditionstraining (Halle) betrieben wird, sollte auf dem Rad nur Ausdauer-Training als Regenerationsmaßnahme auf dem Programm stehen.

3.5 Training während der Saison

Während der Saison wird das Training durch die laufenden Wettkämpfe auf einen gewissen, wöchentlich wiederkehrenden Rhythmus fixiert. Dabei kann bei nur einem Wettbewerb am Wochenende von folgendem Trainingsmuster ausgegangen werden:

Montag – Ruhetag bzw. Wiederherstellungstraining (Spazierenfahren)

Dienstag, Mittwoch, Donnerstag – Trainingstage bei entsprechender Intensität und Distanzen entsprechend den Erfordernissen der jeweiligen Trainingsphase.

Freitag – Ruhetag bzw. Spazierenfahren

Samstag – Vorwettkampftag – locker rollen mit kurzem, intensivem Anpassungstraining auf den folgenden Wettkampf.

In Phasen mit intensivem Trainingscharakter (Endphase) kann das Training auch auf die sogenannten Ruhe- oder Regenerationstage ausgedehnt werden, so daß praktisch keine Erholungspausen zwischen Training und Wettkampf entstehen. Aber auch dabei darf eine Zeit von max. 10–12 Tagen intensiven bzw. andauernden Trainings nicht über-schritten werden.

Werden laufend am Wochenende zwei oder mehr Rennen gefahren, muß eindeutig der Trainingsprozeß eingeschränkt werden. Dies wiederum führt zu einer Stagnation der Leistung. Günstiger ist es, phasenweise Wettkämpfe zu steigern, um danach wiederum zu einer Einschränkung zurückzukehren. Selbst Fahrer, die sich mittels Rundfahrten oder Rennserien in eine bessere Form bringen, können nicht auf ein angemessenes Verhältnis zwischen Wettkampf, Trainings-Umfang und Trainings-Intensität verzichten.

Ein Rennfahrer kann seine spezielle Form bei Rundfahrten nur steigern, wenn seine konditionellen Grundlagen genügend ausgeprägt sind. Deshalb muß Rundfahrten jeweils ein gesteigertes bzw. intensiviertes Trainingsprogramm vorangehen – einschließlich einer Regenerationsphase zwischen Training und Wettkampf (2–3 Tage).

Im Nachwuchstraining (Junioren/Jugend) kommt einer angemessenen Regenerationsphase nach dem Training besondere Bedeutung zu. Jugendliche brauchen längere Pausen zwischen einzelnen, intensiven oder verlängerten Trainingseinheiten. Deshalb sind Etappenfahrten (zur direkten Konditionssteigerung) stets mit großem Risiko verbunden. Rennserien (im regionalen Bereich) mit jeweils zwischengeschobenen Ruhetagen wären in jedem Falle vorzuziehen.

Das Training eines Athleten muß grundsätzlich dessen beruflichen und schulischen Möglichkeiten angepaßt sein. Je mehr Zeit allerdings zur Verfügung steht, desto mehr ist ein Athlet gefährdet, sein Training zwar im Umfang auszudehnen, doch in der Intensität notgedrungen stark zu reduzieren. Vor allem in Phasen mit intensiven Trainings-Inhalten bieten sich hier zwei Trainingseinheiten/Tag geradezu an. Dabei kann eine TE der Grundlagen-Ausdauer (Regenerationstraining mit geringem intensivem Anteil) und die zweite TE der Schnelligkeits- oder Kraft-Ausdauer gewidmet werden. Speziell in der letzten Spezialisierungsphase vor wichtigen Hauptwettkämpfen kommt ein Rennfahrer nicht umhin, in zwei TE (mehrheitlich) zu trainieren. Der Bahnfahrer z. B. braucht in solchen Phasen zwei bis drei TE/Woche auf der Bahn und zusätzlich das entsprechende tägliche Straßentraining, das er anders gar nicht realisieren kann als mit täglich zwei TE. Für so manchen bedeutet dies, daß er vor der Arbeit die Ausdauer- und am Abend die intensive Trainingsschulung absolvieren muß. Um in einem solchen Fall eine Überforderung auszuschließen, muß dieses Training auf zwei Tage pro Woche beschränkt bleiben.

3.6 Aufwärmen am Wettkampftag

Das Aufwärmprogramm des Wettkampftages richtet sich vor allem auf eine Anpassung des Organismus und der Muskulatur. Zu diesem Zweck muß während einer kurzen Phase intensiv, am günstigsten mit reduzierter Übersetzung gefahren werden. Um den notwendigen Spannungszustand der Muskulatur wieder herzustellen, ist jeweils abschließend ein kurzer Antritt anzufügen.

Besonders bei längeren Straßenrennen oder bei Rennen an Regentagen wird das Aufwärmen vernächlässigt. Hier empfiehlt sich entsprechende Gymnastik. Als Beispiel sei erwähnt, daß sich die japanischen Profis zu den Keirin-Rennen grundsätzlich mittels gymnastischer Übungen auf diese Sprint-Rennen vorbereiten müssen, da sie vor dem

Aufwärmprogramme einzelner Disziplinen

Disziplin	aufwärmen auf	Trainingsphasen einrollen	intensiv	ausrollen	Gesamtdauer
Einzel Straße	Straße	10–15 min Übersetzung 68–74″	5–10 min 76–84″ eine Tempophase je kürzer die Distanz, um so intensiver	5–10 min	20–35 min
Vierer Straße	Straße	15–20 min 70–76″	10–15 min 74–78″ mehrere Tempos 300–1000 m gleichzeitig Vierer-Ablösungen	10–15 min	35–50 min
Kriterium Punktefahren usw.	Straße/Bahn	10–15 min	solo – 5–10 min mehrmals intensiv 300–600 m in Gruppen 10–15 min – Tempo steigern (Reihe)	5–10 min	20–35 min
4000 m Einzel und Vierer	Straße	10–20 min 68–74″	10–15 min 72–76″ – Tr. wie Vierer Straße 20 min in Reihe (Tempo steigern) abschl. 1× Antritt aus Stand	10–15 min	35–50 min
	Bahn	10–15 min alleine fahren		5–10 min	35–45 min
1000 m	Straße	15–20 min (solo) 68–72″	10–15 min (h. Schrittmacher) 2–3 Steigerungen, 1× erh. Übersetzung 1× Antritt aus Stand	10–15 min	35–50 min
	Bahn	10–15 min (solo)	10–15 min. h. Schrittmacher dabei 1× schnell, 1× Antritt	5–10 min	25–40 min
Sprint	Straße	20–25 min (solo) 68–72″	10–15 min mehrere Steigerungen 200–250 m + 1× Antritt	5–10 min	35–50 min
	Bahn	10–15 min (solo)	10–15 min in Reihe (locker) 2× 150 m Sprint mit red. Übersetzung 1× Antritt mit Rennübersetzung	5–10 min	25–40 min
Querfeldein	Straße/Gelände	10–15 min	anschl. mehrere Runden auf dem Kurs schwierige Passagen intensiv, sonst locker		40–50 min

Zwischen Aufwärmphase, Ende und Start, sollte grundsätzlich eine Zeitspanne von 20–40 min bestehen

Rennen die Bahn nicht befahren, ihre Räder wegen möglicher Defektgefahr nach der Kontrolle (vor Veranstaltungsbeginn) nicht mehr benutzen (kein Rollentraining) und außerdem aus wett-technischen Gründen ein bestimmtes Gebäude nicht verlassen dürfen.

Wärmt sich ein Fahrer vor dem Straßenrennen nicht auf, so muß das Aufwärmen in der Anfangsphase des Rennens stattfinden. Besteht von Anfang an hohes Tempo, so bekommt der nicht aufgewärmte Fahrer mit Sicherheit „dicke Beine", da bei ihm eine Mangelversorgung in der Muskulatur entsteht. Er muß zu viel anaerob arbeiten. Erst nach einiger Zeit, nachdem die Anpassung vollzogen ist, fühlt sich der Fahrer frei. Das Rennen kann aber bereits an ihm „vorbeigelaufen" sein, da er den „Absprung" mit einer wichtigen Gruppe verpaßt hat. Ein ähnlicher Moment des toten Punktes kann immer wieder im Verlauf eines Rennens auftreten, und zwar stets dann, wenn nach einer längeren Phase der Rennberuhigung ein neuerlicher Leistungsanstieg vom Fahrer verlangt wird (Beginn einer Jagd, Steigung etc.). Erfahrene Fahrer umgehen diese Gefahr des „toten Punktes", indem sie sich immer wieder an der Spitze des Feldes in das Renngeschehen einschalten (führen, Angriffe inszenieren usw.), um so ihren Organismus ständig spannungsbereit zu halten (s. Tab. Seite 217).

3.7 Das Training der direkten Wettkampfvorbereitung

Neben der längerfristigen Vorbereitung kommt auch dem Training in der direkten, kurzfristigen Wettkampfvorbereitung besondere Bedeutung zu. Unsachgemäßes Vorgehen z. B. vor einem wichtigen Hauptwettkampf kann u. U. die gesamte Trainingsvorbereitung, die auf diesen Wettkampf ausgerichtet war, zunichte machen.

Zu viel oder zu wenig Training bzw. Anpassung können bewirken, daß ein Fahrer nicht zu der erwarteten Leistung kommt. Wichtigster Faktor einer guten Wettkampfleistung ist die entsprechende Anpassung an die zu erbringenden Leistungen. Zu diesem Zweck bekommt bereits das Training am Vortag des Wettkampfes besondere Wichtigkeit. Dort muß die Muskulatur durch kurzes, intensives Training vorgedehnt werden, um am Wettkampftag so elastisch zu sein, daß das Aufwärmprogramm eine volle Leistungsentfaltung beim Wettbewerb ermöglicht. Wird am Vortag pausiert, befindet sich die Muskulatur am Wettkampftag in einem stark verkürzten Zustand und ist erst nach einer überlangen Aufwärmphase voll leistungsfähig.

Dies kann sich beim Straßenfahrer so ausdrücken, daß es bei ihm trotz Aufwärmarbeit in den ersten zwei Stunden überhaupt nicht „rollt". Beim Bahnfahrer kann ein solches Versäumnis verheerende Folgen haben, da dieser im Wettkampf einfach nicht „hart" (schnell) fahren kann – „es geht nicht". Bei Sprintern ist in einem solchen Fall zu beobachten, daß diese erst nach dem zweiten, meist erst nach dem dritten Lauf zu ihrer wirklichen Leistung kommen.

Jeder Rennfahrer muß beachten, daß er sich am Vortag vor einem Wettkampf entsprechend wirksam (1–1½ Std. Rollen, mit einer intensiven Phase von kurzer Dauer mit Rennübersetzungen) vorbereitet. Je kürzer der Wettkampf, um so intensiver muß dieses Programm gestaltet werden. Der Sprinter z. B. fährt zu Beginn mit kleinen Übersetzun-

218

gen und absolviert danach zwei bis drei Sprints mit diesen kleinen Übersetzungen. Anschließend macht er noch mindestens einen Antritt (ca. 120 m) mit der Rennübersetzung.

3.8 Wettkampfvorbereitung vor wichtigen Hauptwettkämpfen

Vor Hauptwettkämpfen (Meisterschaften) kann die spezielle Leistung zusätzlich durch ein genau dosiertes Training (in Verbindung mit einer sinnvollen Ernährung und Regeneration) zusätzlich gesteigert werden.

Voraussetzung dazu ist ein gutes, längerfristiges Vorbereitungsprogramm, bei dem die notwendigen konditionellen Grundlagen erarbeitet wurden. Diese direkte Wettkampfvorbereitung sollte vier bis fünf Tage, einschließlich des Wettkampftages als Minimum umfassen. Günstig ist, das vorangehende Training der letzten 10–12 Tage (letzter Wettkampftag etwa 6–8 Tage vorher) ebenfalls darauf auszurichten.

Training der letzten fünf Tage vor dem Hauptwettkampf

5. Tag: Letzter intensiver Trainingstag – Straßentraining bis Wettkampfdistanz oder -Dauer; Zeitfahren – intensive Tempohasen; diesem Traning können bereits mehrere Tage reduzierten Trainings vorangegangen sein.

4. Tag: Ruhetag – Entspannung – ggf. Spazierenfahren 1–2 Std.

3. Tag: wie Vortag.

2. Tag: Vorwettkampftag; Aufwärmprogramm während des Zeitpunktes des Wettkampfes am folgenden Tag – Aufwärmen, Einrollen, kurzes intensives Training (Startphase) – Ausrollen

Wettkampftag: Vorbereitungsprogramm; wenn Start am Nachmittag oder Abend zusätzlich am Vormittag bis 1½ Std. spazierenfahren; bei einem Start am frühen Vormittag sollte darauf geachtet werden, daß nach Möglichkeit der Fahrer mindestens drei Stunden vorher wach ist. Bei Starts um 6 Uhr gelten allerdings andere Regeln.

3.9 Auswahl von Trainingsstrecken

Eine der günstigsten Eigenschaften, die das Rad-Training bietet, ist die Ungebundenheit an bestimmte Sportanlagen (außer Bahn). Ein Rennfahrer kann somit gleichzeitig mit dem Taining auch eine gewisse Freiheit, sich ungebunden in der Natur zu bewegen, auskosten. Ein Rennfahrer allerdings, der seine speziellen Fähigkeiten verbessern will, muß sich hier allerdings etwas einschränken. Für bestimmte Trainingsprogramme ist es unerläßlich, daß diese auf standardisierten Strecken durchgeführt werden.

219

Rahmen-Trainingsplan

für einen durchschnittlich motivierten und begabten Radrennfahrer, der diese Leistungen ohne größeren Arbeitsausfall aufwenden kann. Die Zeiten bzw. km-Leistungen stellen Durchschnittsangaben dar.

Monat	Rad-Training						Konditions-Training			Std.	Wettkämpfe	
	TE/Monat	TE/Woche	Dauer je TE	Dauer Gesamt	km je TE	km je Monat	TE/Woche	TE/Monat	Dauer je TE	Monat	je Monat	Dauer
November	1–2	4–8	2.00	8–16	60	240– 480	2–3	8–12	1.30	12–18	–	–
Dezember	2–3	8–12	1.30	12–18	40	320– 480	2–3	8–12	2.00	16–32	3–4	4.30– 6.00
Januar	2–4	8–16	1.30	12–24	40	320– 640	3–4	12–16	1.30	18–24	2–3	3.00– 4.30
Februar	3–6	12–24	2.30	30–60	60	720–1440	2–3	8–12	1.30	12–18	–	–
März	4–7	16–28	2.30	40–70	75	1200–2100	1–2	4– 8	1.30	6–12	1–2	4.00– 8.00
April	4–6	16–24	2.30	40–60	75	1200–1800					4–5	16.00–20.00
Mai	4–6	16–24	3.00	48–72	75	1200–1800					6–8	18.00–24.00
Juni	5–8	20–32	2.00	40–64	60	1200–1920					5–6	20.00–24.00
Juli	5–8	20–32	2.00	40–64	60	1200–1920					5–6	15.00–18.00
August	4–6	16–24	3.00	48–72	80	1280–1920					6–8	18.00–24.00
September	4–6	16–24	2.00	32–48	60	960–1440					5–6	12.30–15.00
Oktober	1–3	4–12	2.00	8–24	50	200– 600	1–2	4– 8	1.00	4– 8	1–2	2.30– 5.00
Gesamt		156–260		348–592		10040–16540		44–68		68–112		113.30–148.30

Gesamt:
Trainingseinheiten (TE) = 200–328
Training 416–704 Stunden
Wettkampf und Training 520–850 Std.

Voraussetzungen zum speziellen Training (Schnelligkeits-Ausdauer, Kraft-A etc.) sind, daß der Sportler sein Trainingsterrain genau kennt. Er muß z. B. wissen, wie lange die Steigung ist, die er in hohem Tempo durchfahren will, um dementsprechend sein Tempo einzuteilen, daß er auch im letzten Teil der Steigung noch schnell fahren kann. Dasselbe gilt für Strecken auf der Ebene, wo Tempo-Teilstücke zwischen Ortschaften oder von Km-Stein zu Km-Stein eingebaut werden müssen. Günstig sind hierzu Strecken, die hin und zurück (bis 80 km) gefahren werden. Hier können auch die Windverhältnisse für den Rückweg Einfluß auf die Belastung der intensiven Phasen des Hinwegs haben. Rundkurse dagegen haben den Nachteil, daß Abkürzungen oder Verlängerungen jeweils nur im Rahmen des vorgegebenen Straßennetzes durchzuführen sind.

Auf Standard-Trainingsstrecken des Rennsportlers kann sich dieser im Laufe der Zeit Standard-Teilstrecken auf der Ebene und am Berg erarbeiten. Für ihn können diese Teilstrecken zum Maßstab einer selbstkritischen Leistungsbeurteilung werden, und zwar immer dann, wenn er diese mit maximalem Tempo und Standard-Übersetzungen durchfährt. An Steigungen kann die Leistung besonders gut eingeschätzt werden.

Kriterien sind dabei: Mit welchem Gang kann gefahren, kann im Sitzen oder muß auch im Stehen oder muß im Wechselrythmus gefahren werden? Natürlich spielt auch eine Rolle, was zuvor an Leistung erbracht wurde und welches Wetter herrscht. Der subjektive Eindruck über die Leistung beim Befahren solcher Teilstücke kann so weit sensibilisiert sein, daß eine Stoppuhr nicht mehr notwendig ist.

Aus diesen Eindrücken kann ein Radsportler seine augenblickliche körperliche Verfassung gut einschätzen. Ein Spitzensportler ist auf solche Beurteilungskriterien besonders angewiesen. Er kann anhand solcher Tests seine Strategien für folgende Wettbewerbe relativ sicher festlegen.

Neben solchen Standard-Strecken, auf denen der größte Teil des Spezial-Trainings absolviert wird, muß ein Sportler weitere Trainingsstrecken heraussuchen, die vor allem in der Vorbereitungsphase beim reinen Ausdauer-Training oder während Festigungs-Phasen zur Anwendung kommen. Solche Strecken sollen nicht zu schwer und auch nicht zu leicht sein (außer Strecken für Regenerationstraining).

Diese Art von Strecken sind deshalb notwendig, weil zum Dauer-Training aus psychischen Gründen abwechslungsreiches, hügeliges Gelände günstiger auf die Trainingsmoral wirkt. Ein guter Rennfahrer muß auch bei schlechtem Wetter trainieren. Er kann sich in einem solchen Fall das Training erleichtern, indem er in der Nähe seiner Wohnung auf abgelegenen Straßen durch Hin- und Zurückfahren dieses absolviert und gleichzeitig die Möglichkeit hat, vorzeitig abzubrechen, um nach Ableistung des vorgesehenen Programms relativ schnell zu Hause zu sein. Wichtig ist dabei, daß sich jeder Sportler ein festes Programm, unterteilt in einzelne Tempowiederholungen des Schnelligkeits-Ausdauer oder Kraft-A-Trainings, vornimmt. Ohne ein solches hat er bereits nach wenigen Minuten keine Kampfmoral mehr. Das Trainingsprogramm kann dabei sowohl auf Flachstrecken, an oder über Berge/Kuppen durchgeführt werden. Jeweils eine Richtung wird dabei intensiv befahren, während die Rückfahrt der Regeneration dient. Während einzelner Serienpausen dagegen sollten längere Teilstücke gefahren werden.

Hometrainer:
Dieser dient für den Rennsportler als Hilfe, um sich warmzuhalten (bei Wettkämpfen).
Ebenso kann auf einem solchen Gerät sehr gut ein Technik-Training absolviert werden

3.10   Training mit technischen Hilfsmitteln

Wiederholungstraining fordert vom Sportler, der alleine trainiert, enorm viel Überwindung. Auf der anderen Seite ist es sehr effektiv. Für den Rennsportler gibt es verschiedene technische Hilfsmittel, um auch zu Hause bei schlechter Witterung nicht auf das Radfahren verzichten zu müssen. Es ist nicht jedermanns Sache, ständig auf einen bestimmten Punkt starren zu müssen, doch können diese Hilfmittel einem motivierten Athleten hilfreich sein.

Home-Trainer

Das bekannteste Gerät ist der Home-Trainer, der vor allem vom Bahnfahrer als „Warmhaltegerät" vor den Wettkämpfen auf der Bahn benützt wird. Generell kann auf ihm, da kein nennenswerter Widerstand vorhanden ist, keine Konditions-Arbeit geleistet werden (deshalb auch nicht zum direkten Aufwärmen geeignet). Auf ihm kann vielmehr Koordinationstraining (Tritt-Technik) betrieben werden. Vor allem im Winter wird als Ausgleich zum Konditionstraining, in der Halle oder im Gelände, anschließend durch Fahren auf dem Home-Trainer die Bewegungsökonomie der speziellen Tretbewegung erhalten.

222

Trainingsgeräte mit Widerstand (durch Bremsung)

Es gibt verschiedene Modelle: Grundsätzlich kann mit sämtlichen angebotenen Fabrikaten gut trainiert werden. Meines Erachtens bilden sie jedoch nur einen Schlecht-Wetter-Ersatz während der Saison, um bei geringer Bremsung Technik-Training durchführen zu können.

Im Winter sind solche Mittel zu einer gewissen Ausdauer- und Schnelligkeits-A-Schulung geeignet. Die Bremsung muß dabei jedoch relativ gering bleiben. Bei erhöhter Bremsung „rollt" es meist nicht mehr auf dem Gerät. Kraftaufwand und -einsatz weichen bei hohem Aufwand stark von der tatsächlichen Tretbewegung ab. Der Einsatz wird unökonomisch!

Während der Winter-Monate soll grundsätzlich die spezielle Kondition vorrangig durch Konditions-Training in anderen Sportarten und auf dem Rad nur mittels Ausdauer-Training geschult werden. Denn intensives Training auf einem speziellen Rad-Trainingsgerät bringt zwar eine gute Frühform, die aber andererseits auf einem wenig stabilen Fundament steht.

Trainingsgeräte können um so besser genutzt werden, je größer und schwerer die angebauten Schwungscheiben sind. Mit einem Ergometer (für med. Untersuchungen) kann sehr gut ein disziplinnahes Konditions-Training betrieben werden. Aber auch hier ist darauf zu achten, daß der Technik-Verlust in Grenzen gehalten wird. Grundsätzlich sollte längeres Ausdauer- und Schnelligkeits-A-Training auf diesem Gerät, wenn überhaupt, nur in geringem Umfang betrieben werden.

Generell kann mit diesen Hilfsmitteln nur sinnvoll trainiert werden, wenn sich der Sportler selbst trainiert oder ihm ein entsprechendes Trainingsprogramm vorgegeben wird.

Training vor dem Fernseher führt zu einem deutlichen Absinken der Trainings-Intensität, während Serientraining (Hilfsmittel Uhr) die Konzentration des Sportlers aufrecht erhält. Hierzu empfehlen sich kurze Serien intensiver Zeitabschnitte, denen entsprechend lange Erholungsphasen folgen: 3 × 5 × 1 Min. intensiv mit jeweils 1 Min. Pause zwischen den einzelnen Wiederholungen – Serienpausen jeweils 5–8 Min. Einschließlich Aufwärmen und Ausrollen ergibt sich somit schnell eine Trainingsdauer von mehr als 1 Stunde.

4. Übergangsperiode

Eine Wettkampfsaison mit intensiver Wettkampfteilnahme und Training führt automatisch zu einer gewissen Unlust. Für den Rennsportler bedeutet dies, daß er vor allem das ständige Training mehr als satt hat. Dabei kommt es durch die Summierung der Belastungen zu einer Schutzreaktion gegen Überbeanspruchung der Anpassungsmechanismen (31 Matwejew). Einer solchen Überbeanspruchung muß durch entsprechende Pausen (vor allem bei Heranwachsenden) oder andersartiges, Freude bereitendes, leichtes Bewegungstraining entgegengewirkt werden.

Diese Phase des Übergangs zwischen Wettkampf-Saison und neuerlichem Vorbereitungstraining soll demnach beim Erwachsenen der aktiven Erholung dienen, d. h. durch leichtes Bewegungstraining in Ausgleichssportarten, aber auch in anderer Umgebung (Urlaub), kann eine psychische und physische Regeneration erfolgen.

Gleichzeitig soll die Übergangsperiode dazu genutzt werden, etwaige Verletzungen durch entsprechende therapeutische Maßnahmen auszukurieren. Außerdem kann während dieser Phase günstig der turnusmäßige Besuch beim Zahnarzt und eine evtl. Tetanus-Auffrischung problemlos erfolgen. Sportler, die während der Saison unter besonders starkem Streß gestanden haben, indem sie sehr viel spezielles Training absolvieren mußten, können dabei ihre radsportichen Bedürfnisse erfüllen, indem sie in klimatisch günstiger Umgebung teilweise (sporadisch) neben einem leichten Bewegungstraining in Ausgleichssportarten zusätzlich lange Radtouren machen. Je mehr ein Sportler während der Übergangs-Periode Abstand von seiner speziellen Disziplin bekommt, um so mehr kann er sich erholen und neue Kräfte für die psychischen und physischen Belastungen der folgenden Vorbereitungs-Periode tanken.

Die Dauer der Übergangs-Periode richtet sich nach dem Alter, Entwicklungsstand und der vorangegangenen Intensität in Training und Wettkampf. Sie sollte zwischen 2–4 Wochen dauern.

Bei Erwachsenen empfiehlt sich fortlaufendes Training in geringem Umfang, aktives Bewegungstraining in Ausgleichssportarten (Gymnastik, Spiele, Wandern, leichtes Lauftraining, Schwimmen usw.). Jugendliche dagegen können ohne weiteres 3–4 Wochen fast völlig pausieren (sie haben meist noch Schulsport), ehe sie wieder mit dem Vorbereitungstraining beginnen.

VIII. Training und Wettkämpfe in verschiedenen Alters- und Entwicklungsstufen

Die Beteiligung an Wettkämpfen lehnt sich im Radsport stark an den Berufssport an. Dabei wird oftmals übersehen, daß ein heranwachsender Sportler ständiger körperlicher Veränderung ausgesetzt ist. Dieser Veränderung muß Training und Wettkampfeinsatz angepaßt sein. Ältere Athleten sind auf Grund ihrer körperlichen Reife leistungsstabiler. Sie können deshalb an vielen und bedeutend mehr Wettbewerben teilnehmen als Heranwachsende, ohne größere Leistungseinbußen zu erleiden. Wollen diese Athleten jedoch noch ein gewisses Leistungsoptimum erreichen, kommen auch sie an einem speziellen Vorbereitungstraining nicht vorbei. Ältere Athleten, vor allem allein Trainierende, haben meist nicht mehr die „Moral", ein solches Training auf sich zu nehmen. Sie weichen viel lieber auf eine häufige Wettkampfteilnahme aus, um sich dort ihre Form zu holen. Diesem Fahrerkreis gelingt es dabei sehr oft, sich mit einer solchen Vorbereitung in eine annehmbare Form zu bringen. Sie haben dabei den Vorteil der großen Erfahrung und können genau erkennen, was für sie gut ist. Junge, noch unerfahrene Athleten dagegen bleiben durch ihren Erfahrungsmangel nach relativ kurzer Zeit auf der Strecke. Sie bleiben vorzeitig auf einem bestimmten Leistungsniveau hängen, das weit unter ihrem möglichen Leistungsmaximum liegt.

Die körperliche Reifung ist etwa mit Erreichen des 22. Lebensjahres abgeschlossen. Folglich muß bis zu dieser Altersstufe das jährliche Vorbereitungsprogramm ständig entsprechend dem Reifezustand und vorangegangener Trainingsbelastungen neu angepaßt werden. Selbst innerhalb einzelner Jahrgangsklassen können die Trainingsinhalte teilweise voneinander abweichen.

Die Tabelle auf Seite 198 berücksichtigt nicht den Schülersport. Dies bedeutet, daß viele Wettkämpfe und ausschließlich spezielles Radtraining in diesen Klassen einem sinnvollen Leistungsaufbau zu einem Spitzensportler entgegenwirken.

Selbst eine Teilspezialisierung im Bereich der Junioren bleibt in der Tabelle noch unberücksichtigt. Hier allerdings zeigt die Erfahrung, daß bei Weltmeisterschaften erfolgreiche Junioren (vor allem in Zeit-Disziplinen Bahn und Straße) damit einen ersten erfolgreichen Schritt in den Hochleistungssport hinein getan haben und später auch in den Ergebnislisten von internationalen Hauptwettkämpfen bei Amateuren und Profis wieder auftauchen.

Im internationalen Radsport ist weiterhin zu beobachten, daß in Zeitfahr-Disziplinen (vor allem Straßen-Vierer) zunehmend Athleten eingesetzt werden, die zum Zeitpunkt ihres Einsatzes soeben das Höchstleistungsalter erreicht haben oder kurz davor stehen. Dies ist einerseits auf eine Verbesserung der Trainingsqualität in den Vorbereitungsetappen

(Jgd./Jun.) und zu einem großen Teil auf die noch unverbrauchten psychischen Fähigkeiten (vor allem für das Vorbereitungstraining) dieser jungen Athleten zurückzuführen. Jeder ältere Sportler denkt oft mit Wehmut an die Zeit zurück, wo er noch bedingungslos angriff und nicht ständig auf die „todsichere" Chance wartete. Deshalb müssen ältere Fahrer verstärkt in Disziplinen zum Einsatz kommen, wo vor allem der große Erfahrungsschatz zur Geltung kommen kann. Je mehr eine Disziplin von technisch/taktischen Vorgängen beherrscht wird (Einzel-Straße etc.), um so mehr dominieren erfahrene Athleten.

Gerade im Profi-Sport zeigt sich, daß auch Athleten, die altersmäßig jenseits der Zone der Stabilisierung liegen, in Wettbewerben mit Massenstart (Straße, Zweier-Mannschaft) vorn mitmischen. Bei den Amateuren hat diese Tatsache nur bedingt Gültigkeit, da bereits während der Stabilisierungsphase in der Regel der Sportler seine sportlichen Aktivitäten hinter seine beruflichen Anforderungen stellen muß.

Entwicklungsphasen in Schüler- und Jgd./Seniorensport (nach Zeller)

Phasenbezeichnung	Kalendarisches Alter (Jungen)	sportliche Klassen (Jungen)	Kalendarisches Alter (Mädchen)	sportliche Klassen (Mädchen)
Vorpubertäre Phase	6,6–12,0	Schüler C/B	6,0–10,6	Schülerinnen
1. pubertäre Phase	12,0–15,0	Schüler A/ Jugend	10,6–13,6	Schülerinnen
2. pubertäre Phase	15,0–18,0	Jugend/ Senioren	13,6–16,6	Schülerinnen/ Mädchen
Maturität	18,0 – älter	A/B/C-Klassen	16,6 – älter	Mädchen/ Frauen

1. Schüler-Training

Ziel der Vorbereitung eines Schüler-Rennsportlers muß vorrangig eine allgemeine Grundausbildung sein. Diese setzt sich zusammen aus:

Grundlagentraining Rennsport

Erlernen technischer Bewegungsabläufe auf dem Fahrrad bis zur vollkommenen Beherrschung des Sportgerätes (automatisiert)

Allgemein körperbildendes Training

Körperlich, konditionelle Vorbereitung des Bewegungsapparates auf spätere, höhere Belastungen (Knie, Lendenwirbelsäule). Diese für die weitere Zukunft des Sportlers wichtigen Komponenten im Vorbereitungstraining eines Schülers stehen dem persönlichen Erfolgsstreben vieler Schüler und deren Umfeld (Eltern, Verein etc.) gegenüber.

Schüler im Wettkampf

Generell muß betont werden, daß Grundlagen- und allgemein körperbildendes Training Vorrang vor allen weiteren Trainingsübungen haben müssen, wird eine längerfristige Beteiligung am Rennsport angestrebt.

Kein Kind kann jedoch auf ein gewisses Erfolgserlebnis verzichten. So ist es natürlich auch notwendig, daß mit diesem Kind möglichst in „spielerischer" Form auch Übungen zur Steigerung der speziellen Leistungsfähigkeit (Ausdauer- und Schnelligkeits-Ausdauer-Training) betrieben werden.

Es ist nicht wichtig, ob ein Kind Landes- oder gar nationaler Schülermeister wird, indem es wochenlang für diesen Wettbewerb speziell vorbereitet wird (durch entsprechendes Leistungstraining). Wichtiger ist hier vielmehr, bei fortlaufendem Trai-

BMX – Bicycle-„Moto"-Cross – Kinder erlernen mit diesem Fahrrad auf speziellen Strecken in spielerischer Form ihr Fahrrad zu beherrschen

ningsprozeß eine Standortbestimmung über die Leistungsfähigkeit des Kindes im Vergleich zu seinen Altersgenossen festzustellen. Eine spezielle (gezielte) Vorbereitung auf einen Hauptwettkampf sollte frühestens zum Ende der Jugendklasse bzw. bei den Junioren einsetzen (nicht zu verwechseln mit einer technischen Vorbereitung). Das Training des Schülers muß entsprechend seinen Wachstumsphasen aufgebaut und durchgeführt werden.

1.1 Vorpuberale Phase (bis 12 Jahre)

Hauptforderung:
Erlernen der technischen Bewegungsabläufe (Grundlagen), Grundformen der Gewandtheits- und Geschicklichkeitsschulung (mit und ohne Rennmaschine bzw. Geräten)

Ziel:
Beherrschung der Rennmaschine – Automatisation techn. Bewegungsabläufe

1.2 Erste puberale Phase (bis 15 Jahre)

Forderung:
Vervollkommnung der technischen Bewegungsabläufe. Gezielte allgemeine körperliche Vorbereitung.

Das in den Tabellen auf Seite 229 aufgeführte Jahrestrainingsprogramm in Umfang und Einteilung soll als Idealfall verstanden werden, welcher im günstigsten Fall erreicht werden kann. Zusätzlich wirkt sich positiv aus, wenn ein Kind während der radsportlichen Ausbildung auch in anderen Sportarten eine Grundausbildung erhält (Spiele oder Eislauf, Skilauf alpin oder nordisch).

Die Trainingsarbeit in einem Radsportverein soll folgende Kriterien erfüllen:
Das Programm muß vorrangig aus einer körperlich und technisch/taktischen Grundausbildung bestehen. Das durchgeführte Programm muß die Interessen (Motivation) der Schüler wecken bzw. aufrechterhalten.

Trainingsinhalte des Schüler-Trainings:
2–3 x je Woche Vereinstraining in der Halle und im Freien. Dabei durchlaufend über das gesamte Jahr einmal je Woche Ausgleichstraining (Gymnastik, Spiele, Ausgleichssportarten, Schwimmen).

Inhalte des speziellen Trainings mit der Rennmaschine:

Grundlagentraining

Erlernung, Festigung der einzelnen Bewegungsabläufe Tritt-Technik – Tempogefühl

Gruppenformen:
Verbesserung, Ausbildung der aeroben Fähigkeiten (Ausdauer-Schulung)

228

Spezielle Fähigkeiten: Taktische Verhaltensregeln (Grundformen) – spezielle Fähigkeiten für den Endkampf (Verbesserung der Grundschnelligkeit)

Allgemein körperbildendes Training: Gymnastik – Spiele – Hindernisbahn – Circuit-Training – Schwimmen – Ausgleichssport

Weitere Aktivitäten bzw. Freizeitangebote: Wanderfahrten – Zeltlager – Orientierungsfahrten/-Läufe usw.

Alter	Rad-Training in %	allg. Kond.-Tr. in %
bis 10	30–40	60–70
10–13	40–50	50–60
13–15	50–60	40–50

Anteile des Jahrestrainingsprogramms von Jugendlichen der entsprechenden Entwicklungsphasen

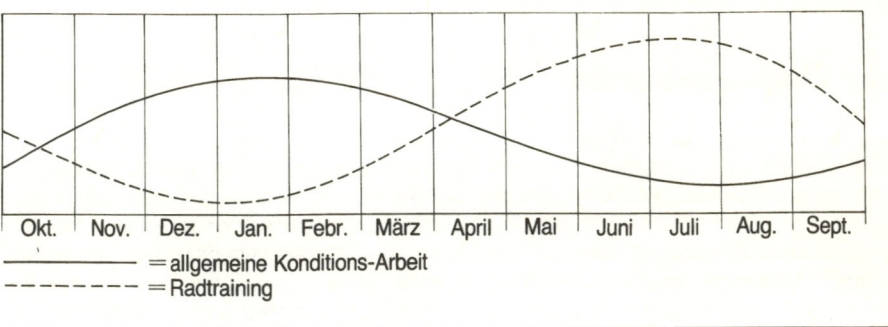

————— = allgemeine Konditions-Arbeit

– – – – – – – = Radtraining

Jahrestrainingsprogramm eines Schülers.

2. Jugend/Junioren-Training

Folgende Entwicklungsphasen fallen in die Bereiche des Jugend- und Junioren-Trainings:
1. pubertäre Phase – Etappe der Vorbereitung 12 – 15 Jahre = Schüler/Jugend
2. pubertäre Phase – Etappe des Aufbaus 15 – 18 Jahre = Jugend/Junioren

2.1 Periodisierter Trainings- und Wettkampfaufbau

Entsprechend dem Alter und Leistungsstand muß das Jahresprogramm unterschiedlich aufgebaut werden. Jede Altersgruppe braucht gewisse Saisonziele, die sich entsprechend dem Alter und Leistungsniveau unterscheiden.

Beispiele:

Jugend (1. Jahr)
Straße:
entsprechende Leistungen bei größeren Wettbewerben im Juli/August

Bahn:
erste Richtzeiten

Ziel dieser Ergebnisse soll sein, eine Standortbestimmung über die individuelle Leistungsfähigkeit bzw. weiteren Entwicklungsmöglichkeiten zu erhalten.

Jugend/Junioren
Straße:
besondere Leistungen während bestimmter Zeiträume (Häufung von guten Leistungen in Hauptwettkämpfen)

Bahn:
Verbesserung der Richtzeiten möglichst während der Hauptwettkämpfe.

2.2 Wettkampfaufbau

Unter dem Aspekt der offensiven Kampfführung und -schulung muß im Jugend- und Juniorensport eine sorgfältige Auswahl der Wettkämpfe erfolgen. Der Saisonbeginn kann durchaus schon Mitte März erfolgen, sofern die entsprechenden Veranstaltungen in der näheren heimatlichen Umgebung stattfinden. Grundsätzlich sollen in der Anfangsphase längere An- und Abreisen vermieden werden. Vor allem in der Jugendklasse ist es empfehlenswert, bei Saisonbeginn nicht sofort an jedem Wochenende Rennen zu fahren. Die wettkampffreien Wochenenden können zum Training (weitere Vorbereitung) und damit zum Ausmerzen kleinerer Schwächen genutzt werden. Diese sind in der Regel vor allem im Bereich der Langzeit-Ausdauer zu suchen.

2.3 Trainingsaufbau

Generell muß jeder junge Athlet seinen persönlichen, individuellen Vorbereitungsplan haben, der sich außerdem nach seinen schulischen/beruflichen Auslastungen richtet. Dabei kann der körperlich weniger Beanspruchte mehr und umfangreicher trainieren als der Athlet, der im Beruf starken körperlichen Belastungen ausgesetzt ist. Daraus entstehen Unterschiede in Dauer und Intensität der Trainings-Vorbereitung. Geringe Unterschiede sollte es dagegen in der Anzahl der Trainingshäufigkeit (TE) geben.

Grundvoraussetzung zur Leistungsentwicklung ist eine möglichst vollkommene (zumindest altersgemäße) Technik-Grundlage bei jedem Athleten. Ab dem Beginn der 2. puberalen Phase kann mit einem zielgerichteten Leistungstraining begonnen werden, sofern der junge Sportler sich schon längere Zeit einem allgemeinen konditionellen Grundlagentraining unterzogen hat.

2.4 Trainingsumfang während der einzelnen Perioden

Bei nachfolgenden Angaben handelt es sich um Richtwerte, die etwa die untere Grenze für einen zur Leistung motivierten Nachwuchssportler darstellen. Voraussetzung dafür ist allerdings, daß der betr. Sportler bereits ein bis zwei Jahre regelmäßig trainiert hat.

Jugend

Jahres-Anteile:	50–60% Rad-Training	
	40–50% Konditions-Training	
Jahres-Leistung:	∅ etwa 5–8000 km	

Vorbereitungs-Periode:	November–Januar	1 000 km
	Februar–März	1 500 km
Wettkampf-Periode:	April–Mai	1 300 km
	Juni–September	2 200 km
		6 000 km ∅ 240 Std.

Konditions-Training in Std.

Vorbereitungs-Periode:	November–Februar	90 Std.
	März	15 Std.
Wettkampf-Periode:	April–Mai	20 Std.
	September	10 Std.
Übergangs-Periode:	Oktober	10 Std.
		145 Std.

Grundsätzlich soll es keine Befreiung vom Schulsport geben (Ausnahme direkt vor Meisterschaften in der letzten Woche)

Junioren

Jahres-Anteile:	60–70% Rad-Training	
	30–40% Konditions-Training	
Jahres-Leistungen:	∅ etwa 10–13 000 km	

Vorbereitungs-Periode:	November–Januar	1 200 km
	Februar–März	2 500 km
Wettkampf-Periode:	April–Mai	2 400 km
	Juni–September	3 600 km
Übergangs-Periode:	Oktober	300 km
		10 000 km ∅ 400 Std.

Konditions-Training in Std.

Vorbereitungs-Periode:	November–Februar	90 Std.
	März	15 Std.
Wettkampf-Periode:	April	10 Std.
Übergangs-Periode:	Juni (Sprinter)	25 Std.
		105–140 Std.

IX. Frauen-Rennsport

Durch die Aufnahme des Frauen-Radsports (Straße) in das olympische Programm (ab 1984) findet dieser Bereich immer mehr Anhängerinnen.

Obwohl bereits 1958 die ersten Weltmeisterschaften auf Bahn (3000 m Verfolgung, Sprint) und Straße (Einzelrennen 50 – 60 km) ausgetragen wurden, führte der Frauen-Sport lange Zeit ein Schattendasein – vor allem weil entsprechende Teilnehmerfelder auf nationaler Ebene fehlten.

Den Damen, die diesen Sport ausübten, fehlte in vielen Fällen naturgemäß die notwendige technisch/taktische Grundlage, da sie meist erst sehr spät mit dem Radrennsport in Berührung kamen und außerdem durch kleine Teilnehmerfelder mit meist großem Leistungsgefälle kaum gefordert wurden.

In zunehmendem Maße beginnen nun junge Mädchen etwa zu gleicher Zeit wie ihre männlichen Altersgenossen mit dem Radsport, so daß diese automatisch einen fast identischen Lernprozeß wie ihre männlichen Kollegen mitmachen.

Die körperlichen Entwicklungsphasen der Mädchen, bzw. die Trainingsinhalte in den einzelnen Phasen, werden nach gleichen Prinzipien wie bei den Jungen aufgebaut. Einzig gibt es zwischen Mädchen- und Frauenklasse nicht den durch große Distanzen erschwerten Übergang wie bei Junioren und Amateuren. Dies hat bei den Frauen zur Folge, daß auch noch in der Mädchenklasse Startende bereits in der Frauenklasse erfolgreich sein können. Probleme kann es hierbei nur in einer gewissen psychischen Überlastung geben. Sichere Aussagen gibt es hierfür im Augenblick noch nicht.

Besonders in der vorpuberalen und der ersten puberalen Phase können Mädchen den gleichaltrigen Jungen um bis zu zwei Jahre in der Entwicklung voraus sein. In diesen Wachstumsphasen weisen außerdem die Mädchen noch ähnliche Gewichts- und Größenverhältnisse wie die Jungen auf. So kann es bei manchen Schüler-Wettbewerben beider Geschlechter geschehen, daß die Mädchen ihren männlichen Kollegen das Hinterrad zeigen. Mit zunehmender körperlicher Reifung bleibt die Leistungsfähigkeit der Frau im Radrennsport hinter der des Mannes zurück. Die Hauptursache liegt wohl darin, daß Frauen über weniger Muskelmasse verfügen und das Gewicht der Frau deutlich unter dem des Mannes liegt.

Training der Frau

Das Training der Frau unterscheidet sich im Grundsatz nicht von dem des Mannes. Auch die Frau muß als Voraussetzung ihr Sportgerät absolut beherrschen. Der einzige Unterschied zum Männertraining liegt darin, daß die Frau durch die geringeren Körperkräfte, vor allem bei Kraft-Ausdauer-Übungen, das Tempo nicht so lange halten kann wie der Mann.

Die Teilstreckenlänge darf demnach nur so lange sein, wie sie von der Frau in gleichbleibendem hohem Tempo, ohne Geschwindigkeitsverlust, durchfahren werden kann. Außerdem müssen die Übersetzungen gegenüber dem Mann reduziert werden. Auch hier gilt das Prinzip der optimalen Tretgeschwindigkeiten. Geringere Übersetzungen bewirken diese Anpassung.

Für den Straßen-Sport bedeutet dies, daß die Maximal-Übersetzungen bei etwa 52×15 (14 für Abfahrten) oder 50 × 14 liegen. Dies erfordert auch im Training etwas geringere Übersetzungen als beim Mann.

Die Übersetzungen auf der Bahn liegen ebenfalls tiefer:
Verfolgung:
86 – max. 90 Zoll (Holzbahn), wobei 49 × 15 einen günstigen Gang bilden würden.
Sprint:
max. 90 Zoll (46/47 × 14)

Frauen-Radrennen

Frauen können ohne weiteres mit Männergruppen mittrainieren. Sowie jedoch ein maximales Tempo eingeschlagen wird, sind sie kaum mehr in der Lage, voll mitzuführen und gleichzeitig das hohe Tempo zu halten. In einem solchen Fall sollten sie nur noch am Hinterrad bleiben. Dabei können sie gleichzeitig Technik/Taktik-Erfahrungen machen, die ihnen einmal bei hochklassig besetzten Wettbewerben weiterhelfen können.

Über die Regenerationsfähigkeit der Frau im Radsport liegen noch keine entsprechenden Aussagen vor. Es ist jedoch anzunehmen, daß Frauen nach harten, kraftraubenden Belastungen (vor allem im Schnelligkeits-Ausdauer- und Kraft-Ausdauer-Bereich) ähnlich lange und evtl. geringfügig längere Erholungspausen als ihre männlichen Altersgenossen benötigen.

Ähnliches gilt für Etappenrennen, in denen vor allem bei den jüngeren Teilnehmerinnen der Frauenklasse gleiche Grundsätze gelten wie für die Junioren.

Die Leistungssteigerung auf breiter Ebene führt vor allem bei internationalen Veranstaltungen dazu, daß auf der relativ kurzen 50-km-Distanz auf der Straße ein Frauen-Feld fast nicht mehr zu sprengen ist.

Hier sind die Frauen heute schon leistungsmäßig so weit, daß sie ohne weiteres Rennen bis 80 km Länge verkraften können.

Aus der Radtouristik ist ja zu sehen, daß Frauen, sofern sie ausschließlich im aeroben Bereich gefordert werden, ohne größere Schwierigkeiten dieselben Distanzen wie ihre männlichen Kollegen fahren können.

X. Radsport als Breitensport

In den vergangenen Jahren entwickelte sich aus einem Häuflein „verrückter" ehemaliger Radrennfahrer und deren Freunden eine imposante Breitensportbewegung. Jeder, der einmal von dem Genuß und dem Hochgefühl, mit erhöhter Geschwindigkeit durch die Lande zu fahren, genossen hat, kommt kaum mehr davon los.

Der Vorteil der sportlichen Betätigung auf einer Rennmaschine liegt vor allem darin, daß Verletzungen und organische Überlastung relativ selten auftreten. Durch geringe Bewegungsamplitude der Beine, welche nie zu einer vollständigen Streckung oder Beugung führt und durch die Möglichkeit, unterschiedliche Übersetzungen wählen zu können bzw. auch einmal die Maschine nur „rollen" zu lassen, bleibt das Verletzungsrisiko gering. Einzig Sitzbeschwerden können einem das Leben schwer machen. Diese gehen zwar nach einiger Zeit der Gewöhnung zurück, können jedoch bei unsachgemäßer Behandlung, falscher Rennhose (Faltenbildung) und bei zu früher Überbeanspruchung (zu lange Fahrten bei zu geringer Gewöhnung) ständig wiederkehren.

Trotz geringem Sportverletzungsrisiko ist das Radfahren nicht ganz ungefährlich. Vor allem Anfänger oder Leute, die jahrelang nicht mehr auf einem Fahrrad oder gar Rennrad gesessen haben, sind in der Anfangsphase ihres Trainings gefährdet.

Freizeit-Sportler während der Bezwingung eines Passes

Was einem Mofa-Fahrer recht ist, muß einem Rennsportler, der weitaus schneller fahren kann, billig sein. Dem Anfängerkreis muß deshalb dringend angeraten werden, zuerst in einer intensiven Schulung im Selbsttraining die Grundlagenformen zu erlernen, um die notwendige Sicherheit so schnell als möglich zu entwickeln.

Zugegeben, viele motorisierte Verkehrsteilnehmer betrachten einen Radsportler oder gar eine Gruppe von Radsportlern als lästiges Hindernis und benehmen sich entsprechend, doch ist es meist der technischen Unfähigkeit des Radsportlers zuzuschreiben, wenn es tatsächlich einmal zu einem Unfall kommt. Anfänger sollten sich deshalb nicht scheuen, einen Schutzhelm zu tragen (keinen Sturzring). Bei Gruppenfahrten ist es sowieso günstiger und sicherer, einen solchen Kopfschutz zu tragen.

Das weitere Verletzungsrisiko ist zwar gering, doch kann es gerade bei Gruppenfahrten vorkommen, daß Stürze, auch von mehreren gleichzeitig, auftreten können. Hautabschürfungen sind in der Regel die Hauptverletzungen, die allerdings bei sachgemäßer Behandlung nach 8–10 Tagen abgeklungen sind. Zum Schutz der Hände können Bremshandschuhe getragen werden. Die Gefahr einer Überlastung des Kreislaufs ist nur bei wenig Trainierten und gleichzeitig besonders ehrgeizigen Sportlern vorhanden.

Die leicht laufende Rennmaschine kann besonders einen Anfänger zu übermäßigen Anstrengungen „verführen". Da es „leicht geht", wird unweigerlich mehr „drauf gedrückt". Schwierig wird's dann, wenn die Beinmuskulatur übersäuert und der Sportler

Auch in fortgeschrittenem Alter kann gerade mit der Rennmaschine das körperliche Fitneßtraining sehr günstig betrieben werden.

diese nicht mehr bewegen kann. Diese oder eine ähnliche Erfahrung muß wohl jeder machen, um zu erkennen, wo seine Grenzen sind. Gefährlich ist eine solche Situation noch lange nicht. Sie wird es erst, wenn der Sportler nach einer solchen Situation (nach Bergfahrten o. ä.) zu schnell anhält und vom Rad steigen will. Dann kann es zum gefährlichen Kollaps kommen.

Grundsätzlich sollte sich vor allem der weniger Trainierte bei jedem Training eine verlängerte Aufwärmphase und ebenso zum Abschluß eine ebenso lange Ausrollphase gönnen. Selbst ältere Rennsportler müssen sich vor einem Wettkampf weit länger aufwärmen (ebenso intensiver) als ihre jüngeren Kontrahenten, wollen sie von Anfang an voll leistungsfähig sein. Mit einem solch langen Aufwärmen wird eine entsprechende Anpassung an das Leistungstraining betrieben, so daß sich der Organismus auch ganz allmählich darauf einstellen kann. Ebenso beim Ausrollen.

Grundsätzlich sollten Anfänger, die keinen weiteren Leistungssport betreiben, erst einmal einige tausend Kilometer im Ausdauer-Tempo (aerob) fahren, ehe sie an ein intensiveres Leistungstraining denken. Erst wenn sie über eine gute Technik verfügen – und dies dauert seine Zeit – können sie versuchen, allmählich ihre individuelle Leistungsfähigkeit zu verbessern. Vorrangig sollte ein Anfänger versuchen, immer längere Distanzen bei relativ geringen Drehzahlen fahren zu können. Die Übersetzungen können dabei durchaus weit über den Trainings-Übersetzungen der Rennfahrer liegen. Ein Anfänger kann die kleinen Übersetzungen der Rennfahrer nicht rational und optimal nutzen, da er in der Regel nur über eine geringe Drehfähigkeit verfügt bzw. nicht lange mit erhöhten Umdrehungen fahren kann. Der Anfänger kann mit den Trainingsüberset-

zungen der Rennfahrer zu wenig Druck auf die Pedale bringen und somit wird seine Fahrt instabil (wackeln). Durch eine erhöhte Übersetzung dagegen (ca. 52 × 17) bekommt auch der Anfänger einen gewissen Druck auf die Pedale (Fahrt auf der Ebene) und kann somit einen stabileren Fahrverlauf entwickeln.

Natürlich müssen an (vor) Steigungen die entsprechenden Berg-Übersetzungen eingelegt werden. Jeder Anfänger wird wohl dann und wann aus mangelnder Erfahrung und falscher (zu hoher) Gangwahl in die Verlegenheit kommen, absteigen zu müssen, weil nichts mehr geht. Dieses kann umgangen werden, indem sofort nach der Erkenntnis, den falschen Gang gewählt zu haben, auf der Straße gewendet wird (vorher vergewissern ob frei). Bei der folgenden Talfahrt kann dann der richtige Gang eingelegt werden.

Erst danach wieder wenden und die Bergfahrt fortsetzen. Auf stark frequentierten Straßen sollte in einem solchen Fall der „Unsicherheit der richtigen Gangwahl" lieber eine zu leichte Übersetzung, möglichst so lange die Maschine noch „rollt", eingelegt werden. Mit zunehmender Sicherheit und Kondition kann ein Leistungstraining in Angriff genommen werden. Gerade Herz- und Kreislauf können besonders günstig, ohne Überlastung der Sehnen, Bänder und Gelenke, trainiert werden, wenn mit leichteren Übersetzungen und hohen Drehzahlen gefahren werden kann. Druck sollte aber auch dabei noch auf die Pedale gebracht werden können. Ins Leere zu treten bzw. zu geringer Druck auf dem Pedal, bringt keinen nennenswerten Trainingsreiz. Die Trainingsformen können ähnlich dem Training des Rennsportlers gewählt werden.

Sowie sich ein Sportler eine gewisse Sicherheit im Umgang mit seiner Maschine angeeignet hat, kann er am Gruppentraining teilnehmen, auch wenn er dabei noch Probleme hat. Nur durch ständiges Üben wird automatisch die Technik und Taktik verbessert. Das Lehrbuch gibt hierzu zwar Hilfestellung, doch „erfühlen" muß dies jeder selbst.

Erst bei Gruppenfahrten, wo annähernd ein einheitlicher Tempoverlauf besteht, wird das „radeln" zu einem echten Genuß. Wer dann natürlich bereits mit kleinen Übersetzungen und hohen Drehzahlen seinen Kreislauf angepaßt und etwas für die „Luft" getan hat, kann diesen Genuß besonders auskosten. Nur bei längeren Touren (auch bei Gruppenfahrten) gilt ein anderer Grundsatz. Dort kommt es darauf an, so ökonomisch als möglich zu fahren, um am Ende der Tour noch so fit und reaktionsschnell zu sein, gefahrlos anzukommen.

Bei gleichmäßigem und etwas verringertem Tempo gegenüber dem Gruppentraining kann mit erhöhten Übersetzungen und somit geringeren Umdrehungszahlen sehr lange ökonomisch gefahren werden. Voraussetzung dazu ist:
Beherrschen der Gruppen-Fahrtechniken und angepaßtes Tempo an das Leistungsvermögen der Schwächsten. Leistungsfähige Fahrer führen dabei länger als andere. Dabei muß das Tempo stets gleichbleiben. Die Führungsdauer kann dagegen variieren.

Da ein Hobby-Radler nicht mehr unbedingt nach einer Kurve binnen kürzester Zeit auf sein optimales Tempo kommen muß, kann er seinen „dicken Gang" ruhig stehen lassen und nur allmählich und langsam beschleunigen. Für ihn ist es wichtig, möglichst gut die vorgesehenen Distanzen zu überwinden. Sinken aber auch bei einer solchen Fahrt die

Drehzahlen zu stark ab, wird ein übermäßig großer Kraftaufwand erforderlich, der zu vorzeitiger Erschöpfung führen kann. Als Grundregel gilt auch hier, daß die Umdrehungszahlen zwischen ca. 70–80 Umdrehungen liegen müssen.

Hobby-Radler, die viel fahren, sollten ihre Trainingsstrecken nach ähnlichen Überlegungen wie Rennfahrer auswählen. Auch hier genügt es, überwiegend flachere Strecken zu fahren (mit gelegentlichen Steigungen). Ständiges Fahren in schwierigem Gelände kann zwar annähernd das gewünschte Leistungstraining bringen, doch bleibt dabei die Technik auf der Strecke. Der Betreffende lernt kaum, richtig schnell und zügig zu fahren. Wie in jeder Sportart wird das Ganze erst zu einem wahren Genuß, wenn die entsprechende Technik beherrscht wird und man auch über längere Zeit und in Gruppen schnell fahren kann.

XI. Disziplinspezifisches Training sowie taktische Möglichkeiten in einzelnen Disziplinen

Mit der Kenntnis und Beherrschung der Grundlagenformen des Radrennsports, ebenso den technischen Grundlagen und Anforderungen der einzelnen Disziplinen, kann die Leistung eines Sportlers erheblich steigern. Sie läßt sich jedoch nur in zählbare Erfolge umwandeln, wenn weitere Faktoren berücksichtigt werden. Im Straßenrennsport gibt es eine Vielzahl von taktischen Möglichkeiten und Verhaltensweisen, die von einem erfahrenen Sportler zur Sicherung seines angestrebten Erfolges eingesetzt werden. In den Spezialdisziplinen gehören zusätzlich entsprechende Trainingsformen (wettkampfspezifisches Training) dazu, um die Leistungsfähigkeit des Sportlers auch völlig ausschöpfen zu können.

Trotz aller taktischen Möglichkeiten bleibt die reine Leistungsfähigkeit die Grundlage für den möglichen Erfolg. Im Radsport, wo sich mit zunehmenden Geschwindigkeiten die Technik und Taktik verändern, wird dies besonders deutlich. Rennverläufe werden aus Gründen unterschiedlicher körperlicher Leistungsfähigkeit von den Teilnehmern ebenso unterschiedlich beurteilt. Fahrer, die aus konditionellen Gründen im Feld gerade noch so mitkommen, haben von diesem Wettbewerb ein völlig anderes Bild als die Fahrer, die dank ihrer Leistungsstärke das Renngeschehen beeinflussen und bestimmen. Viele Sportler kommen aus diesem Grund selten in den Genuß, ein Radrennen von seiner schönsten Seite kennenzulernen, und zwar immer dann, wenn die Sinne ausschließlich auf das taktische Geschehen gerichtet sind und die weiteren technischen Handlungen automatisch ablaufen können.

Ein junger Rennsportler muß seine technischen Grundlagen und seine taktische Erfahrung auf breiter Ebene heranbilden. Eine Beteiligung an möglichst vielen Disziplinen steigert dabei den Erfahrungsgewinn. Auch im Höchstleistungsalter eines Rennfahrers ist es für diesen noch sinnvoll, sich aus Trainingsgründen an anderen Disziplinen zu beteiligen. Diese Teilnahme soll für ihn Training und nicht Wettkampf mit Erfolgszwang sein. Ein Straßenfahrer braucht ebenso Mannschaftsrennen auf der Bahn, wie der Bahnfahrer Kriterien, Straßen- und kürzere Etappenrennen. Beide Gruppen können bei diesen Wettbewerben die in ihren Disziplinen vernachlässigten Eigenschaften verbessern: Straßenfahrer ihre Grundschnelligkeit und den technischen Bewegungsablauf, und Bahnfahrer, vor allem Mannschaftsfahrer, ihr Stehvermögen.

Trotz einer solch breit gefächerten Vorbereitung muß sich der einzelne auf seine Spezialdisziplin sorgfältig vorbereiten. Sowie die Teilnahme an anderen Disziplinen zu stark bewertet wird und eine zu breitflächige Vorbereitung einsetzt, kommt automatisch die Konzentration auf die eigentliche Spezialdisziplin des Sportlers zu kurz.

Im Nachwuchsbereich bleibt bei allen Fahrern vorrangig die Zielsetzung, gute Leistungen im Straßensport anzustreben. Gleichzeitig soll in den weiteren Disziplinen eine technisch/taktische Grundausbildung erfolgen. Eine frühe Spezialisierung kann zwar gewisse Erfolge bringen, dies jedoch nur zu Lasten einer weiteren Leistungssteigerung, da das Leistungsfundament (Technik, allgemeine körperliche Ausbildung, Schulung besonderer Willenseigenschaften usw.) zu schwach ausgebildet ist.

Zwar umfaßt das spezielle Vorbereitungstraining auch bei Spitzensportlern nach Harre nur etwa 5 – 10% des Gesamtjahrestrainingsumfanges. Dies sind jedoch, gemessen an den Jahres-Kilometer-Leistungen, erhebliche Umfänge, denn spezielle Vorbereitung verlangt Trainingsformen im Höchstgeschwindigkeitsbereich. Diese Renn- oder Distanzausschnitte können demnach nur über deutlich verkürzte Distanzen bei körperlich maximalem Einsatz durchgeführt werden. Gleichzeitig sind anschließend verlängerte Pausen notwendig, in denen eine weitgehende Erholung möglich sein muß. Somit bilden ca. 1000 km Training, zusammengedrängt auf verhältnismäßig kurze Zeiträume, ein enorm großes Pensum, das viel Zeit in Anspruch nimmt.

Lösbar ist diese Forderung nur, wenn die dafür motivierten Sportler während solcher Trainingsphasen zweimal täglich trainieren, um sowohl Ausdauer-Grundlagen als auch spezielle Fähigkeiten entsprechend schulen zu können. Stehen die erforderlichen Trainingszeiten nicht zur Verfügung, muß zwangsweise das spezielle Vorbereitungstraining hinter dem allgemeinen Vorbereitungs-Training auf der Straße zurückstehen. Die z. B. notwendigen 3–4 Trainingstage/Woche auf der Bahn oder zum speziellen Mannschaftstraining auf der Straße während der letzten, speziellen Vorbereitung (ca. 4–6 Wochen) müssen zwangsweise auf 1–2 Trainingseinheiten/Woche reduziert werden.

In den Jugend- und Junioren-Klassen bleiben die Trainingsformen der Spezialdisziplinen grundsätzlich Beiwerk zum allgemeinen Grundlagentraining. Nur während der Ferien oder etwaiger Vorbereitung auf internationale Hauptwettkämpfe, kann das spezielle Training intensiviert werden. Bedeutend wichtiger bleibt das notwendige Grundlagentraining zum Erlernen der technischen Voraussetzungen für die einzelnen Disziplinen.

1. Straßenrennen

Die konditionellen Voraussetzungen für den Straßenfahrer können anhand der beschriebenen Trainingsformen ausgebildet, erhalten oder verbessert werden. Zum Erfolg im Straßensport ist aber auch neben den entsprechenden körperlichen Fähigkeiten ein entsprechendes Wissen um taktische Maßnahmen und um das Verhalten für ein längerfristig zu haltendes, hohes Leistungsniveau wichtig.

Natürlich können Rennen auch mit roher Kraft entschieden werden. Diese Kraft reicht jedoch in den seltensten Fällen für eine ganze Saison. Trotzdem müssen junge Fahrer kämpfen, angreifen – auch auf die Gefahr hin, das Rennen nicht ganz durchzustehen oder während der Saison einen vorzeitigen Leistungsabfall hinnehmen zu müssen. Nur durch einen solchen Einsatz lernen sie ihre Leistungsmöglichkeiten kennen und diese in der Folge einzuteilen. Sportler, die schon in jungen Jahren auf devensive Kampfführung eingestellt sind, können in der Folge schwerlich aus einer solchen Rolle heraus und sind somit auch selten genügend entwicklungsfähig.

Das taktische Wissen dagegen muß sich ein Sportler selbst aneignen. Er muß leistungsstarke Fahrer beobachten, mit Trainern und Freunden diskutieren, um bestimmte Verhaltensformen deuten und nachvollziehen zu können.

Hierzu einige Anregungen:
Hilfsmittel „Uhr" bei Straßenrennen: Bei mangelnder Streckenkenntnis kann anhand der Zeittabelle und den auf dem Plan gekennzeichneten Streckenschwierigkeiten der persönliche Einsatz entsprechend gesteuert werden.

Verhalten im Feld:
In einem großen Feld finden laufend Positionswechsel statt, da viele vielleicht nicht ganz vorne, wenigstens aber weit vorne fahren möchten. Ruhe gibt es eigentlich nur am Ende des Feldes.

Vor Schlüsselstellen muß eine Position im Vorderfeld verteidigt werden. Dagegen ist es in anderen Phasen wenig sinnvoll, diesen ständigen Kampf um die Position einzugehen. In einem solchen Fall ist es einfacher, sich allmählich zurückfallen zu lassen, um bei günstiger Gelegenheit (Verlangsamung des Feldes) durch einen „Antritt" gleich 20–30 Positionen gutzumachen. Voraussetzung dazu ist, daß sich der Fahrer traut, durch sich öffnende Lücken zu fahren. Oftmals ist dabei ein kurzer Zwischenspurt an der Außenseite des Feldes günstiger. Noch günstiger wird eine solche Aktion, wenn im Windschatten eines anderen mit nach vorne gefahren werden kann.

An der Spitze kann sich jeder leichter halten. Er darf sich nur nicht scheuen, selbst zu führen.

1.1 Führungsverhalten

Jeder Fahrer muß einschätzen lernen, wie stark und wie lange er in der augenblicklichen Situation führen muß. In der Regel genügt es, am ablösenden Vordermann vorbeizufahren und ebenfalls aus der Führung zu gehen (Kreisel). Danach allerdings muß der Mut aufgebracht werden, sich relativ weit ins Feld zurückfallen lassen zu können. Ängstliche und unerfahrene Fahrer machen dabei oft den Fehler, unbedingt vorne bleiben zu wollen. Sie reihen sich zu früh ein und verbrauchen unnütz einen Teil ihrer Kraft. Außerdem profitieren die erfahrenen Gegner davon, denn sie ersparen sich selbst dadurch die eine oder andere Führung.

1.2 Ausreißversuche

Hierzu gehören immer Zwei. Einmal der Ausreißende und zum anderen derjenige, welcher diesen Gegner fahren läßt (fahren lassen muß). Ausreißversuche sind grundsätzlich aus allen Positionen möglich. Ein Fahrer kann sowohl von der Spitze als auch aus Feldpositionen (sofern freie Bahn) wegfahren. Ebenso kann sich ein Fahrer allmählich wegschleichen oder durch einen starken Antritt binnen Sekunden viel Raum zwischen sich und die Gegner bringen. Am erfolgreichsten sind die Ausreißversuche, die so lange als möglich unerkannt bleiben oder nicht ernst genommen werden. Dies

Große Gruppen haben selten eine Chance, vom Felde wegzukommen. Auf diesem Foto von der Friedensfahrt ist deutlich zu erkennen, daß weitere Fahrer zum Angriff ansetzen.

kann man tun, indem man aus dem Sitzen antritt und beschleunigt. Besonders günstig ist dies, wenn die Konzentration des Fahrerfeldes auf andere Situationen gerichtet ist (u. a. wenn soeben andere Ausreißer eingeholt wurden).

Grundsätzlich finden sich die günstigsten Momente für Ausreißversuche dann, wenn die Konzentration bei der Mehrheit der Fahrer eingeschränkt ist, zum Beispiel nach einer längeren, kraftraubenden Steigung, nach einer Jagd, einem Sprint usw. Ausreißversuche sind außerdem relativ erfolgversprechend, wenn zum Zeitpunkt der Attacke Fahrer an der Spitze fahren, die nicht nachsetzen können oder wollen.

Wenig sinnvoll ist es, eine Attacke zu Beginn einer schwierigen Passage anzusetzen, sondern erst zum Ende oder noch besser, nachdem sich alles bereits beruhigt hat.

Ausreißer gibt es in der Regel dann, wenn es im Feld nicht „rollt". Will nun ein Fahrer oder wollen Fahrergruppen vereiteln, daß andere wegfahren, muß das Tempo entsprechend hoch und gleichmäßig bleiben.

Meist ist es jedoch sinnvoller, Attacken anderer mitzufahren bzw. zum eigenen Ausreißversuch zu nutzen. Hierfür muß entweder mit einem anderen Fahrer direkt oder aber erst nachgesetzt werden, nachdem der andere bereits längere Zeit vor dem Feld fährt.

Zwei Fahrer haben sich vom Feld gelöst

Vor allem junge Fahrer machen meist den Fehler, binnen kürzester Zeit dem Ausreißer nachsetzen zu wollen und animieren so weitere Fahrer zum Angriff. Jeder Ausreißer ist sicherlich froh, wenn er zusätzliche Mitstreiter bekommt, jedoch nur, wenn es sich um kleinere Gruppen handelt. Niemand sieht es gerne, wenn ein Verfolger das gesamte Feld mitbringt (am Hinterrad).

Grundsätze für einen möglichst erfolgreichen Versuch sind: Durch entsprechenden Antritt vom Felde wegfahren (mit erhöhter Übersetzung) und erst nach dem vollständigen Lösen und genügendem Abstand (20 – 30 Sek.) wieder auf den für das Terrain günstigen Gang zurückschalten. Fahrer, die nachsetzen wollen, sollten so lange warten, bis der Führende einen genügend großen Abstand zwischen sich und das Feld gebracht hat, ehe sie sich selbst vom Feld lösen und zum Ausreißer aufschließen. Sowie zu viele Fahrer einen solchen Versuch mitfahren, ist es besser, die eigene Attacke abzubrechen (Achtung, neuerliche Versuche sind möglich). Fahrer, die in einer Ausreißergruppe nicht führen wollen (vielleicht fährt ein „Freund" oder Mannschaftskollege noch weiter vorne mit) oder können, bleiben aus Fairneßgründen stets am Ende der Gruppe. Sie dürfen auf keinen Fall die Führungsarbeit behindern. Will einfach ein Teilnehmer der Gruppe nicht führen, so liegt es an der Entscheidung der weiteren Fahrer, in welchem Umfang sie sich selbst an der Führung beteiligen oder ob sich Führungsarbeit überhaupt lohnt.

1.3 Verhalten im Finale

Viele Fahrer verlieren das Rennen und die guten Leistungen auf der Strecke erst auf der Zielgeraden, weil ihnen die Mittel fehlen, sich gegen ihre Gegner durchzusetzen. Natürlich ist kaum mehr einer der Fahrer in allerbester körperlicher Verfassung. So gewinnt demnach auch nicht immer der Schnellste der Gruppe, sondern der Schnelle, der trotz fortgeschrittener Ermüdung noch einmal in der Lage ist, entsprechende Kräfte zu mobilisieren.

Grundvoraussetzung hierfür ist die entsprechende Willenskraft. Jeder, der lange schon vor dem Sprint seine Chancen sinken sieht, weil die Gegner vermeintlich schneller sind, hat den Kampf schon verloren. Dieser darf grundsätzlich nicht vor Erreichen des Zielstrichs aufgegeben werden!

Der Langsame muß entweder versuchen, kurz vor Beginn des Endsprints durch einen Überraschungsangriff die Gegner zu überraschen und vielleicht einen kleinen Vorsprung ins Ziel zu retten.

Kommt es zu einer Sprintentscheidung, so gewinnt meist der, welcher bei der Eröffnung des Sprints zum spätest möglichen Zeitpunkt (250–200 m vor dem Ziel) und trotzdem eine Idee früher als seine Gegner antritt. Je größer die Gruppe wird, um so weniger hat eine solche Taktik Erfolg, da durch das Nach-vorne-drängen aus hinteren Positionen der Sprint weit früher eingeleitet wird und somit in die Länge gezogen wird.

Sofern eine Gruppe noch überschaubar ist (bis zu 10 Fahrer), kann auch ein relativ schwacher Sprinter zumindest einen guten Platz belegen. Er braucht dazu den Mut, den Sprint selbst zu eröffnen und von der Spitze aus zu fahren.

Sprintsieg im Kampf zweier Ausreißer, und somit Weltmeister der Amateure bei der Weltmeisterschaft 1981 in Prag: Sieger Andrej Vedernikov/UdSSR.

Das Risiko, daß andere aus dem Windschatten vorbeifahren, ist dabei natürlich groß. Doch springt zumindest ein besserer Platz heraus, als wenn man sich schon im voraus geschlagen gibt.

Zum Verteidigen der Führung in einem Sprint gibt es natürlich auch Mittel:

– Von vorne fahren und eine Fahrlinie wählen, in der möglichst wenige im eigenen Windschatten fahren oder in ihn hineingehen können.

– Die Fahrbahnseite wählen, auf der die Gegner gezwungen sind, im Wind vorbeizufahren – also die dem Wind abgewandte Seite dichtmachen –, selbst aber noch so weit vom Straßenrand bleiben, um genügend Raum zum Fahren zu haben, auch wenn ein Gegner vorbeifährt (keine Möglichkeit zum Einklemmen lassen).

– Bei einer Gruppe von 2–3 Fahrern so spät als möglich antreten – möglichst vor den anderen. Der Antrittspunkt liegt meistens bei der 250-m-Marke. Deshalb kurz vorher selbst antreten. Viele Fahrer haben außerdem die Angewohnheit, sich einen markanten Punkt zum Antreten zu suchen. Auch hier kann man den Gegner überraschen, indem man dessen Absicht erkennt und ihm mit dem eigenen Angriff zuvorkommt.

– Bei größeren Gruppen muß relativ früh die Spitzenposition (300–350 m) eingenommen werden, indem auf ein hohes (nicht maximales) Tempo beschleunigt wird. Dieses Tempo muß bis etwa 100 m vor dem Ziel gehalten werden, um dann erst die restlichen Kräfte zu mobilisieren und nochmals das Tempo zu steigern. Die Gegner müssen regelrecht „verschleppt" werden. Greift ein Fahrer frühzeitig an, ist es günstiger, diesen vorbeifahren zu lassen und aus dessen Windschatten heraus (50–60 m vor dem Ziel) selbst anzugreifen.

– Natürlich gibt es viele Taktik-Varianten: z. B. Danach trachten, vor dem Sprint die „Sprinter" durch entsprechende Positionswechsel in ungünstige Ausgangspositionen zu bringen; oder wenn sich das Interesse der Gegner auf einen oder mehrere Favoriten richtet, eigene Attacken zu entwickeln.

Beim überraschenden Antritt kann zusätzlich Raum und Zeit gewonnen werden, indem der Ausreißer so dicht als möglich am Führenden vorbeifährt (diesen kreuzt) und somit zusätzliche Sekundenbruchteile vor einer Kontermöglichkeit gewinnt.

Wellen, Dichtmachen und ähnliche unlautere Mittel sollen auf jeden Fall vermieden werden. Sie werden von den Betroffenen bestimmt irgendwann verstärkt zurückgegeben.

Bei Rundfahrten wird nicht nur um Plätze, sondern auch um Sekundengewinne gekämpft. Hier Zielankunft an einer Steigung bei der Deutschland-Tour 1982

247

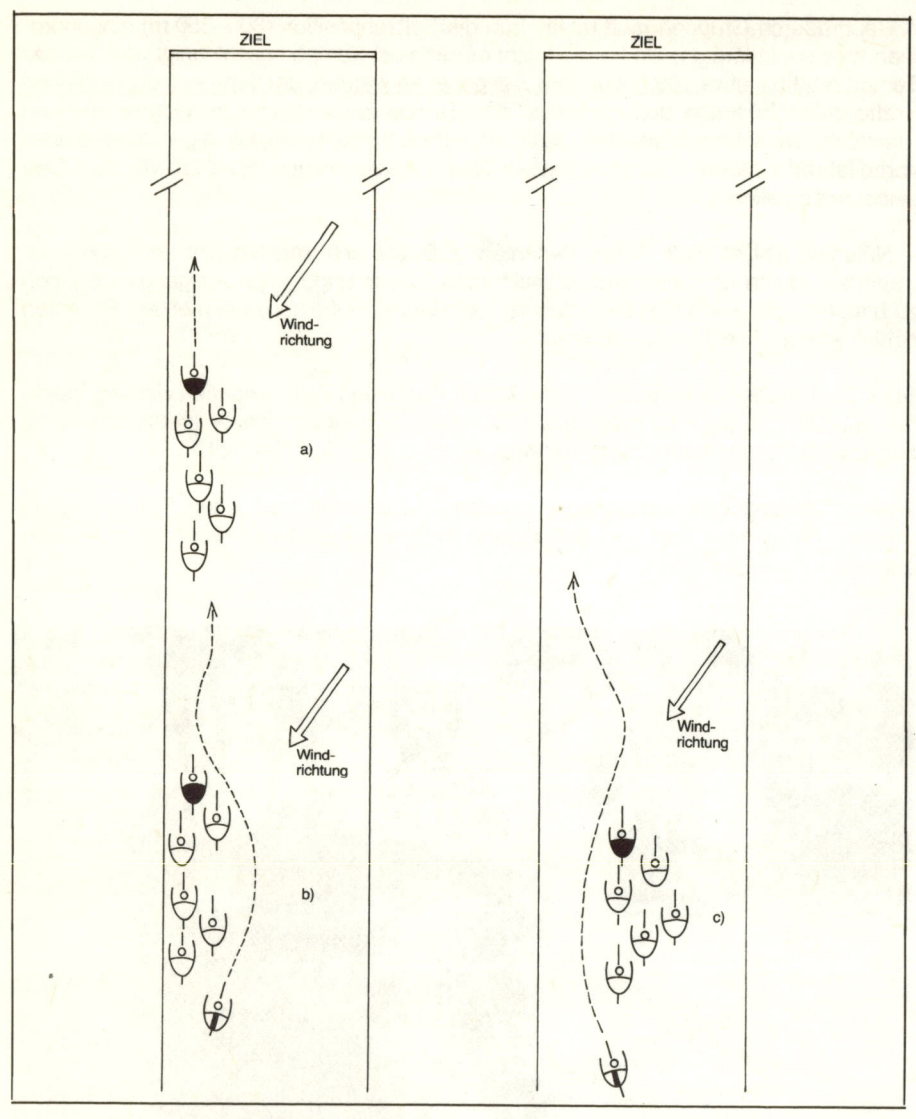

Fahrlinie und Fahrbahnseite richten sich auch im Finale nach den Windverhältnissen:
a) an der Spitze stets auf der dem Wind abgewandten Seite fahren, jedoch selbst noch einen geringen Freiraum zum Straßenrand lassen, um bei einem Angriff selbst noch etwas Raum zu haben
b) bei einem Angriff so dicht als möglich an dem Gegner vorbeifahren, damit diesem der Raum zum Kontern so lang als möglich genommen ist
c) läßt der Führende zuviel Freiraum, dann kann und muß der Angriff im „Windschatten" erfolgen.

248

1.4 Verhalten bei Defekten

Stehen Materialfahrzeuge zur Verfügung, so kann das nicht vorhersehbare „Leiden" des Hinterherfahrens auf ein Minimum reduziert werden. Grundsätzlich muß ein Fahrer den rechten Fahrbahnrand ansteuern, dort anhalten und auf seinen Materialwagen warten. Nach rechts deshalb, weil auch sein Wagen auf der rechten Seite ankommt und von den Nachfolgenden links überholt wird. Bei größeren Veranstaltungen gar, fahren auf der linken Seite Fahrzeuge der Offiziellen und Presse. In einem solchen Fall wäre ein auf der linken Seite wartender Fahrer regelrecht abgeschnitten.

Bei Hinterraddefekt muß vor dem Anhalten die Kette auf den kleinsten Kranz geschaltet werden, um einen Tausch der Räder nicht zu behindern. Steht die Kette in der Mitte, bekommt der Betreuer das Rad nicht in den Rahmen. Der Fahrer kann Hilfestellung leisten, indem er die Maschine am Sattel senkrecht hält, damit die Kette auf dem Kettenblatt liegen bleibt. Erst nach erfolgtem Wechsel steigt der Fahrer auf und läßt sich vom Betreuer so lange schieben, bis er in den Pedalen steht und den richtigen Gang eingelegt hat. Dies ist besonders an Steigungen äußerst wichtig.

Da es mehrere Arten von Defekten gibt (Schleicher, Platzen der Reifen usw.), gibt es auch mehrere Möglichkeiten für den Fahrer vor dem Wechsel: Platzt ein Reifen bzw. entweicht die Luft sehr schnell, muß der Fahrer so schnell als möglich anhalten. Befindet er sich zum Defektzeitpunkt in der Feldmitte, muß er so lange weiterfahren, bis dieses an ihm vorbei ist. Erst dann kann er bremsen und nach rechts fahren.

Ist sein Materialwagen noch weit weg, muß er das defekte Laufrad herausnehmen und deutlich sichtbar hoch halten, damit seine Helfer schon aus der Ferne sehen können, welches Rad defekt ist.

Je ruhiger der Fahrer selbst bleibt, um so günstiger ist es für ihn. Kann ein Fahrer noch einige Zeit fahren, so kann er oder ein Mannschaftskamerad durch Handzeichen (Arm heben) den Defekt anzeigen und so lange am Ende des Feldes fahren, bis sein Materialwagen hinter ihm ist. Der folgende Wechsel geht dann ohne größeren Zeitverlust über die Bühne.

Sofern Defekte vorliegen, deren Behebung nicht eilt (gerissene Speiche), sollte vom Fahrer so lange gewartet werden, bis das Tempo des Feldes ruhiger wird oder die Straße für einige Zeit ohne größere Steigungen und Richtungswechsel verläuft.

Bei Defekt im Wettkampf muß der betroffene Fahrer am rechten Straßenrand anhalten, das defekte Rad herausnehmen und quer zur Fahrtrichtung hochhalten, damit die Helfer bereits aus der Ferne erkennen können, welches Rad defekt ist.

Beim Wechsel muß die Schaltung außen stehen, damit das Laufrad ohne Widerstand eingesetzt werden kann. Die Kette wird dabei auf den kleinsten Kranz gelegt.

1.5 Anschluß nehmen

Kann ein Fahrer direkt hinter dem Feld wechseln, hat er die Chance, bereits wieder auf der Maschine zu sitzen, ehe der Konvoi vorbei ist. In einer solchen Situation kann und muß der Fahrer den Windschatten der Autos nutzen und so von Auto zu Auto zum Feld hinspringen, mit jeweils kurzen Verschnaufpausen im Windschatten.

Nicht jeder Kommissär sieht dies gerne. Da auch auf diese Weise zurückgefallene Fahrer Anschluß nehmen können, muß grundsätzlich drei bis vier Fahrzeuge vor Erreichen des Kommissär-Fahrzeugs eine längere Verschnaufpause eingelegt werden, um die restliche Distanz in einem „Sprint" an den Autos vorbei und über das freie Stück zum Feld zu überbrücken. Bedeutend schwieriger wird der Anschluß, wenn beim Aufsitzen auch die Fahrzeuge des Konvois enteilt sind. Der Betreuer darf auf keinen Fall seinen Fahrer im Windschatten an den Konvoi heranführen. Er kann nur helfen, indem er den Weg zwischen Schlußwagen und Fahrer so verkürzt (zwischen Fahrer und Schlußwagen fährt), daß dem Fahrer der Eindruck entsteht, daß es doch nicht allzu weit bis zum letzten Wagen ist.

250

Nach dem Wechsel muß der Fahrer so lange geschoben werden, bis dieser den richtigen Gang eingelegt hat.

Zurückgefallener Fahrer beim Wiederanschluß an das Feld: Bei einer solchen Aufhol-
Jagd möglichst dicht an den Autos vorbeifahren, ggf. kurzfristig in den Windschatten
dieser Fahrzeuge fahren.

Leichter hat es ein Fahrer, wenn dessen Mannschaftskameraden auf ihn warten, um
gemeinsam den Rückstand zum Feld aufzufahren.

1.6 Manipulationsmöglichkeit durch Begleitfahrzeuge

Autos und Motorräder können zur Rennbegleitung eine große Hilfe sein. Mit ihnen werden u. U. aber auch Wettbewerbe entscheidend manipuliert. Rennleiter haben dabei oft einen schweren Stand, sich gegen solche „Übeltäter" durchzusetzen. Andererseits ergeben sich auch Situationen, die unbewußt ein Rennen manipulieren und sei es nur durch ein Motorrad des Fernsehens, in dessen Windschatten es sich gut fahren, zumindest bei einem Angriff kurzfristig gut beschleunigen läßt. Ehe dies vom Motorradfahrer bemerkt und abgestellt wird, kann ein Fahrer eine solche Möglichkeit zu seinem Vorteil genutzt haben.

Für einen Rennleiter bedeutet dies, daß er zumindest keine Autos (Offizielle, Presse, Betreuer) das Feld überholen lassen darf, so lange der Vorsprung eines einzelnen oder einer Gruppe nicht mindestens eine Minute beträgt. Für jede zusätzlichen zehn Sekunden kann er ein weiteres Fahrzeug durchlassen. Fahren zu viele bzw. zu früh dazwischen, verkürzt sich der Abstand zum Feld. Dort entsteht der Eindruck, gar nicht so weit weg zu sein, was wiederum die Fahrer leicht animiert, durch etwas mehr Einsatz die Lücke zu schließen.

Auf den berühmten Trick von Mannschaftsbetreuern, nur nachschauen zu wollen, wer der Spitzenreiter ist, sollte kein Rennleiter mehr hereinfallen. Mit dem Vorfahren kann ein Betreuer kurzfristig durch sein Auto dem Feld einen verstärkten Sog geben und dieses beschleunigen. Außerdem verkürzt er durch die Fahrt zwischen Spitze und Feld den Abstand und gibt so Motivationshilfen, den Anschluß schnellstens schaffen zu können. Dabei kennt jeder Betreuer seine Fahrer so genau, daß er stets weiß, ob der Ausreißer zu seinen Schäfchen gehört oder nicht. Veranstalter können dieses Problem abstellen, indem die Fahrzeuge mit Funk ausgerüstet oder aber zumindest ein Motorradfahrer mit einer Tafel zur Information der Fahrer und Betreuer zur Verfügung steht.

Noch problematischer wird dies, wenn mehrere Gruppen vor dem Feld „unterwegs" sind. Hier kann nur Ordnung gehalten werden, wenn der Rennchef auch in solchen Situationen hinter dem Feld bleibt und vorne einen Helfer kontrollieren läßt (oder umgekehrt). Fährt der Offizielle zu früh nach vorne oder läßt er die Fahrzeuge zu früh durch, kann das zersplitterte Feld binnen kurzer Zeit wieder zusammenschließen.

Besonders schwierig wird es für den Rennleiter nach längeren Steigungen, wo praktisch jedes Feld auseinanderbricht. Folgt direkt nach der Steigung eine Abfahrt, zieht sich das Feld vermeintlich sehr weit auseinander und die vorderen Gruppen sind meist nicht mehr zu sehen. Läßt nun der Rennleiter die Fahrzeuge vorfahren, erlebt er in der Regel auf der Ebene, daß die Abstände gar nicht so groß sind, wie er angenommen hat. Ehe er die Autos aus den Lücken heraus hat, haben sich die einzelnen Gruppen meist wieder zusammengeschlossen.

Zusätzlich können sich Mannschaftsbetreuer untereinander bekämpfen. Dieser Fall kann eintreten, wenn ein Fahrer einer Konkurrenzmannschaft aus irgendeinem Grund zurückgefallen ist und durch die Kolonne hindurch wieder Anschluß sucht. Hier mogeln unkorrekte Betreuer und lassen große Lücken zu ihrem Vordermann und verlangsamen gleichzeitig das Tempo der gesamten Gruppe. Der Fahrer wird dadurch gezwungen, an

Mittels einer Tafel auf dem Rücken eines Motorradfahrers werden Fahrer und Begleiter über den aktuellen Rennstand informiert. In diesem Falle bedeutet dies: Nach 100 km Fahrt hat der Fahrer Nr. 107 einen Vorsprung von 5 Minuten.

Der Rennleiter sollte ständig im Wagen stehen (wie hier Rudi Altig), um von oben die notwendige Übersicht über das Feld und den Fahrzeug-Konvoi zu haben.

den Autos außen vorbei (diese müssen bremsen) durch die freie Fläche zu fahren. Er kann unter Umständen sehr lange „im Wind stehen" und dadurch vorzeitig erschöpfen. Vor allem körperlich angeschlagenen Fahrern wird dies einen großen Rückstand kosten. Der eigene Betreuer kann dieses Problem etwas mildern, indem er selbst mit seinem Wagen die entstehende Lücke füllt. Deshalb muß dieser Betreuer, vor allem nach Defekten, so lange hinter seinem Fahrer bleiben (auf der linken Seite), bis dieser Anschluß an das Feld hat – auch wenn er an seinem Platz im Konvoi (ausgeloste Reihenfolge oder Platz entsprechend dem Gesamtergebnis) vorbeifahren muß.

2. Zeitfahrwettbewerb

Wer in irgendeinem Zeitfahr-Wettbewerb erfolgreich sein will, muß entsprechend „hart" fahren können. Als Voraussetzung dazu muß er sein Training während der Vorbereitung auf einen solchen Wettbewerb entsprechend ausrichten.

Selbst sogenannte „Naturtalente" können entsprechende Leistungen nicht aufbringen, wenn sie in ihrem Training nicht entsprechend „hart" zur Sache gehen.

Natürlich muß nicht unbedingt ein genau schematisches Training absolviert werden, vor allem nicht im Nachwuchsbereich. Dem Sportler muß jedoch bewußt sein, daß auch Spitzenergebnisse im Training erzielt werden müssen. Erst wenn eine zielgerichtete Vorbereitung auf einen wichtigen Hauptwettbewerb einsetzt, sollte auch ein in Inhalt, Intensität und Umfang auf den Wettbewerb ausgerichtetes Training durchgeführt werden.

Spitzenleistungen werden nicht innerhalb einer Endvorbereitung während 4–6 Wochen geboren. Hierzu ist schon Voraussetzung, daß kontinuierlich während mehrerer Jahre aufgebaut und trainiert wird. Natürlicherweise bleibt dabei eine Menge weniger motivierter Fahrer auf der „Stecke". Vor allem Sportler, die der Meinung sind, nun einmal mehrere Wochen oder Monate intensiv zu trainieren, um dann entsprechende Leistungen zu bringen, müssen oft erkennen, daß sie erfolglos sind. Trainieren sie aber trotz eines solchen Mißerfolgserlebnisses zielgerichtet weiter, stellt sich zumindest ein höheres Leistungsniveau über kurz oder lang ein.

Im Radsport ist schon viel gewonnen, wenn sich ein Sportler die Fähigkeit des „Hart"-fahren-könnens im Training aneignet. Dieser Begriff „hart" ist sehr schwer zu erkären. Ich verstehe darunter, daß auf Flachstücken (auch bei Rückenwind) und längeren, nicht zu steilen Steigungen mit hoher Intensität, hohen Drehzahlen und trotzdem noch hohem Druck auf den Pedalen gefahren werden kann.

Je größer die Übersetzungen gewählt werden (vor allem im Nachwuchsbereich), um so weniger Druck kann ein Fahrer auf die Pedale bringen. Die Erklärung dafür liegt im Windwiderstand, der sich bei zunehmender Geschwindigkeit erhöht. Die durchschnittliche Geschwindigkeitsgrenze für einen Einzelfahrer liegt bei ca. 45 km/h. Diese kann er jedoch nur für einen relativ kurzen Zeitraum halten. Der Kraftaufwand für diese

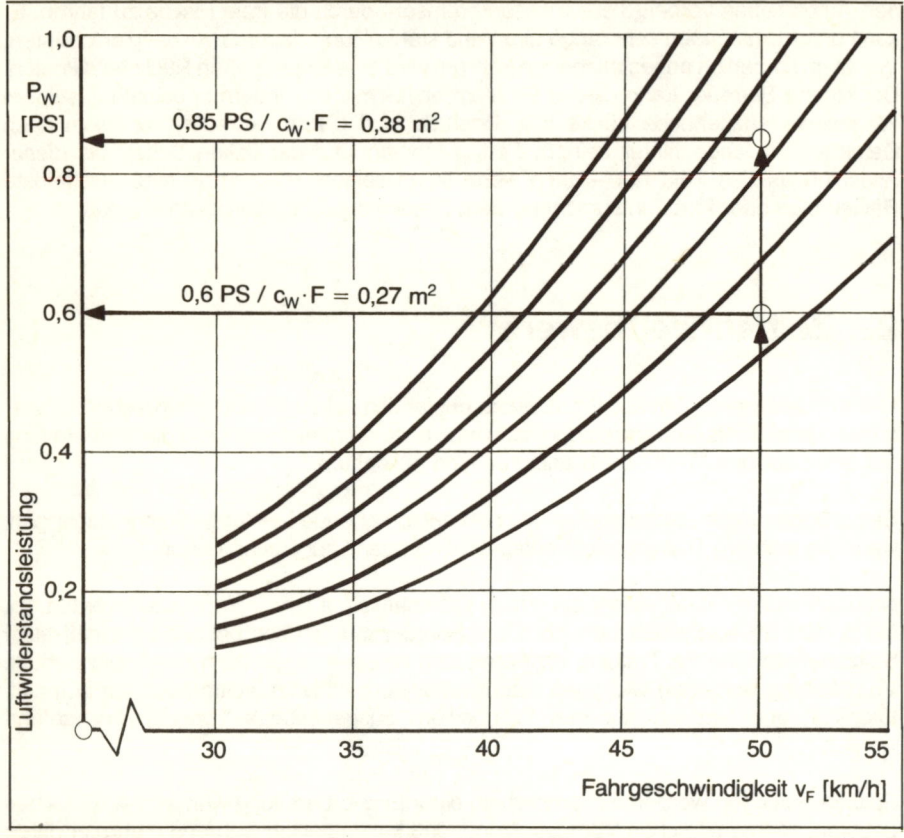

Aus diesem Bild ist die Luftwiderstandsleistung in PS für verschiedene $c_W \cdot F$-Werte ersichtlich. Anhand von zwei Beispielen ist aufgezeigt, welche Leistung erforderlich ist, um den Luftwiderstand bei einer Fahrgeschwindigkeit von 50 km/h zu überwinden.

Windkanalmessung
Luftwiderstandsleistung in PS (VW-Klimawindkanal)
Beispiel 1:
Fahrer in Oberlenkerhaltung und Straßenkleidung (178 cm/82 kg)
$c_W \cdot F = 0,38\,m^2$ $P_W = 0,85\,PS$
Beispiel 2:
Fahrer in Unterlenkerhaltung und Rennkleidung (aerodynamisch) (180 cm/72 kg)
$c_W \cdot F = 0,275\,m^2$ $P_W = 0,60\,PS$

Geschwindigkeit beträgt immerhin ca. 0,4–0,6 PS (je nach Position und Körpergröße). Bei 50 km/h sind es bereits zwischen 0,6 und 0,85 PS. Aus Windkanalversuchen bei VW und Daimler-Benz (unveröffentlicht) errechnet aus $c_W \cdot F = 0,275\,m^2$ bis $0,38\,m^2$ – Fahrer ca. 72 kg, 180 cm, in Unterlenker- und Oberlenkerhaltung bzw. mit Renn- und Trainingskleidung.

256

Dieser hohe Kraftaufwand erfordert demnach nicht nur eine entsprechende Bewegungsökonomie, sondern auch organische und Kraft-Voraussetzungen. Diese Fähigkeiten sind nur durch intensives Training aufzubauen.

Leider ist dabei zu beobachten, daß durch die immer größer werdenden Übersetzungen bei Wettkämpfen auch im Training immer mehr mit größeren Gängen trainiert wird. Dies mag auch noch gutgehen, da dies von der Mehrzahl der Radsportler in dieser Form betrieben wird, und somit bei regionalen oder nationalen Vergleichen noch nicht auffällt.

Der tatsächliche Mangel stellt sich jedoch erst heraus, wenn entsprechende Ergebnisse bei internationalen Meisterschaften ausbleiben. Bereits im Nachwuchstraining muß aus diesem Grund intensives, „hart" zu absolvierendes Training auf breiter Ebene geschult werden, um einem solchen Mangel vorzubeugen.

Gerade im Nachwuchstraining müssen viele TE mit relativ kleinen Übersetzungen und hohen Drehzahlen phasenweise absolviert werden. Nur wer sich alleine dazu durchringen kann, in einer TE mehrmals über Distanzen bis zu 5–6 km mit kleiner Übersetzung (68 Zoll im Frühjahr) so aus sich herauszugehen, daß er fast total erschöpft ist, der ist auch später in der Lage, wirklich hart und entsprechend schnell, auch mit höheren Übersetzungen im Wettkampf zu fahren. Natürlich soll auch ein solches Training entsprechend dem beabsichtigten Vorbereitungsprogramm angepaßt werden.

Eine gute bis Spitzenleistung in einer Zeitfahrdisziplin wird um so besser, je mehr ein Fahrer sein Grundlagentraining den oben angeführten Anforderungen anpaßt. Dann ist auch tatsächlich eine entsprechende Leistungssteigerung durch ein zusätzliches, auf die Disziplin abgestimmtes, spezielles Vorbereitungstrainingsprogramm sinnvoll. Mit einer guten Basis-Leistung kann ein spezielles Vorbereitungsprogramm erst richtig wirkungsvoll werden.

In jeder Zeitfahr-Disziplin liegt die körperliche Belastung an der aerob/anaeroben Leistungsgrenze. Je höher diese Leistungen sein sollen, um so später sollte der Organismus seine Energien auf anaerobem Wege bereitstellen können. Außerdem erfordert ein gutes Wettkampfresultat eine entsprechende Startleistung (Eingangstempo). Hierzu muß jeder, ob 1000 m oder 100 km gefahren werden, kurzfristig seine Energien auf anaerobem Wege bereitstellen können (Startphase). Weiterhin ist wichtig, daß sich der Sportler in der Folge so schnell als möglich so weit erholen kann, daß er seine Energie je nach Disziplin noch einige Zeit auf aerobem Wege mobilisieren kann.

Eine solche Umstellung muß in Sekundenbruchteilen eingeleitet werden (Zeit zwischen Übergang Stehen/Sitzen und wenigen Tritten lockerer Tretbewegung – bei Mannschaften entsprechende Entspannungsmöglichkeit am Hinterrad). Dies schließt selbstverständlich nicht aus, daß auch in Mannschaftswettbewerben die einzelnen Fahrer über die entsprechenden organischen Fähigkeiten verfügen müssen. Für den Trainingsprozeß bedeutet dies, daß die Grundvoraussetzungen für Zeitfahr-Disziplinen nur durch entsprechendes Vorbereitungstraining geschult werden. Limitierender Faktor ist ausschließlich die zur Verfügung stehende Zeit bzw. die Frage, wie stark (intensiv) sich der einzelne auch im Einzeltraining (ohne Trainer) belasten kann und mit welchen konditionellen Voraussetzungen er in das spezielle Training einsteigt.

2.1 Einzelzeitfahren

Vorbereitungswettbewerbe

Generell sind sämtliche Radsportwettbewerbe geeignet, besonders schnelle Kriterien, bei denen natürlich selbst intensiv mitgefahren werden muß, sowie Bahnrennen. Je aktiver in den Vorbereitungsrennen gefahren wird, um so günstiger wird die spezielle Wettkampfleistung.

Wie auf den Einzelfahrer, trifft auch auf Mannschaften das Problem der optimalen Startgeschwindigkeit zu. Zu Beginn der Startphase entsteht beim Fahrer ein Sauerstoff-Defizit, da der Körper an die augenblickliche Leistung noch nicht angepaßt ist. Die Herzfrequenz steigt dabei sehr stark an bzw. der Organismus arbeitet vorübergehend anaerob. Erst nach einiger Zeit stellt sich das Sauerstoff-Gleichgewicht wieder her, was sich auch durch die leicht absinkende Pulsfrequenz dokumentiert.

Athleten, die speziell Startphasen zu wenig trainieren, verfügen über eine schlechtere Anpassung, d. h. sie erreichen in der Regel während des weiteren Wettbewerbverlaufs nicht einmal ihre normale Trainingsleistung. Das Tempo richtet sich naturgemäß jeweils nach der individuellen Leistungsfähigkeit. Trotzdem sollte die Trittfrequenz bei allen relativ einheitlich sein. Dies bedeutet, daß schwächere Fahrer (bei Einzelwettbewerben oder bei gesamten Mannschaften) entsprechend leichtere Übersetzungen fahren sollten. Diese für den Fahrer günstigen Übersetzungen müssen durch Tests im Vorbereitungstraining gefunden werden, jeweils unter dem Motto, daß mit dem gesuchten Standard-Gang auf der Ebene ca. 90 Drehzahlen je Minute auch über längere Strecken gefahren werden können. Die Drehzahlen bei Jugendlichen sollten dagegen noch etwas höher liegen (weitere Übersetzungsreduzierung).

Generell gilt, daß die Leistungen um so günstiger sind, je mehr sie über die Umdrehungszahlen (Organkraft) gesucht werden. Erfahrungen aus Sichtungsrennen der Jugend/Junioren-Klasse zeigen, daß meist Jugend-Fahrer, aus Scheu vor erhöhten Übersetzungen, in den Zeitfahrwettbewerben gegen die älteren Junioren dominierten, da diese Junioren ihren „dicken Gang" nicht richtig rund bekamen.

Gerade bei Jugend und Junioren empfehlen sich Maximalübersetzungen, die in ihrem Übersetzungslimit liegen (Jugend 52 × 17) oder bei Junioren zwischen 88 und 90 Zoll (52 × 16 bis 50 × 15). Nur für längere Abfahrten sollten entsprechende zusätzliche Ritzel (15–14) dabei sein, um nicht mit zu überhöhten Drehzahlen fahren zu müssen.

Auch bei den Erwachsenen sollten die Übersetzungen den ökonomischen Drehzahlen angepaßt sein. In der Regel genügen 53/54 × 15 als Standardübersetzung, der zusätzlich entsprechende Ritzel für Gefällstrecken beigefügt sein sollten (14, 13, unter Umständen sogar 12). Gerade auf längeren Strecken ist es besonders wichtig, daß die optimale Drehzahl möglichst auch auf Gefällstrecken gehalten werden kann.

Ein sinnvoller Einsatz hoher Übersetzungen ist allerdings erst nach entsprechendem Erfahrungsgewinn möglich. Deshalb sollten Anfänger lieber auf diese „dicken" Gänge verzichten.

258

Technik-Training

Das Technik-Training des Zeitfahrers beinhaltet im wesentlichen die Erarbeitung des Tempogefühls mittels relativ kurzer Distanz-Ausschnitte (Teilstrecken, die im Renntempo durchfahren werden) und des optimalen Anfangstempos. Die Distanzausschnitte können dabei etwa zwischen 3–15 Minuten dauern, während die Übersetzungen annähernd den späteren Rennübersetzungen entsprechen sollten.

Um Zeitvergleiche zu bekommen und die persönliche Leistung etwa einschätzen zu können, sollte sich jeder Fahrer entsprechende Teilstrecken zusammenstellen (zwischen zwei Ortschaften, Kilometersteinen etc.). Für das Finden des optimalen Tempos durch die günstigsten Übersetzungen ist nicht unbedingt die Zeit alleine ausschlaggebend, sondern das Gefühl für die richtige Übersetzung, da ja die Wettkampfstrecke länger wird und der Fahrer selbst entscheiden muß, ob er diese Übersetzung auch über die volle Distanz halten kann.

Start-Tempo: In der Regel fällt das Start-Training dem anderen (Dauer)-Training zum Opfer. Dabei muß das Starttempo immer wieder ausgiebig trainiert werden. Beim Start ist die Übersetzung deutlich geringer als beim späteren Rennverlauf. Angefahren wird in der Regel mit dem großen Kettenblatt und hinten 17 Zähnen. Bei vorne 50 kann dagegen hinten mit 16 angefahren werden. Nach Erreichen der entsprechenden Drehzahlen wird jeweils der nächst höhere Gang eingelegt, bis das gewünschte Renntempo und die gewünschte Drehzahl erreicht ist.

Die Wiederholungszahlen an Startübungen oder Renn-Ausschnitten innerhalb einer Trainingseinheit sollten zwischen 3–6 liegen. Die Pausen zur Regeneration werden durch lockeres Rollen überbrückt. Der Neubeginn erfolgt, wenn eine weitgehende Erholung (Puls um 100/Min.) erreicht ist. Generell muß betont werden, daß das Training mit Rennübersetzungen im optimalen Tempobereich in der Endphase das Gefühl und die spezielle Kondition schult.

Das Haupttraining muß auch beim Straßenfahrer mit relativ geringen Übersetzungen, deutlich überhöhten Drehzahlen und entsprechender Dauer durchgeführt werden. Nur mit einem solchen Training kann eine entsprechende Anpassung des Organismus vorangetrieben werden. Es kommt demnach darauf an, eine Mischung des Trainings aus Belastungsphasen mit hohen und kleinen Übersetzungen, Regenerationstraining usw. zu finden. Beim Rennsportler muß dabei berücksichtigt werden, daß besonders häufige Teilnahme an Wettkämpfen einen hohen Substanzverlust in sich birgt, der durch hartes Training zusätzlich noch erweitert werden kann. Deshalb sollte während spezieller Trainingsphasen das Wettkampf-Programm vorübergehend eingeschränkt werden.

Training hinter Schrittmachern

Im Bereich des Profi-Sports wird häufig das Vorbereitungstraining zu Zeitfahren hinter Schrittmachern (Motorrad/Derny) absolviert. Ziel ist dabei, eine relativ günstige Anpassung an die hohen Rennübersetzungen bei möglichst geringem Kraftaufwand herauszubilden.

259

Der erfahrene Fahrer kann daraus große Vorteile ziehen, da er dabei gleichzeitig mit geringerem physischem und psychischem Aufwand fahren kann. Jeder Fahrer weiß oder wird feststellen, daß ein gewisser Anhalts- bzw. Orientierungspunkt gerade im maximalen Geschwindigkeitsbereich eine besondere Hilfe sein kann. Trotzdem dürfen vor allem junge, in der Entwicklung befindliche Athleten nicht ausschließlich dem Training hinter dem Motor vertrauen. Der große Nachteil liegt darin, daß selbst vom besten Schrittmacher das für seinen Fahrer ideale Tempo nicht erkannt werden kann. Der Fahrer wird meist überfordert oder unterfordert, womit dann ein solches Training nutzlos wird.

Weiterhin fällt hinter dem Schrittmacher der Winddruck so weit ab, daß vor allem junge Fahrer kaum Erfahrungswerte für Alleinfahrten sammeln können.

2.2 Mannschafts-Zeitfahren

Das Mannschafts-Zeitfahren erfordert ähnliche konditionelle Voraussetzungen wie das Einzel-Zeitfahren. Hier muß auch bei einem Spitzen-Team beachtet werden, daß die einzelnen Mitglieder über ein ständig wechselndes und unterschiedliches Leistungs-niveau verfügen. Die augenblicklich stärksten Fahrer müssen sich demzufolge dem vorgegebenen Tempo ebenso anpassen wie ihre schwächeren Kollegen. Sie können ihre größeren Reserven nur dadurch ausspielen, indem sie etwas länger führen. Verhalten sich die Starken anders, bringen sie ihre schwächeren Kollegen so in Schwierigkeiten, daß sich diese auch am Hinterrad nicht mehr erholen können und immer schwächer werden.

Straßen-Vierer: v. Loeffelholz, Stauff, Burkhardt, Freienstein

Startvorgang

Sämtliche Mannschaftsmitglieder müssen unter gleichen Voraussetzungen starten, d. h. gleiche Übersetzungen und gleiche Startbedingungen. Stehen z. B. keine Starter zur Verfügung, müssen alle Fahrer mit einem Bein auf dem Boden stehen, damit die Mannschaft von Anfang an geschlossen bleibt. Fehler entstehen, wenn diese Voraussetzungen nicht gegeben sind. Werden z. B. einzelne Fahrer gehalten, andere stehen mit einem Bein am Boden, so sind dies unterschiedliche Voraussetzungen, die zu ungleichen Startgeschwindigkeiten und somit zu einem Auseinanderreißen der Mannschaft führen.

Schalten

Generell darauf achten, daß möglichst gleiche Übersetzungen gefahren werden. Dies erfordert Absprachen innerhalb der Mannschaft, aber auch Korrekturen von außen (besonders bei Jugendmannschaften). Ist z. B. eine Übersetzung zu hoch, dann darf der führende Fahrer nicht einfach schalten, sondern muß dies vorher seinen Partnern mitteilen, damit alle möglichst zu gleicher Zeit schalten. Die am Hinterrad fahrenden Partner können in der Regel besser erkennen, ob die augenblickliche Übersetzung richtig oder ungünstig ist. Deshalb muß von diesen Fahrern die Initiative zum Gangwechsel ausgehen (Position 2 und 3), oder das Kommando muß vom Trainer kommen (Megaphon, Lautsprecher etc.).

Übersetzungen

Auch beim Vierer liegen die Drehzahlen bei $\varnothing$ 90 U/Min., bei Jugendlichen dagegen höher (95–100). Aber auch hier ist es oft günstiger, anstatt mit höheren Übersetzungen lieber mit mehr Umdrehungen zu fahren. Z. B. lagen in der Bundesrepublik die 50-km-Zeiten von Jugendmannschaften mit Übersetzungslimit (76 Zoll = 48 × 17) noch lange Jahre die Bestzeiten über denen der späteren Jahre, wo (seit 1973) mit freien Übersetzungen gefahren wurde. Allein diese Erfahrung sollte dazu führen, daß zumindest Jugendmannschaften lieber mit geringeren Übersetzungen fahren sollten. Auch den Vereinstrainern sollte das Limit der Junioren-Weltmeisterschaften von 50 × 14 genügen.

Kurbellängen

Die Wahl der Kurbellängen hat ebenfalls eine gewisse Bedeutung für die Leistungsfähigkeit. Längere Kurbeln ermöglichen einen größeren Krafteinsatz, haben jedoch den Nachteil, daß die Drehzahlen absinken. Andererseits kann mit kürzeren Kurbeln schneller gedreht werden, doch steigt gleichzeitig der Kraftaufwand. Die Standardlänge beträgt 170 mm. Diese können bei Zeitfahren (Amateure) ggf. auf 172,5 oder 175 mm verlängert werden. Es ist nicht empfehlenswert, kurzfristig vor wichtigen Wettbewerben die Kurbellängen zu ändern, da sich dadurch die Bewegungstechnik verändert und somit neue Empfindungen entstehen.

261

Muß sich ein Fahrer während eines wichtigen Wettkampfes erst an neue Verhältnisse gewöhnen, dürfte sicherlich seine optimale Leistung ausbleiben. Das Spiel mit Kurbellängen und erhöhten Übersetzungen mag zwar recht reizvoll sein, doch dürfte durch den Nachteil der absinkenden Trittgeschwindigkeit der Effekt einer möglichen Leistungssteigerung gering sein oder gar ganz ausbleiben.

2.3 1000-m-Zeitfahren

Die körperliche Leistung in dieser Disziplin muß vorrangig über anaerobe Energiebereitstellung erfolgen. Mit einer Endzeit von 1.05. Minuten im internationalen Höchstleistungsbereich (Weltrekord Malchow, M./DDR, 1980 – 1.02.25 Min. – Mexico) und Zeiten auf nationaler Ebene noch unter 1.10. Min., beträgt der Anteil der anaeroben Energiebereitstellung noch ca. 80 Prozent.

Der Fahrertyp des Zeitfahrers gleicht demnach sehr stark dem Sprinter, doch muß er auch über entsprechende Ausdauer-Qualitäten verfügen. Ein Zeitfahrer kann zumindest im nationalen Bereich auch sehr gut in Vierer-Mannschaften eingesetzt werden. In der Vergangenheit war es außerdem üblich, solche Leute auch bei Weltmeisterschaften im Vierer einzusetzen (z. B. Schumacher, Rapp, Fredborg). Die in den letzten Jahren rapide angestiegenen Leistungsanforderungen verlangen jedoch eine absolute Spezialisierung. Ohne sie leidet zumindest eine der beiden Disziplinen.

Vorbereitungs-Rennen

Durch die Mischung zwischen Verfolger- und Sprinter-Typ ist ein Zeitfahrer gezwungen, eine breit gefächerte Vorbereitung zu betreiben. Von langen Straßenrennen im Frühjahr über Kriterien, Mannschaftsrennen werden die Wettbewerbe zum Hauptwettkampfziel hin immer kürzer und intensiver (Rahmenwettbewerbe Bahn, Sprint usw.).

Wettbewerbsverlauf

Gestartet wird aus dem Stand (stehender Start). Nach ca. 180–200 m intensiver Beschleunigung wird das Höchsttempo erreicht und der Fahrer setzt sich auf den Sattel. Danach sucht er binnen weniger Tritte seine optimale Geschwindigkeit, die er in der Folge so lange als möglich zu halten versucht. Die Problematik ergibt sich daraus, daß durch den hohen Krafteinsatz die Übersäuerung in der Muskulatur stetig ansteigt, die Elastizität nachläßt und die Bewegungsqualität immer mehr abfällt. Die Folge ist, daß zum Ende hin kaum mehr flüssig getreten werden kann. Der Geschwindigkeitsabfall ist unvermeidlich.

Aus diesem Grund muß jeder Fahrer versuchen, seine Kräfte so einzuteilen, daß er nicht zu früh „sauer" wird. Er muß sein Training so aufbauen, daß er in der Lage ist, den Zeitpunkt des Beginns der Endphase der anaeroben Energiebereitstellung so weit als möglich hinauszuschieben.

Die Start-Zeit der ersten 200 m sollte bei einer angestrebten Spitzenzeit zwischen 16,0 und 16,5 Sekunden liegen. Aber auch für geringfügig schwächere Zeiten müssen ähnliche körperliche Leistungen erbracht werden.

Das ideale Tempo auf den folgenden Abschnitten liegt um 12,0 Sek. Spitzenzeiten verlangen natürlich entsprechend schnellere Durchgangszeiten (11,7–11,8). Weiterhin muß beachtet werden, daß bei kühlen Außentemperaturen speziell die Zeiten der letzten 400 m rapide abfallen können (s. Abb. Seite 38). Das Technik-Training muß auf diese Problematik ausgerichtet sein. In vielen Trainingsabschnitten muß der Zeitfahrer sein optimales Starttempo suchen und durch Wiederholungen festigen. Wird ein solches Training nicht durchgeführt, spielt der Zufall im Wettkampf eine zu große Rolle.

Training des Jugendlichen

Generell sollte nur in wirklich wichtigen Fällen (Vorbereitung auf Junioren-WM etc.) ein spezielles Zeitfahrtraining vorrangig betrieben werden. Dies bedeutet nicht, daß der Fahrer die technischen Grundlagen und bereits ein gewisses Tempogefühl erarbeiten soll. Ein solches Training muß stets Bestandteil des gesamten Vorbereitungstrainings bleiben. Grundsätzlich darf die Startgeschwindigkeit nicht zu sehr von der des Erwachsenen abweichen (gleiche Drehzahlen).

Auch hier sollte zumindest in der Vorbereitung mit kleineren Übersetzungen gefahren werden (50 × 15 oder 47 × 14).

Start beim 1000-m-Zeitfahren

Erst mit einem gewissen körperlichen Reifegrad, verbunden mit dem entsprechenden Konditionsstand, kann die Übersetzung der Erwachsenen (48 × 14) angestrebt werden.

2.4 Einzelverfolgung

Beim Verfolgungsrennen muß über ca. 5 Min. (Amateure) an der Dauerleistungsgrenze gefahren werden. Der Energieaufwand erfolgt dabei zu ca. 30 Prozent aus anaerober (vor allem in der Startphase bzw. zum Ende) und 70 Prozent aerober Arbeit.

Vorbereitungswettbewerbe

Generell alle Radsportwettbewerbe, besonders jedoch schnelle, harte Rennen. Entsprechend den Trainingphasen sollte auch die Beteiligung an Wettkämpfen schwerpunktmäßig erfolgen. In der Endphase sind besonders Kriterien, aber auch Zweier-Mannschafts-Rennen (sofern die technischen Voraussetzungen beim Fahrer vorhanden sind) zu empfehlen.

Rennverlauf

Auch in dieser Disziplin kommt dem Starttempo der ersten 500–1000 m besondere Bedeutung zu. Wer zu langsam anfährt, kommt meist sehr schnell in Rückstand, erreicht nicht den für ihn günstigsten Fahrtrhythmus und ist verkrampft mit zunehmender Renndauer. Beispiele für den Einfluß der Startgeschwindigkeit gibt es viele. Bei den Profis konnten Stunden-Weltrekordler, die sich an der Verfolgungs-Weltmeisterschaft beteiligten (Bracke, Ritter), im Kampf um den WM-Titel nur eine untergeordnete Rolle spielen. Sie waren stets in der Start-Phase zu langsam und büßten zu viel Zeit ein, die sie im Verlauf des Rennens nur noch zum Teil gutmachen konnten.

Die Grundzüge der Technik-Arbeit ähneln der des Zeitfahrers auf der Straße oder auf der Bahn. Da der Verfolger „nur" eine hohe Dauergeschwindigkeit einschlagen muß, verkürzt er seine Beschleunigung aus dem Stand gegenüber dem 1000-m-Mann erheblich. Er setzt sich bereits nach ca. 130–150 m auf den Sattel, um danach wenige Tritte mit verringertem Druck zu fahren und dabei ein günstiges Renntempo zu suchen, welches er wiederum möglichst für den Rest der Distanz halten muß. Aus diesem Grund muß das Gefühl für ein ideales Startverhalten durch entsprechendes Training angeeignet werden. Ebenso gehören zum Trainingsprogramm die Schulung von Distanz-Ausschnitten (500–2000 m), die jeweils aus dem Tempo heraus (fliegender Start) gefahren werden.

Die Trittgeschwindigkeiten während eines Verfolgungsrennens sollten ungefähr bei 115 U/Min. liegen. Dies bedeutet, daß ein Fahrer entsprechend seinem Konditionsniveau die für ihn günstigste Übersetzung wählen muß (s. Tab.). Die Kurbellängen können hierbei zwischen 167,5 und 170 mm gewählt werden. Längere Kurbeln als 170 mm bringen speziell bei Jugend- und Amateur-Distanzen keine Vorteile.

Darstellung der unterschiedlichen Drehzahlen bei unterschiedlichen Übersetzungen und 1000-m-Zeiten

	Übersetzg.	Zoll	m/U	Kurbelumdrehungen bei		
				1.12	1.14	1.16 Min./1000 m
Erwachsene	51×15	91,8	7,24	115	112	109
Junior.	50×15	90	7,10	117	114	111
	49×15	88,2	6,96	120	116	113
Jugend	52×16	87,8	6,92	120	117	114
	51×16	86,1	6,79	123	119	116

Aus dieser Tabelle geht deutlich hervor, daß z. B. gerade Jugendliche die kleineren Übersetzungen bevorzugen sollten. Dies hängt natürlich vom jeweiligen Ziel ab: Wird

z. B. ein Jugend-Titelgewinn angestrebt, kann dies wahrscheinlich mit einem früh akzelerierten Fahrer mit höheren Übersetzungen günstiger erreicht werden. Die Folge ist meist, daß die weitere Leistungsentwicklung stark beeinträchtigt wird.

Im Sinne der längerfristigen Leistungsentwicklung müssen deshalb Vernunftübersetzungen ohne Rücksicht auf „Scheinerfolge" gefahren werden. Die Übersetzung muß jeweils dem Alter und Entwicklungsstand angepaßt sein.

2.5 Vierermannschafts-Verfolgung

Radsport ist Schwungsache. Die höchste und beste Leistung wird von dem Athleten erreicht, der diesen Grundsatz und sein Sportgerät am besten beherrscht. Beim Vierer-Rennen (Bahn und Straße) hat diese Regel noch mehr Bedeutung, da nur technisch perfekte Fahrer die notwendige Harmonie für diese Disziplin mitbringen. Die Harmonie einer Mannschaft drückt sich so aus, daß alle vier Fahrer über ein solch gutes Tempogefühl verfügen, die einmal eingeschlagenene Geschwindigkeit ihrer Vorderleute beizubehalten. Jeder Tempowechsel, egal ob nach oben oder unten, reduziert die Leistungsfähigkeit des Teams, da die Harmonie durchbrochen wird.

Vorbereitungs-Rennen: Je näher die Hauptwettbewerbe rücken, um so mehr müssen intensive Wettkämpfe gefahren werden (Zweier-Mannschaft/Kriterien). In der Aufbau-

Das wohl beste Bahn-Vierer-Team des BRD der Vergangenheit (Weltmeister 1975, Olympiasieger 1976): Hans Lutz, Günter Schumacher, Gregor Braun, Peter Vonhof

265

Vierer-Start: a–b–c–d

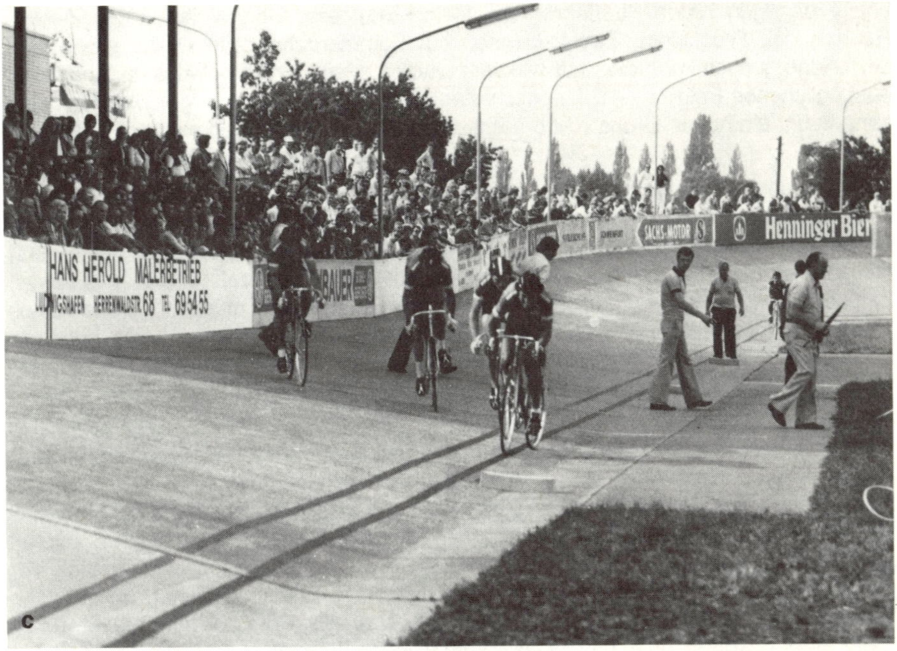
HANS HEROLD MALERBETRIEB
LUDWIGSHAFEN HERRENWALDSTR. 68 TEL. 69 54 55
SACHS-MOTOR
Henninger Bier
c

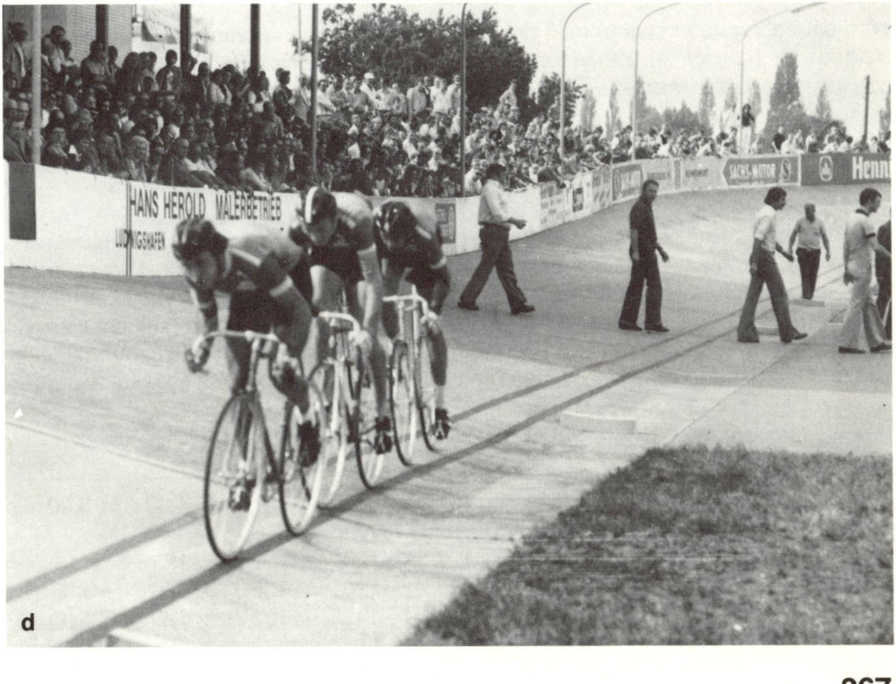
HANS HEROLD MALERBETRIEB
LUDWIGSHAFEN
SACHS-MOTOR
d

phase dagegen bilden Straßenrennen, kleine Etappenrennen, Kriterien und Zweier-Rennen das Programm. Zweier-Rennen auf Sommerbahn gehören zur wichtigsten Grundlage, jedoch kann dies nur wirksam werden, wenn ein komplettes und möglichst ausgeglichenes Feld (13–16 Mannschaften) am Start ist. Bei weniger Mannschaften kann kaum ein hohes Grundtempo (annähernd 50 km/h) gefahren werden.

Auf internationaler Ebene liegt die Endzeit der besten Mannschaften über die 4000-m-Distanz jeweils entsprechend den Bahnverhältnissen ca. 18–20 Sekunden über der Bestzeit der Einzelverfolger. Da sowohl in der Einzel-Verfolgung als auch beim Vierer die gleichen Übersetzungen gefahren werden, wird ersichtlich, daß für eine gute Vierer-Zeit bedeutend höhere Trittgeschwindigkeiten gefahren werden müssen. Dieses Tempo wird jedoch nur möglich, wenn innerhalb des Mannschaftstempos keine oder nur geringe Unregelmäßigkeiten bestehen. Jeder Rhythmuswechsel (schneller oder langsamer) bringt Schwierigkeiten für die Mannschaft.

Der Organismus wird während der Führungsarbeit bis an die Grenze der Leistungsfähigkeit belastet. Nach Abgabe der Führungsarbeit (Ablösung) setzt während der Fahrt am Hinterrad eine – zwar unvollständige – Erholungsphase ein, die es ermöglichen soll, die neuerliche Führungsarbeit wieder im gewünschten Maß durchzuführen. Treten Störungen durch Tempowechsel ein, wird diese Erholungsphase beeinträchtigt. Vor allem, wenn ein Fahrer zu stark beschleunigt, müssen auch die am Hinterrad fahrenden Fahrer mehr Druck aufwenden. Besonders der an zweiter Position fahrende Fahrer ist dabei stark betroffen, da er bereits vor seiner eigenen Führung zusätzliche Arbeit leisten muß.

Wird ein Fahrer zu langsam, muß automatisch der folgende Fahrer das Tempo wieder steigern, wobei der langsame und der an die zweite Position aufrückende Fahrer besonders belastet werden.

Die Harmonie einer Mannschaft wird um so besser, je weniger die einzelnen Fahrer positiv oder negativ auffallen.

Innerhalb der Mannschaft gibt es auch bei bester Harmonie noch geringe Leistungsunterschiede, die zwar von außen kaum gesehen, doch von den Mannschaftsmitgliedern „erfühlt" werden. Die persönliche Leistung kann von keinem Fahrer selbst genau eingeschätzt werden. Diese sind nur in der Lage, festzustellen, ob es gut oder weniger gut „lief". Dafür kann von jedem Fahrer jeweils die Leistung seiner beiden Vorderleute klar beurteilt werden. Das Niveau des Hintermanns kann nur bedingt bewertet werden.

Umdrehungszahlen bei folgenden 1000-m/4000-m-Zeiten

Übersetzg.	Zoll	m	1.04	1.05	1.07	4.20 min	4.30 min	3.40 min
51 × 15	91,8	7,24	129	127	124	127	123	113
50 × 15	90	7,10	132	130	126	130	125	115
49 × 15	88,2	6,96	135	133	129	133	128	118

Obwohl höhere Trittgeschwindigkeiten offensichtlich günstigere Leistungen ermöglichen, muß beim Vierer darauf hingewiesen werden, daß zu kleine Übersetzungen den Mannschaftsrhythmus empfindlich stören können. Vor allem in der Startphase, wenn alle Fahrer noch im Vollbesitz ihrer Kräfte sind, können zu kleine Übersetzungen leicht zu überhöhtem Tempo führen.

Für die Amateure empfehlen sich vor allem 51 × 15 und für Jugendmannschaften 50 × 15.

Grundsätze zur Harmonie einer Vierer-Mannschaft

Das Team ist nur so stark wie der schwächste Fahrer. Große Differenzen in der Leistungsfähigkeit der Fahrer können evtl. durch unterschiedlich lange Führungen (halbe oder volle Runden) ausgeglichen werden.

Das begonnene Tempo muß nach Möglichkeit beibehalten werden. Sind Steigerungen notwendig, darf jeweils nur vorsichtig beschleunigt werden, evtl. durch Führung einer vollen Runde. Die Partner fahren weiterhin halbe Runden.

Steigerung des Tempos bei Übernahme der Führung vermindert zusätzlich die Leistungsfähigkeit des schwachen Fahrers, da dessen Erholungsphase zusätzlich verringert wird.

Der Wind muß unbedingt beachtet werden. Wobei im Rückenwind mit geringerem Krafteinsatz als im Gegenwind gefahren wird, um ein einheitliches Tempo zu bekommen. Orientierungspunkt ist ausschließlich die Trittgeschwindigkeit.

Start

Alle vier Fahrer stehen nebeneinander. Aus Position 1 muß ein Fahrer mit der Fähigkeit zu einem guten Antritt (gleichmäßig) stehen. Er muß nicht unbedingt der stärkste „Antreter" sein. Dieser Fahrer fährt die ersten 100–110 m im Stehen. Dabei muß er eine Geschwindigkeit erreichen, die es ihm ermöglicht, auch im Sitzen weiterzusteigern.

Er muß sich so früh setzen, um seinen Hinterleuten ebenfalls die Möglichkeit zum Sitzen einzuräumen. Diese haben im Windschatten etwa nach dieser Distanz kaum mehr Druck unter den Beinen und können nicht länger stehen. Günstig ist, wenn sich die Fahrer nacheinander von vorne nach hinten setzen können, um keine Rhythmusstörungen in den Tempoverlauf zu bekommen. Der Fahrer an Position 2 steigert das Tempo weiter, wobei dieses ca. 40–50 m nach Übernahme der Führung beendet und in das eigentliche Renntempo münden sollte. Die Fahrer auf den Positionen 3 und 4 übernehmen jeweils das vorgegebene Tempo.

Wichtig sind die ersten 1000 m beziehungsweise die erste Führung eines jeden Fahrers für den weiteren Tempoverlauf. Wird während dieser Phase zu schnell angefahren, kann die Mannschaft in der Folge das Tempo kaum halten. Wird zu langsam angefahren, bleibt der notwendige Rhythmus aus und auch dann kann keine gute Zeit erzielt werden.

Vierer-Ablösung: a–b–c–d–e–f

d

e

f

Der Idealfall tritt ein, wenn ein Team auf der ersten 1000 m langsamer ist als bei den jeweils folgenden 1000-m-Abschnitten. Das Tempo des Start-Kilometers richtet sich dabei nach der Leistungsfähigkeit des Teams.

Beispiele:

angestrebte Endzeit	1000 m	2000 m	3000 m	4000 m	Endzeit
4.40 Min.	1.11.0 –	1.09.0 –	1.10.0 –	1.10.0 –	= 4.40
4.30 Min.	1.09.0 –	1.06.5 –	1.07.0 –	1.07.5 –	= 4.30

Ablösung

Die einfachste und beste Form der Ablösung wird erreicht, wenn der führende Fahrer zu Beginn der Kurve geradeaus nach oben fährt (ca. $^3/_4$ der Bahnbreite) und dann nach einem weiten Bogen am Ende der Gruppe wieder Anschluß nimmt. Dabei darf das Tempo bzw. der Pedaldruck beim Ablösenden erst reduziert werden, wenn sich dieser bereits wieder auf der Abwärtsfahrt befindet. Der ablösende Fahrer muß hoch genug sein, um durch die folgende Abwärtsfahrt zum Anschlußnehmen wenige Tritte ohne Kraft fahren zu können und sich während dieser kurzen Phase etwas zu erholen. Außerdem kann mit einer solchen Fahrweise auf evtl. Tempounregelmäßigkeiten leichter und schneller reagiert werden. Fahrer, die nicht weit genug nach oben fahren, können sich weniger erholen und sind meist auch diejenigen, die während ihrer folgenden Führung Schwierigkeiten bekommen bzw. schwach fahren.

Zieleinlauf

Auf der letzten Runde kann bei einer gleichmäßig „laufenden" Mannschaft eine Ablösung eingespart werden. Da das Ziel in der Regel auf der Geradenmitte liegt, können der Vorletzte und der zuletzt an die Führung kommende Fahrer durch eine Verlängerung eine weitere Ablösung einsparen.

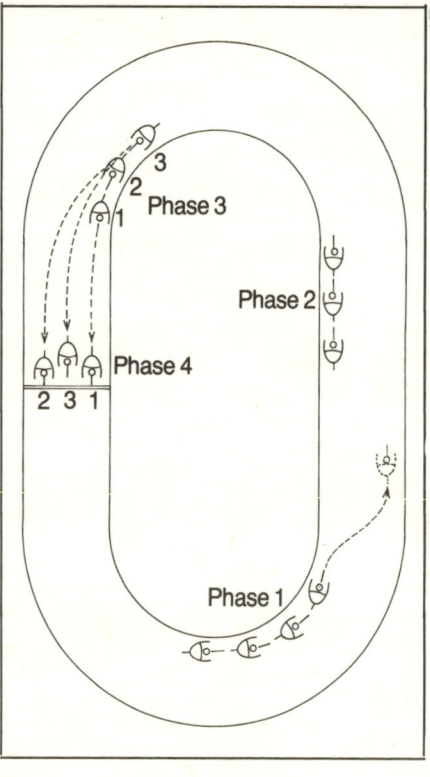

Phase 1/2: der führende Fahrer geht im Kurvenausgang nach verlängerter Führung aus dem Rennen
Phase 3/4: im Zieleinlauf bleibt der Führende unten, der Zweite fährt so weit nach oben, daß der Dritte Platz zwischen 1 und 2 findet. Alle drei Fahrer überfahren möglichst gleichzeitig die Ziellinie.

Der vorletzte Fahrer braucht nicht mehr Anschluß an die Mannschaft zu nehmen. Folglich ist es unbedeutend, an welcher Stelle der Bahn er aus dem Rennen geht. Er verlängert seine Führung bis zum Kurvenausgang und geht dort nach oben. Somit braucht der Schlußfahrer ebenfalls nur unwesentlich länger als normal zu führen und die Ablösung in der Zieleinlaufkurve kann eingespart werden. Bei der Ankunft auf der Zielgeraden bleibt der Führende am unteren Bahnrand. Der Zweite fährt etwas nach oben und läßt den Dritten in die Lücke fahren.

Vorbereitungstraining

Generell werden vor allem hohe Schnelligkeits-Ausdauer-Leistungen vom Athleten verlangt – selbstverständlich auch Kraft-Ausdauer-Leistungen, die jedoch zu einem großen Teil über entsprechende Wettbewerbe und das Bahn-Training automatisch entwickelt werden.

Das Haupttraining umfaßt deshalb Schnelligkeits-Ausdauer-Formen im Einzel- und Gruppentraining auf Bahn und Straße. Beim Straßentraining soll dabei (K-A-Effekt) auch viel in hügeligem Gelände trainiert werden (Tempofahrten an Steigungen bzw. über Kuppen etc.).

Auf der Bahn Tempofahrten mit submaximaler bis maximaler Intensität. Gleichzeitig kann damit das Tempogefühl der Fahrer verbessert werden. In der Endvorbereitung muß das Konditionsfundament vornehmlich durch intensive Trainingsformen auf der Straße gefestigt bzw. verbessert werden. Auf der Bahn muß ein entsprechendes Anpassungstraining an die Wettkampf-Voraussetzungen durch Distanz-Ausschnitt-Training erfolgen, gleichzeitig eine Anpassung an Übersetzungen und evtl. spezielles Material. Die gefahrenen Distanz-Ausschnitte (fliegend) können und sollen dabei teilweise über den Wettkampfgeschwindigkeiten liegen.

Besonders wichtig ist das Finden des günstigsten Eingangstempos (Schulung der Startphase). Bei jeder einzelnen Wiederholungsübung muß stets so lange gefahren werden, daß die Führungsanteile der einzelnen Fahrer gleichmäßig aufgeteilt sind.

3. Punktefahren/Zweier-Mannschaft

Das Stundenmittel eines gut besetzten Punkterennens liegt zwischen 47 und 49 km/h. Für einen Fahrer bedeutet dies, daß er ein solches Rennen nur erfolgreich beenden kann, wenn er seine Kräfte so optimal als möglich einteilen kann. Die Hauptschwierigkeit liegt bei einem solchen Wettbewerb vor allem darin, daß das Tempo im Feld oder in einzelnen Gruppen ständig wechselt, vor allem durch Ausreißversuche und laufende Sprintwertungen.

Notwendige Erholungsphasen müssen zum richtigen Zeitpunkt und unter Nutzung der Bahn (Kurven- und Geradenüberhöhung) durchgeführt werden. Zu diesem Zweck benötigt der Fahrer eine gute Übersicht während des Rennens, um seine persönliche

Punktefahren (WM 79): Henry Rinklin setzt zu einem Ausreißversuch an. Er wird erfolglos sein, da bereits zu viele Fahrer mit antreten.

Erholungsphase auch genau im richtigen Moment anzusetzen bzw. abzubrechen, um wieder ins Renngeschehen einzugreifen.

Es ist allerdings nicht damit getan, daß Übersicht darin besteht, nur ständig einen guten Fahrer als Schrittmacher zu suchen (gutes Hinterrad) und diesen in der Wertung zu überspurten. Will ein Sportler vielmehr erfolgreich sein, muß er selbst Initiativen ergreifen, um dem Feld wegzufahren oder um die notwendigen Punkte in Sprints zu sammeln.

Eine Weltmeisterschaft im Punktefahren (50 km), bei der je Nation nur ein Fahrer starten darf, wird in den meisten Fällen durch Rundengewinne, zumindest aber durch ständige Ausreißversuche entschieden. So kommt es, daß in den seltensten Fällen bei Wertungssprints das komplette Feld zusammen ist. Vielmehr sind es stets Kleingruppen, die den Kampf um die Punkte unter sich ausmachen.

Bei der Vielzahl der Punktewertungen (alle 5 Runden) kann ein Fahrer nicht alle Wertungssprints mitfahren. Er muß demnach seine Sprints (Häufigkeit) einteilen und sich entsprechend im Feld einordnen. Dasselbe gilt bei Ausreißversuchen, wo unmöglich alle Wertungssprints mitgefahren werden können. Daraus wird ersichtlich, daß rohe Kraft allein wenig nützt, bei einem solchen Rennen erfolgreich zu sein. Vielmehr muß der Fahrer ständig seine Konkurrenten beobachten, seinen eigenen und den Punktestand der Hauptkonkurrenten kennen.

Hierbei kann der Trainer eine große Hilfe sein, indem er den Fahrer durch Zeichen oder kurze Zurufe lenkt (informiert).

274

3.1 Technik-Grundsätze

Rennentscheidend ist, ob der vorhandene Schwung so gut und optimal als möglich ausgenützt wird. Unnötige Temposteigerungen, hervorgerufen durch zuvor zu langsames Fahren (z. B. nach Ablösung zu viel Schwung wegnehmen), müssen vermieden werden. Je weniger oft ein Fahrer übermäßig beschleunigen muß, um so länger und besser kann er in den Kampf um den Sieg eingreifen. Bei Ausreißversuchen müssen sich Ausreißer sofort nach hinten orientieren, ob weitere Fahrer mitfahren (Trainerhinweis über Anzahl der Fahrer, die am Hinterrad fahren). Bei mehreren Fahrern muß von Anfang an die Führungsarbeit gleichmäßig aufgeteilt werden – der Initiator darf auf keinen Fall zu lange führen. Er verausgabt sich dabei so stark, daß er einem Antritt eines Gegners, der am Hinterrad lange mitfahren konnte, nichts mehr entgegenzusetzen hat.

Rücken Verfolger auf, müssen diese sofort in die Gruppe integriert werden. Auch wenn diese Verfolger noch geringe Lücken zu weiteren Fahrern in der Reihe lassen, hinter diesen einordnen und sie so zur Führungsarbeit zwingen. Dies hängt natürlich von der augenblicklichen Leistungsfähigkeit des Aufrückenden ab. Ist dieser momentan zur Führung noch nicht fähig, kann durchaus eine Führung für diesen übernommen werden. Jedoch beim zweiten Mal muß er führen.

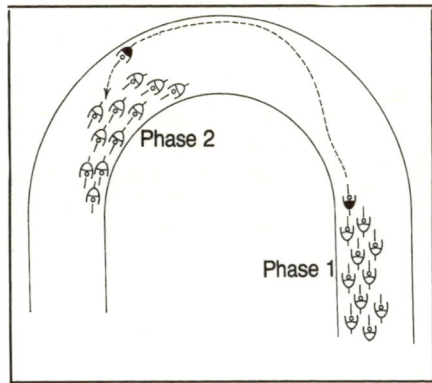

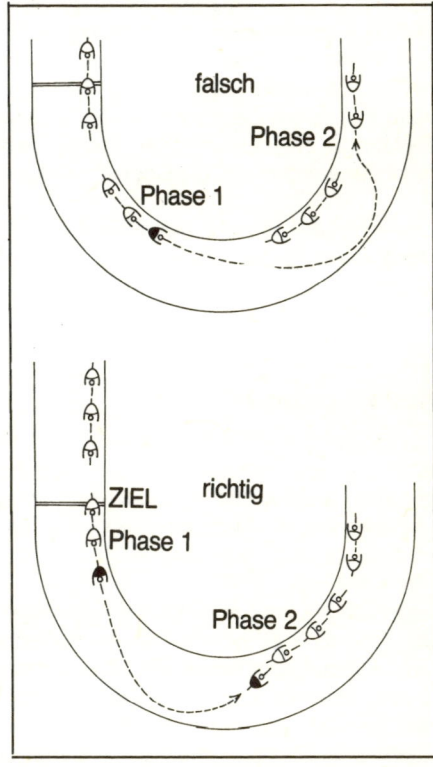

Ablösen und Einordnen beim Punktefahren:
im Feld – nach oben fahren und von oben ins Feld bzw. am Ende einordnen.

Ablösen und Einordnen beim Punktefahren:
in Ausreißergruppen – hoch fahren und am Ende (nicht in einer Reihe) einordnen. Zu diesem Zweck bereits beim Hochfahren durch Zurückschauen Übersicht bekommen. ▶

275

Erschöpft sich ein Fahrer bei einem Einzelausreißversuch oder wird er durch einen aufrückenden Fahrer in Kürze eingeholt, muß er nach oben zur Barriere fahren (Tempo beibehalten) und erst abkippen, wenn ein aufrückender Fahrer oder das Feld da ist.

Auf keinen Fall darf sich ein Fahrer beim Einholen durch Einzelfahrer oder gar vom Feld oben überholen lassen. Er muß stets darauf achten, daß er vor dem Einholen nach oben kommt. Wird er oben überholt, hat er in der Regel keine Möglichkeit in den Windschatten zu kommen beziehungsweise muß er zu diesem Zweck hart antreten, was meist infolge verstärkter vorübergehender „Ermüdung" nicht geht. Besonders kritisch wird ein solcher Vorgang beim Einholen durch das Feld, wo praktisch keine Möglichkeit besteht, an ein Hinterrad – außer beim letzten Fahrer des Feldes – zu kommen. Vom oberen Bahnrand aus dagegen hat ein Fahrer die Chance, auch wenn er etwas „angeschlagen" ist, Lücken im Feld zu erkennen und in diese hineinzufahren.

Wertungen

Bei Wertungssprints ist es oft günstiger, nur mitzufahren und weniger Punkte zu erringen als mit Gewalt um den Punktsieg zu spurten und evtl. einen folgenden Ausreißversuch zu verpassen.

Eine Ausnahme macht hier das Zweier-Mannschafts-Rennen. Dort muß mit aller Macht um die Punkte gekämpft werden. Voraussetzung ist dabei, daß kurz hinter dem Zielstrich der Partner zur Ablösung bereit ist. Geht es in einem Punkterennen um die entscheidenden Siegpunkte, muß natürlich auch hier alles riskiert werden. Wird ein Sprint von vorne gefahren, so darf nicht zu früh mit maximalem Tempo gefahren werden, um den Gegnern das Angreifen so schwer als möglich zu machen. Hier erst mit Einfahrt in die Zielkurve das Tempo beschleunigen. Zuvor muß natürlich so schnell gefahren werden, daß die Gegner selbst mit ihren Angriffen noch warten (verschleppen).

Der am Hinterrad fahrende Fahrer dagegen darf in keiner Phase zu dicht auf seinen Vordermann auffahren. Er muß stets noch etwas Raum zwischen sich und dem Vordermann haben, um bei Angriffen von hinten diesen Raum zum eigenen Schwungaufnehmen nutzen zu können. Nicht zu dicht am Hinterrad fahren, da man meist vom Angreifenden eingeklemmt wird und den Angriff deshalb nicht abwehren kann.

Übersetzungen

Die Übersetzungen richten sich nach Leistungsstand und der Besetzung des Rennens. Ist mit schnellen Rennen auf Sommerbahnen zu rechnen, so sollten 90 Zoll (50 × 15) gefahren werden. Gibt es voraussichtlich ein Rennen mit enormen Tempounterschieden (zwischen den Wertungen) ist eine kleinere Übersetzung günstiger, um leichter beschleunigen zu können.

Jugend/Junioren-Fahrer sollten grundsätzlich kleinere Übersetzungen bevorzugen: Junioren 49 × 15 oder 52 × 16 – außer stark besetzten Rennen auf langen Holzbahnen. Jugendfahrer bei reinen Jugendrennen 84 oder 86 Zoll (52 × 17 oder 51 × 16). In Zweier-Mannschaftsrennen wird in der Hauptsache mit 88 Zoll gefahren. Auf Winterbahnen 52 × 16 und auf Sommerbahnen 49 × 15. Mit zunehmender Leistungsfähigkeit können die Übersetzungen auf Sommerbahnen ansteigen (Amateure).

4. Sprint

4.1 Konditionelle Vorbereitung

Grundvoraussetzung einer guten Leistungsfähigkeit im Sprint sind Schnelligkeit (Aktionsschnelligkeit) sowie Schnellkraft (Beschleunigungsvermögen). Diese Anforderungen verlangen, daß sich ein Sprinter in zunehmendem Maße durch entsprechende konditionelle Vorbereitung in seiner Leistungsfähigkeit diesen Bedürfnissen anpaßt.

Es genügt heute im internationalen Bereich nicht mehr, nur einfach schnell zu sein und durch Cleverneß einen guten Platz zu belegen. Ohne entsprechendes Vorbereitungs-Training – bereits schon in der Vorbereitungs-Periode – ist kaum mehr etwas zu machen. Grundsätzlich muß darauf hingearbeitet werden, eine hohe Maximal-Kraft-Leistung zu erlangen und gleichzeitig das notwendige Bewegungsgefühl (Aktionsschnelligkeit) nicht zu verlieren.

Vom am Sprint Interessierten wird deshalb während zwei Phasen der Vorbereitungsperiode spezielles Kraft- und Schnellkraft-Training verlangt. Ein Sprinter kommt dabei ohne Kraft-Ausdauer- und Maximal-Kraft-Training im Kraftraum nicht aus. Schnellkraftübungen (z. B. Sprünge) gegen und über Hindernisse sind außerdem wichtig.

Ähnlich wird es auf dem Fahrrad, wo ein mehr als zehnprozentiger Anteil an speziellem Vorbereitungstraining auf Sprint-Trainingsformen (Straße und Bahn) entfällt.

Straße

Temposerien (Schnelligkeit und Schnelligkeitsausdauer) auf der Ebene, an Steigungen – Antrittsserien (Ebene/Steigungen). Bahn: Antrittsserien aus allen Punkten der Bahn – Schnelligkeitstraining allein, in Gruppen, hinter Schrittmachern.

Der Aufbau erfolgt analog der Vorbereitung eines Straßen- oder Bahnfahrers (Verfolger) in einzelnen Etappen. Die Trainingsübungen werden dabei in zunehmendem Maße komplexer und intensiver.

Trotzdem spielt auch der Anteil der Ausdauer beim Sprinter eine wichtige Rolle (Straßentraining in relativ großem Umfang). Sie muß relativ stark geschult werden, da zur exakten Bewegungsausführung (Tretbewegung) ein großer Umfang an Koordinationstraining notwendig ist.

Sprint-Training: Aus jeder Lage der Bahn muß der Sprinter antreten können (hier Fredy Schmidtke)

277

Sprint-Training: Gegenseitig ziehen sich die Fahrer Sprints an (Dieter Giebken, Fredy Schmitdke)

Neben den wichtigen motorischen Eigenschaften muß ein Sprinter für technisch/ taktische Vorgänge ein gutes Gespür besitzen. Er muß z. B. während eines Rennens binnen Sekundenbruchteilen seine Aktionen ansetzen und ausführen (Angriff, Abwehr, Wahl der Fahrlinie usw.).

Die Taktik wird durch das physische Leistungsvermögen des Athleten bestimmt. Allerdings muß auch der stärkste Athlet bestehende Grundsätze beachten, will er erfolgreich sein:
Das maximale Höchsttempo kann nur über verhältnismäßig kurze Strecken gehalten werden. Im Windschatten des Vordermannes kann ein Gegner mit weitaus geringerem Krafteinsatz fahren.

Diese Grundsätze führen zu weiteren taktischen Grund-Verhaltensregeln

Wird der Sprint zu früh angezogen, so kann der Hintermann am Ende seinen Gegner fast mühelos überholen, da dieser durch die zunehmende Übersäuerung der Muskulatur bei zu langem Sprint langsamer wird.

Wird der Antritt zu lange hinausgezögert, kann der Gegner durch einen Überraschungsangriff vorbeifahren. Bei zu spät angesetztem Endspurt entscheidet über den Sieg das bessere Beschleunigungsvermögen und welcher Fahrer zuerst antritt.

Der Versuch, dem Gegner frühzeitig davonzufahren, kann nur durch einen überraschenden, vom Gegner nicht erwarteten Antritt erfolgen. Das Risiko dabei ist, daß die Distanz zwischen den Gegnern so groß werden muß, um die Folgenden am Fahren im Windschatten zu hindern. Ein Ausreißversuch wird meist erst wirksam, wenn der Vorsprung des Ausreißers mindestens 30–40 m beträgt. Ist dieser geringer und sind die Fahrer etwa gleich stark, haben verfolgende Fahrer den Vorteil, den Gegner im Auge zu haben. Er (sie) merk(t)(en) sofort, wenn der Ausreißer langsamer wird und kann (können) mittels ständigem Blickkontakt mehr Kräfte mobilisieren als der Ausreißer, welcher nicht genau über den augenblicklichen Stand informiert ist.

Aus diesen Grund-Verhaltensregeln entwickeln sich weitere Regeln:

Aus Sicht der Führungsposition:
Die Fahrlinie auf der Bahn richtet sich nach dem Abstand, den der/die Gegner zum Führenden einnehmen und ob dieser die Führung behalten will.

Davon gehen folgende Verhaltensformen aus:
Fährt der Hintermann dicht auf, muß der Führende mehr zum unteren Bahnrand fahren, um einen Innendurchstoß zu meiden.

Je größer der Abstand, um so mehr muß nach oben gefahren werden, um ebenfalls die Bahnüberhöhung zum Antritt (Schwungaufnehmen) nutzen zu können.

Der Sprint muß so weit als möglich verschleppt werden. Dabei darf das Tempo nicht zu niedrig sein, um Überraschungsangriffen entgegenzuwirken.

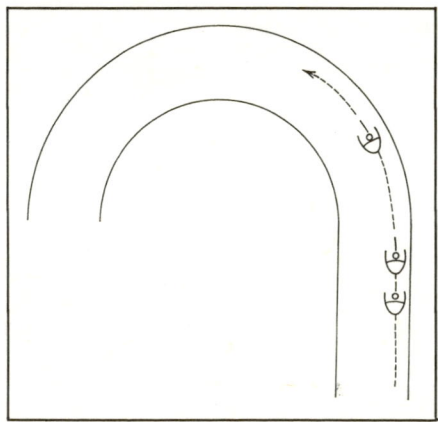

Fahrlinie in der Sprint-Vorbereitung (Wettkampf):
nehmen die Gegner einen großen Abstand, muß der Führende weit oben fahren (um evtl. Angriffe auffangen zu können)

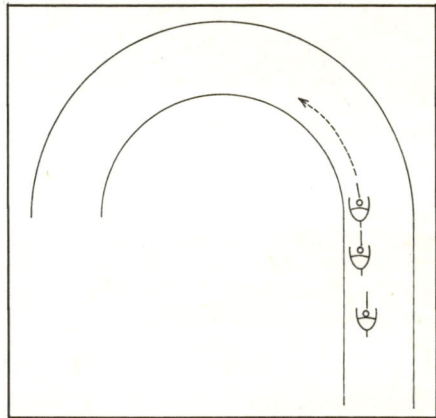

Fahrlinie in der Sprint-Vorbereitung (Wettkampf):
bei dichtem Abstand, und etwas höherem Tempo so weit nach unten fahren, daß die Gegner keinen Innendurchstoß machen können (d. h. beim Angriff oben vorbei müssen)

▲

Stehversuch: Wenn die linke Kurbel nach oben kommt, kontern und nach links, sofort wieder nach rechts steuern, um das Vorderrad tiefer als das Hinterrad zu bringen. Der Druck verlagert sich dann auf das quer gestellte Vorderrad. Die Balance erfolgt dann über das Vorderrad durch wechselseitiges Kontern/Antreten (Spiel).

Möglichkeiten, den Führenden zur Änderung seiner Fahrlinie zu zwingen:
Durch Nach-oben-Fahren des Hintermannes muß der Führende mitgehen, um ebenfalls das Bahngefälle zum Antritt nutzen zu können. Für den Führenden entsteht dabei die Gefahr, daß der Hintermann sich vorzeitig abkippen läßt und innen vorbeigeht. ▶

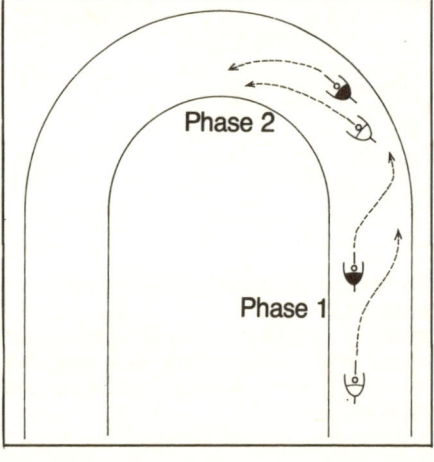

Phase 2

Phase 1

Vor Beginn des Endkampfes muß im Stehen (aus dem Sattel) gefahren werden, um auf Angriffe schneller und besser reagieren zu können. Der Sprint kann „verschleppt" werden, d. h. nach erfolgtem Antritt wird das Tempo vor Erreichen des Höchsttempos nicht weiter gesteigert. Bleibt der Hintermann dabei auf seiner Position, weil er erwartet, den Sprint schön angezogen zu bekommen, darf das Höchsttempo erst auf den letzten 150–100 m gesteigert werden. Etwa dann, wenn der Gegner erkennt, daß er „verschleppt" wurde. Wichtig bei einer solchen Aktion ist, daß der Gegner praktisch keinen Abstand zum Führenden hat.

Fährt der Hintermann dagegen im Eingang zur Zielkurve nach oben, um Abstand und gleichzeitig Schwung zu gewinnen, muß der Vordermann ebenfalls mit nach oben fahren, um möglichst den gleichen Abstand beibehalten und gleichfalls Schwung holen zu können. Eine weitere Möglichkeit für den Vordermann wäre, anstatt mit nach oben zu fahren, sofort auf das maximale Tempo zu steigern und den Abstand zu diesem zu vergrößern, also praktisch uneinholbar zu werden.

Aus der Sicht des Hintermannes

Durch dichtes Auf- und gleichzeitiges Hochfahren soll der Führende gezwungen werden, ebenfalls nach oben zu fahren. Erfolgt dies, kann der Hintermann abkippen, um gegebenenfalls innen durchzufahren.

Gelingt es dem Hintermann, durch einen starken Antritt sofort vorbeizukommen, muß dieser sein Tempo bereits ab dem Moment reduzieren, wenn er auf gleicher Höhe mit dem Gegner fährt, damit der Abstand nicht zu groß wird, und der nun in zweiter Position fahrende Gegner seinerseits wenig Freiraum zu einem Konter hat. Dem Gegner muß durch eine solche Aktion der Spielraum zur eigenen Entfaltung genommen werden.

Fährt der Führende in vollem Tempo, muß der Angriff auf die Zielgerade verlegt werden. Schon im Kurveneingang wird durch eine höhere Fahrlinie (je nach Tempo 2–3 m) Abstand gewonnen.

Der folgende Antritt zur Temposteigerung muß so erfolgen, daß der Gegner erst kurz nach dem Kurvenausgang erreicht wird. Kommt er zu früh, besteht die Gefahr des „Hängenbleibens". Um das Hindernis „Vordermann" muß ein weiter Bogen mit viel Wegeverlust gemacht werden. Zudem bietet sich im Kurvenausgang für den Führenden die Möglichkeit zu einer kleinen „Kavaliers-Welle", die ihm noch als Fahrfehler ausgelegt werden und mit der er seinen Angreifer entscheidend behindern kann.

Abgabe der Führung

Die vorab beschriebenen taktischen Möglichkeiten verdeutlichen, daß zumindest in der Anfangsphase vor Beginn des Endkampfes die zweite Position günstiger ist. Die Aktionen des Gegners lassen sich leichter überwachen, indem man selbst nicht zurückschauen und somit besser geradeaus fahren kann. Der Vordermann muß sich dagegen auf Gegner und Fahrlinie konzentrieren.

Aus diesem Grund möchte fast jeder die Führungsposition, die ihm zugelost wurde, loswerden. Zu diesem Zweck macht er nach Absolvierung der Führungsrunde einen

Stehversuch. Diesen kann er nur ansetzen, wenn seine Gegner dicht genug bei ihm sind und somit die Gefahr eines Ausreißversuchs eingeengt wird. Während dem Stehversuch darf nur max. 20 cm zurückgefahren werden.

Eine weitere Möglichkeit der Führungsabgabe besteht im langsamen Fahren durch die Kurve. Der Fahrer mit geringerem Mut wird dann automatisch diese übernehmen. Die Gefahr des „Abrutschens" ist dabei selbstverständlich groß.

Außerdem sind Scheinangriffe möglich, die angesetzt werden, um den Gegner ebenfalls zum Beschleunigen zu veranlassen und diesen durch vorzeitiges eigenes Bremsen (Hand auf Vorderrad) in die Führung zu zwingen. Dieser kann u. U. weiterfahren und so den vermeintlichen Nachteil in eigenen Vorteil umwandeln. Je größer der Abstand, um so weniger lohnen sich solche Aktionen.

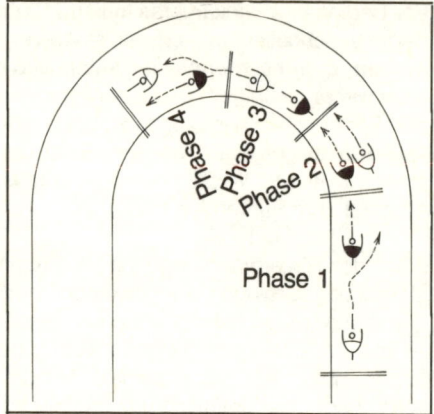

Möglichkeiten, den Führenden zur Änderung seiner Fahrlinie zu zwingen:
Der Hintermann macht einen Scheinangriff nach innen, bevor er bei seinem Gegner ist steuert er nach oben, während der Vordermann unten in eine schlechte Antrittslage gedrängt wird. Ein solcher Angriff muß zum geraden Ende hin eingeleitet werden.

4.2 Dreier-Läufe

Bei Läufen mit drei Fahrern verändern sich einige taktische Möglichkeiten:

Die Sprints werden länger (250–300 m + ca. 50 m Anlauf).

Bei gleichwertigen Gegnern hat der zu Beginn des Endkampfes auf Position drei fahrende Athlet kaum noch Siegchancen, es sei denn, die auf Position eins und zwei Fahrenden bekämpfen sich derart, daß unten Raum zu einem Innendurchstoß entsteht. Eine weitere Möglichkeit für den dritten Fahrer ergibt sich auf Bahnen mit sehr langen Geraden und mit einem lang gezogenem Sprint. Dieser Fall tritt jedoch äußerst selten ein.

Aus diesem Grund entbrennt vor dem Endkampf der Kampf um die günstigste Position. Dabei führt jede Positionsveränderung in zunehmendem Maße zu gleichzeitiger Temposteigerung.

Die begehrteste und erfolgversprechendste Position ist die zweite (ausgenommen auf Bahnen mit kurzer Zielgerade oder generell kurzen Bahnen/Winterbahnen).

Aus dieser Position kann noch im Windschatten gefahren und es muß nur ein Gegner überholt werden. Trotzdem ist mit Erreichen dieser Position der Sieg noch lange nicht gesichert.

Wird der Sprint auf kürzeren Bahnen als 333 m Länge ausgetragen, verlagert sich der Positionskampf auf Platz Eins, da durch die engeren Kurven und kürzeren Geraden die Angriffsmöglichkeiten aus der zweiten Position erschwert werden.

Rennentwicklung

Bei einem internationalen Rennen werden die Startpositionen ausgelost. Der erste Fahrer ist verpflichtet, während der ersten Runde zu führen. Die weiteren Gegner können die Führung übernehmen, müssen aber nicht. Der Führende muß während der ersten Runde so schnell fahren, daß sich seine Kurbeln eben noch bewegen.

Der Führungsfahrer muß während dieser Runde so langsam fahren, daß seine Gegner ihrerseits keinen Abstand nehmen können. Aus diesem Grund muß er die gesamte Bahnbreite nutzen, d. h. wenn es nur irgend geht, an die Barriere fahren. Gestattet die Kurvenüberhöhung ein langsames Durchfahren, muß der Führende von Anfang an an der Barriere so langsam als möglich entlangfahren.

Bei zu großem Abstand zu den Gegnern ist es nicht möglich, mittels eines Stillstands-versuchs die Führung abgeben zu können – die Gegner könnten beim Aufbau des Stillstands einen Überraschungsangriff starten. Die günstigsten Positionsveränderun-gen ergeben sich in den Kurven. Der Weg für einen Positionswechsel wird kürzer und kann leichter vollzogen werden.

Die Geraden eignen sich infolge der besseren Abwehrmöglichkeiten und wegen des längeren Weges weniger (gleich langer Weg wie der Gegner).
Die günstigsten Angriffsmöglichkeiten ergeben sich im Kurvenein- und -ausgang.
An diesen Stellen müssen die Fahrer zwangsweise den sich ändernden Bahnverlauf beachten und sind somit leichter zu überraschen. Technisch schwache Fahrer können in einer solchen Phase überhaupt nicht reagieren.

Bei den gesamten Positionswechseln muß beachtet werden, daß nur die Fahrer profitieren, denen es gelingt, als letzte die angestrebte Position einzunehmen, d. h. unmittelbar vor Beginn des Endkampfes. Zu frühe Positionsveränderungen zeugen von großer Nervosität dieser Fahrer und werden von geschickten Konkurrenten sofort ausgenutzt.

Endkampf Dreier-Lauf

Abwehr von Angriffen aus der Spitzenposition

Der führende Fahrer hat keine allzu großen Möglichkeiten mehr, taktische Varianten anzuwenden, da er immer zwei Gegner in Schach halten muß. Fährt er zu weit nach oben, so öffnet er unten den Weg für den zweiten Angreifer.

Andererseits kann durch Hochfahren (bei genügendem Tempo) der Gegner animiert werden, innen durchzufahren und die Führung zu übernehmen oder aber auf eine Finte einzugehen, bei der der Führende nach erfolgtem Angriff des hinteren Fahrers nach unten fährt (nur so weit, daß der Gegner noch auf der Bahn fahren kann) und diesen so in eine Falle lockt. Die Disqualifikationsgefahr ist dabei jedoch sehr groß.

Angriffe aus zweiter Position

Angriffe empfehlen sich entweder vor direktem Beginn des Endkampfes oder bei Einfahrt in die Zielgerade. Fährt der Führende kurz vor der 200-m-Marke zu langsam, muß der Zweite angreifen. Tut er dies nicht, wird er bis ins Ziel „verschleppt".

Bei Angriffen muß sicher sein, daß der dritte Fahrer keine Möglichkeiten bekommt, diese Angriffe zu stören (Innendurchstoß). Beim Hochfahren zum Schwungholen, kann es leicht passieren, daß der dritte Fahrer unten in den freiwerdenden Raum eindringt.

Angriffe aus dritter Position

Dem auf die dritte Position abgedrängten Fahrer bleiben nur noch wenig Möglichkeiten zum Sieg zu kommen. Er muß ständig auf der Lauer bleiben und darf seine Aktionen nicht überhastet einleiten. Hat er die Chance zu einer Positionsverbesserung, weil die beiden anderen zu langsam fahren, muß er sie nutzen und angreifen.

Chancen bieten sich vor allem durch Innenvorstöße. Vor allem dann, wenn der Zweite den Führenden angreift und dieser den Angreifer durch geringes Nach-oben-Fahren aufhalten will.

Auf Bahnen mit langen Zielgeraden (400 m und länger) bietet sich noch die Chance, außen an den Gegnern vorbeizukommen, jedoch nur, wenn die beiden schon längere Zeit nebeneinander herfahren. Der Schlußangriff muß dabei auf die Zielgerade (Übergang/Gefälle aus der Kurve) verzögert werden, um garantiert keine Behinderung zu haben, denn der geringste Stop vermindert die Erfolgschancen enorm.

4.3 Technik-Training Sprint

Die Technik-Grundlagen beim Sprinter verlangen Perfektionierung des gesamten Grundlagentrainings.

Technische Voraussetzungen zum Sprint

Die Standardübersetzungen liegen bei 48 × 14 in Wettbewerben. Vor allem jüngere Fahrer und Fahrer der Jugend-Junioren-Klassen sollten kleinere Übersetzungen fahren (47 × 14/50 × 15). Außerdem ist es wichtig, gutes und stabiles Material zu benutzen, um möglichst alle Kraft auf die Maschine und in Geradeausfahrt umsetzen zu können. Die Tretlagerhöhe des Rahmens sollte zwischen 28 und 28,5 cm betragen. Die Kurbellängen liegen vornehmlich bei 165 mm, können aber auch bis 167,5 reichen.

▲
Sprint-Entwicklung vor dem Finale: Der dritte Fahrer greift in Bahnzone 1 an, der zweite Fahrer geht mit dem ersten mit. Der an die Spitze gehende Fahrer macht den Fehler, voll weiter zu führen, so daß der zweite Fahrer mit einem günstigen Abstand hinterherfahren und den Führenden im Endkampf schlagen kann (a–b–c–d).

Stillstand ist nur sinnvoll, wenn die Gegner wenig Abstand haben. Bei großem Abstand wird die Gefahr eines Überraschungsangriffes zu groß. Der Führende darf erst stehen, wenn er die Ziellinie nach der Führungsrunde überquert hat. ▶

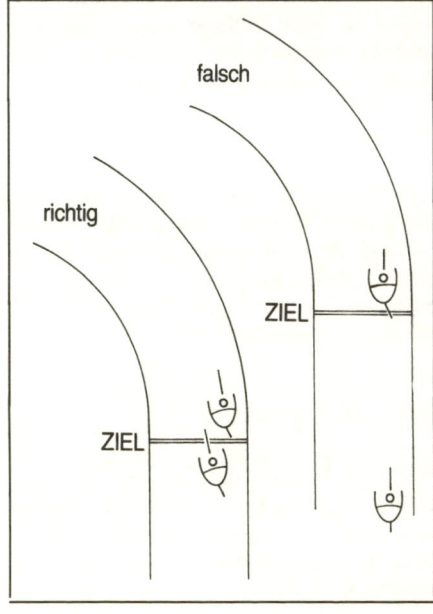

285

4.4 Stehversuch

Der Stehversuch wird aus geringer Geschwindigkeit (Schritt-Tempo) eingeleitet. Angefahren wird vom oberen Bahnrand, um Gefälle beim späteren Antritt (Sicherung gegen Überraschungsangriffe) zu haben.

Im Augenblick der Aufwärtsbewegung der rechten Kurbel im oberen Viertel steuert der Fahrer nach links. Sowie die linke Kurbel nach oben kommt, wird mit dem linken Bein Gegendruck ausgeübt. Gleichzeitig mit diesem Gegendruck muß nach rechts in Fahrtrichtung gesteuert werden. Sobald dies erreicht ist, erfolgt der Stop. Nun durch langsames Pendeln mit den Kurbeln (vor/zurück) zum Stand kommen (siehe Fotos Seite 280).

Beim Stehen muß das Hinterrad deutlich über dem Vorderrad stehen. Dadurch verlagert sich der Druck auf das Vorderrad und ermöglicht einen stabilen Stand. Der Anfänger muß vom Trainer geführt werden. Dieser bleibt hinter dem Fahrer (Hinterrad zwischen den Beinen) und hält ihn seitlich am Gesäß.

4.5 Langsam durch die Kurve fahren

Normalerweise wird ein Fahrer in der Kurve mittels der auftretenden Fliehkraft gehalten und kann bei genügender Geschwindigkeit nicht abrutschen. Die Sprint-Taktik macht notwendig, so langsam als möglich fahren zu können. Deshalb muß beim Einfahren (vor allem auf fremden Bahnen) jeder Sprinter ausprobieren, wie langsam er fahren kann.

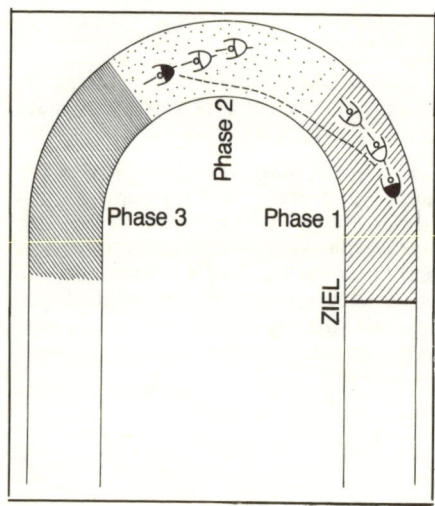

Der Fahrer muß dabei seinen Lenker absolut ruhig halten. Er darf während der Kurvenfahrt nicht nach oben steuern bzw. die kleinste Richtungsänderung kann die Haftung der Reifen lösen und zum Abrutschen führen. Ebenfalls muß darauf geachtet werden, daß das Pedal nicht auf der Bahn aufschlagen kann.

4.6 Abkippen

Bevor im Trainingsprozeß mit Partnern trainiert wird, müssen im Einzeltraining die verschiedenen Techniken zum Richtungswechsel (Wechsel der Fahrlinie) erarbeitet werden.

Positionsveränderungen sind am wirkungsvollsten in der Zielauslaufkurve. Sie richten sich allerdings nach der Bahnlänge und der beteiligten Fahrer. Sehr günstig sind die Zonen 1 und 3, weniger 2, während auf der Geraden Positionsveränderungen nur mit erhöhtem Kraftaufwand vollzogen werden können.

286

Vorübung für das Abkippen ist Fahren in Schlangenlinien im Sitzen, Abkippen im Sitzen (von der Barriere aus dem Tempo heraus). Diese Technik muß so weit beherrscht werden, daß der Fahrer in einer Bewegungsphase (ohne Unterbrechung) vom oberen zum unteren Bahnrand abkippen kann.

Abkippen im Stehen – als Vorübung stehend durch die Kurve, stehend Schlangenlinien fahren. Mit diesen Übungen muß gelernt werden, gleichzeitig zurückschauen zu können.

Angriffsübungen

Sie müssen in Form von Partnertraining durchgeführt werden. Der Vordermann versucht den Angreifenden aufzufangen bzw. hinzuhalten.
Beide fahren im Stehen.

Der Angriff soll nur innerhalb einer vom Trainer vorgegebenen Strecke durchgeführt werden, um volle Konzentration der Fahrer zu ermöglichen.

Weitere Angriffsübungen müssen aus dem Renntempo erfolgen

Am Gegner vorbeifahren, auf Höhe des Gegners Pedaldruck vermindern und gleichzeitig nach unten fahren, um ihn direkt am Rad zu haben.

5. Querfeldein

Generell müssen taktische Verhaltensformen vornehmlich während der Wettkämpfe geschult und verbessert werden. Im Training ist wichtig, die spezielle Kondition und die technischen Abläufe so zu verbinden, daß möglichst eine fehlerlose Fahrt daraus wird.

Grundsätzlich muß die entsprechende spezielle Kondition ebenfalls durch intensives Ausdauertraining verbessert werden. Bedingt durch die kühle Jahreszeit wird natürlicherweise das Training in geschützte Umgebung (Wald) verlagert. Ebenso ist intensives Ausdauertraining kaum durch oftmaliges Straßentraining zu erfüllen, da dabei durch kühle Luft und intensive Atmung die Gefahr einer Bronchialerkrankung entsteht.

Im Querfeldeinsport hat die reine Ausdauer-Leistung des Athleten eine wichtige Bedeutung. Der gute Rennfahrer muß im Gelände ständig an seiner individuellen Ausdauer-Grenze fahren. Sowie er an bestimmten Schlüsselstellen zu viel Kraft einsetzen muß, kann er seine Energien nur noch auf anaerobem Wege freimachen. Guter Trainingszustand erlaubt eine geringe Erholung (z. B. auf Abfahrten). In der Endphase eines Rennens kann auch sein Organismus die erforderlichen Energien nur noch mit einem hohen anaeroben Anteil bereitstellen.

Hat ein Athlet technische Schwierigkeiten in der Bewegungsausführung, so wird neben den anfallenden Belastungen der Strecke dessen Technik unökonomisch und ein Leistungsabfall tritt zu früh ein. Der Fahrer wird „abgehängt".

Um solche Schwierigkeiten zu vermeiden, muß der Anfänger, aber auch der Fortgeschrittene ständig ein gut fundiertes Technik-Training absolvieren, das gleichzeitig ein
gutes Mittel zur Konditionsschulung darstellt.

Zu diesem Zweck werden kurze Runden (100–300 m) gewählt, die gleichzeitig bis zu
drei technische Schwierigkeiten enthalten. Das Hauptaugenmerk muß sich dabei auf die
exakte Bewältigung der technischen Probleme richten, indem eine Verbesserung durch
mehrmaliges Wiederholen und intensives Tempo erreicht wird. Hierzu auf diesen
Runden jeweils 4–6 Wiederholungen.

Durch ständige Streckenänderung, ebenso Änderung der Anforderungen wird dem
Sportler wenig bewußt, daß er tatsächlich intensives Ausdauertraining betreibt. Natürlich
kann nicht nur intensiv trainiert werden. Ausdauer-Training darf jedoch nicht auf
Rundstrecken alleine beschränkt bleiben, sondern muß sich auf größere Gebiete
verteilen. Ausdauertraining bei kontinuierlicher Geschwindigkeit über längere Zeit würde
stupide, wenn ein solches auf kurzen Rundkursen durchgeführt wird.

Startphase

Da die Querfeldein-Rennstrecken meist auf schmalen Pfaden im Gelände verlaufen,
kommt dem Rennen bereits auf den ersten Metern nach dem Start wichtige Bedeutung
zu. Werden dabei zu viele Plätze zum Führenden verloren, sinken sofort die Erfolgschancen, da die zu überholenden Gegner in der Startphase selbst noch zu stark sind,
um sich kampflos überholen zu lassen.

Deshalb muß sich ein Fahrer gut „warmfahren" (verbunden mit einer genauen Strekkenanalyse), um von Anfang an voll leistungsfähig zu sein.

Rennverlauf

Im Vorteil sind Fahrer, welche ein gutes Tempogefühl und Einschätzungsvermögen haben. Nach einiger Zeit des Rennens beginnen z. B. die Überholmanöver schwächerer, zu überrundender Fahrer. Diese werden von einem guten Fahrer lange vorher gesehen. Dank der Streckenkenntnis mittels gründlicher Observation vor dem Rennen, richtet der gute Fahrer sein Tempo frühzeitig so ein, daß er erst an einer günstigen Stelle bei ihm ist und auch mühelos überholen kann.

Der technisch schwache, jedoch leistungsstarke Fahrer übersieht in der Regel eine solche Situation und fährt zu früh zum Gegner auf. Hektik und Ärger machen sich bei ihm breit und er riskiert Überholmanöver an den unmöglichsten Stellen. Dessen Hektik wird dabei so groß, daß er sich zu unüberlegten Manövern hinreißen läßt, die selten gelingen und zudem die wirklichen Überholmöglichkeiten verpassen läßt. Ruhe und Übersicht wären in jedem Fall angebrachter!

Überrundungsmanöver werden von Spitzenfahrern aber auch genutzt, etwaige unliebsame Gegner, welche sich nicht abschütteln lassen, durch Verzögern des Überholmanövers an günstigen Stellen selbst am Überholen zu hindern. Ein solcherart herausgearbeiteter Vorsprung kann helfen, den Gegner frühzeitig loszuwerden.

Im direkten Zweikampf zwischen gleichwertigen Fahrern entscheidet die Beobachtung des Gegners und Angriffe an Stellen, wo dieser Gegner evtl. Probleme hat, über die Endplazierung.

In den seltensten Fällen kommt es zu einem direkten Endsprint. Dieser wird meist schon vor der Einfahrt auf die Zielgerade entschieden (es sei denn, daß die Zielgerade sehr lang ist).

Übersetzungstabelle in Zoll und Meter (Kurbelumdrehung)

Jede Zelle enthält zwei Werte: oben = **Zoll**, unten = **Meter/Kurbelumdrehung**.

	58	57	56	55	54	53	52	51	50	49	48	47	46	45	44	43	42	41	40	39	38
11	142,36 / 11,23	139,91 / 11,04	137,45 / 10,85	135 / 10,65	132,55 / 10,46	130,09 / 10,26	127,64 / 10,07	125,18 / 9,88	122,73 / 9,68	120,27 / 9,49	117,82 / 9,30	115,36 / 9,10	112,91 / 8,91	110,45 / 8,71	108 / 8,52	105,55 / 8,33	103,09 / 8,13	100,64 / 7,94	98,18 / 7,75	95,72 / 7,55	93,27 / 7,36
12	130,5 / 10,30	128,25 / 10,12	126 / 9,94	123,75 / 9,76	121,5 / 9,59	119,25 / 9,41	117 / 9,23	114,75 / 9,05	112,5 / 8,88	110,25 / 8,70	108 / 8,52	105,75 / 8,34	103,5 / 8,17	101,25 / 7,99	99 / 7,81	96,75 / 7,63	94,5 / 7,46	92,25 / 7,28	90 / 7,10	87,75 / 6,92	85,5 / 6,74
13	120,46 / 9,50	118,38 / 9,34	116,31 / 9,18	114,23 / 9,01	112,15 / 8,85	110,08 / 8,69	108 / 8,52	105,92 / 8,36	103,85 / 8,19	101,77 / 8,03	99,69 / 7,87	97,61 / 7,70	95,53 / 7,54	93,46 / 7,37	91,38 / 7,21	89,31 / 7,05	87,23 / 6,88	85,15 / 6,72	83,08 / 6,55	81 / 6,39	78,92 / 6,23
14	111,86 / 8,83	109,93 / 8,67	108 / 8,52	106,07 / 8,37	104,14 / 8,22	102,21 / 8,06	100,29 / 7,91	98,36 / 7,76	96,43 / 7,61	94,5 / 7,46	92,57 / 7,30	90,64 / 7,15	88,71 / 7,00	86,79 / 6,85	84,86 / 6,70	82,93 / 6,54	81 / 6,39	79,07 / 6,24	77,14 / 6,09	75,21 / 5,93	73,29 / 5,78
15	104,4 / 8,24	102,6 / 8,10	100,8 / 7,95	99 / 7,81	97,2 / 7,67	95,4 / 7,53	93,6 / 7,39	91,8 / 7,24	90 / 7,10	88,2 / 6,96	86,4 / 6,82	84,6 / 6,67	82,8 / 6,53	81 / 6,39	79,2 / 6,25	77,4 / 6,11	75,6 / 5,96	73,8 / 5,82	72 / 5,68	70,2 / 5,54	68,4 / 5,40
16	97,88 / 7,72	96,19 / 7,59	94,5 / 7,46	92,81 / 7,32	91,13 / 7,19	89,43 / 7,06	87,75 / 6,92	86,06 / 6,79	84,38 / 6,66	82,69 / 6,52	81 / 6,39	79,31 / 6,26	77,63 / 6,12	75,94 / 5,99	74,25 / 5,86	72,56 / 5,73	70,88 / 5,59	69,19 / 5,46	67,5 / 5,33	65,81 / 5,19	64,13 / 5,06
17	92,12 / 7,27	90,53 / 7,14	88,94 / 7,02	87,35 / 6,89	85,76 / 6,77	84,18 / 6,64	82,59 / 6,52	81 / 6,39	79,41 / 6,27	77,82 / 6,14	76,24 / 6,01	74,65 / 5,89	73,06 / 5,76	71,47 / 5,64	69,88 / 5,51	68,29 / 5,39	66,71 / 5,26	65,12 / 5,14	63,53 / 5,01	61,94 / 4,89	60,35 / 4,76
18	87 / 6,86	85,5 / 6,75	84 / 6,63	82,5 / 6,51	81 / 6,39	79,5 / 6,27	78 / 6,15	76,5 / 6,04	75 / 5,92	73,5 / 5,80	72 / 5,68	70,5 / 5,56	69 / 5,44	67,5 / 5,33	66 / 5,21	64,5 / 5,09	63 / 4,97	61,5 / 4,85	60 / 4,73	58,5 / 4,62	57 / 4,50
19	82,4 / 6,50	81 / 6,39	79,58 / 6,28	78,16 / 6,17	76,74 / 6,05	75,32 / 5,94	73,89 / 5,83	72,32 / 5,71	71,05 / 5,61	69,63 / 5,49	68,21 / 5,38	66,79 / 5,27	65,37 / 5,16	63,95 / 5,05	62,53 / 4,93	61,11 / 4,82	59,68 / 4,71	58,26 / 4,60	56,84 / 4,48	55,42 / 4,37	54 / 4,26
20	78,3 / 6,18	76,95 / 6,07	75,6 / 5,96	74,25 / 5,86	72,9 / 5,75	71,55 / 5,65	70,2 / 5,54	68,85 / 5,43	67,5 / 5,33	66,15 / 5,22	64,8 / 5,11	63,45 / 5,01	62,1 / 4,90	60,75 / 4,79	59,4 / 4,69	58,05 / 4,58	56,7 / 4,47	55,35 / 4,37	54 / 4,26	52,65 / 4,15	51,3 / 4,05
21	74,6 / 5,88	73,29 / 5,78	72 / 5,68	70,71 / 5,58	69,43 / 5,48	68,14 / 5,38	66,86 / 5,28	65,57 / 5,17	64,29 / 5,07	63 / 4,97	61,71 / 4,87	60,43 / 4,77	59,14 / 4,67	57,86 / 4,56	56,57 / 4,46	55,29 / 4,36	54 / 4,26	52,71 / 4,16	51,43 / 4,06	50,14 / 3,96	48,86 / 3,85
22	71,18 / 5,62	69,95 / 5,52	68,73 / 5,42	67,5 / 5,33	66,27 / 5,23	65,05 / 5,13	63,82 / 5,04	62,59 / 4,94	61,36 / 4,84	60,14 / 4,74	58,91 / 4,65	57,68 / 4,55	56,45 / 4,45	55,22 / 4,36	54 / 4,26	52,77 / 4,16	51,55 / 4,07	50,32 / 3,97	49,01 / 3,87	47,86 / 3,78	46,64 / 3,68
23	—	—	—	64,57 / 5,09	63,39 / 5,00	62,22 / 4,91	61,04 / 4,82	59,86 / 4,72	58,70 / 4,63	57,52 / 4,54	56,35 / 4,45	55,17 / 4,35	54 / 4,26	52,83 / 4,17	51,65 / 4,08	50,48 / 3,98	49,30 / 3,89	48,13 / 3,80	46,96 / 3,70	45,78 / 3,61	44,61 / 3,52
24	—	—	—	—	60,75 / 4,79	59,62 / 4,70	58,5 / 4,62	57,37 / 4,53	56,26 / 4,44	55,13 / 4,35	54 / 4,26	52,88 / 4,17	51,75 / 4,08	50,63 / 3,99	49,5 / 3,91	48,38 / 3,82	47,25 / 3,73	46,13 / 3,64	45 / 3,55	43,88 / 3,46	42,75 / 3,37
25	—	—	—	—	—	57,24 / 4,52	56,16 / 4,43	55,08 / 4,35	54 / 4,26	52,92 / 4,18	51,84 / 4,09	50,76 / 4,00	49,68 / 3,92	48,6 / 3,83	47,52 / 3,75	46,44 / 3,66	45,36 / 3,58	44,28 / 3,49	43,2 / 3,41	42,12 / 3,23	41,04 / 3,04
26	—	—	—	—	—	—	54 / 4,26	52,96 / 4,18	51,92 / 4,10	50,88 / 4,01	49,85 / 3,93	48,81 / 3,85	47,77 / 3,77	46,73 / 3,69	45,69 / 3,61	44,65 / 3,52	43,62 / 3,44	42,58 / 3,36	41,54 / 3,28	40,5 / 3,20	39,46 / 3,11
27	—	—	—	—	—	—	—	51 / 4,02	50 / 3,94	49 / 3,87	48 / 3,79	47 / 3,71	46 / 3,63	45 / 3,55	44 / 3,47	43 / 3,39	42 / 3,31	41 / 3,23	40 / 3,16	39 / 3,08	38 / 3,00
28	—	—	—	—	—	—	—	—	48,21 / 3,80	47,25 / 3,73	46,29 / 3,65	45,32 / 3,58	44,36 / 3,50	43,39 / 3,42	42,43 / 3,35	41,46 / 3,27	40,05 / 3,20	39,54 / 3,12	38,57 / 3,04	37,61 / 2,97	36,64 / 2,89

XII. Literaturverzeichnis

Adam, K.
Das Intervallprinzip im Rudertraining
In: Reindell, Roskamm, Gerschler (Hrsg.), Das Inervalltraining
München 1962

Adam, K./Werschosnanskij, J. V.
Modernes Krafttraining im Sport (Trainerbibliothek Bd. 4)
Berlin/München/Frankfurt 1972

Archipov, E./Sedov, A.
Das Tranining des Straßenfahrers
Berlin 1959

Bernhard, G.
Der Aspekt des sportlichen Trainings.
In: K. Koch (Hrsg.): Motorisches Lernen, Üben, Trainieren
Schorndorf 1972, 61–121

Bund Deutscher Radfahrer (Hrsg.)
Sportordnung
Frankfurt 1980

Dassel, H./Haag, H.
Circuit-Training in der Schule
Schorndorf 1970

De Long, F.
De Long's Guide to bicycles & bicycling
Pennsylvania 1974

Deutscher Sportbund (Hrsg.)
Ausdauertraining – Stoffwechsel – Grundlagen und Steuerungsansätze
Beiheft zu Leistungssport 9, Berlin 1977

Deutscher Sportbund
Lehrbriefe für Übungs- und Jugendleiter

Deutscher Sportbund (Hrsg.)
Moderne Tendenzen im Krafttraining des Hochleistungssports
Beiheft zu Leistungssport 1, 1975

Deutscher Sportbund (Hrsg.)
Psychologie in Training und Wettkampf (Trainerbibliothek, Band 5)
Berlin/München/Frankfurt 1973

Eperspächer, Hans
Sportpsychologie – Grundlagen, Methoden, Analysen
ro ro ro, Hamburg 1982

Forstreuter, H.
Gymnastik
Frankfurt 1972

Gabler, H./Eberspächer H./Hahn, E./Kern, J./Schilling G.
Praxis der Psychologie im Leistungssport (Trainerbibliothek Bd. 19)
Berlin/München/Frankfurt 1979

Gebhardt, O.
Fahrradsport
Frankfurt 1979 (Limpert)

Gronen, W./Lemke, W.
Geschichte des Radsports und des Fahrrades
Eupen 1978

Harre, D.
Trainingslehre
Berlin 1970

Hollmann, W./Hettinger, T.
Sportmedizin – Arbeits- und Trainingsgrundlagen
Stuttgart/New York 1976

Israel,S./Weber, J.
Probleme der Langzeitausdauer im Sport
Leipzig 1972

Jäger, K./Oelschlägel, G
Kleine Trainingslehre
Berlin 1980

Jonath, U.
Circuit-Training
Berlin

Junker, D./Weisbrod, H./Mickein, D.
Radsport
Berlin 1978

Kindermann, W./Kenl, J.
Anaerobe Energiebereitstellung im Hochleistungssport
Wiss. Schriftenreihe des DSB, Bd. 13
Schorndorf 1977

Konopka, P./Obergfell, W.
Die gesunde Ernährung des Sportlers
Stuttgart 1980

Konopka, P.
Radsport – vom Anfänger bis zum Könner
München, Wien, Zürich 1981

Konopka, P.
Sport – Ernährung – Leistung
Wander, Osthofen

Lempart, T.
Die XX. Olympischen Spiele München 1972 – Probleme des Hochleistungssports
(Trainerbibliothek Bd. 6)
Berlin/München/Frankfurt 1973

Lessing, H. E.
Das Fahrradbuch
rororo Hamburg 1978

Martin, D.
Grundlagen der Trainingslehre
Beiträge zur Lehre und Forschung im Sport Band 63/64
Schorndorf 1979

Martin, D.
Grundlagen der Trainingslehre
Beiträge zur Lehre und Forschung im Sport Bd. 77/78
Schorndorf 1980

Matwejew, L. P.
Periodisierung des sportlichen Trainings (Trainerbibliothek Bd. 2)
Berlin/München/Frankfurt 1972

Nett, Toni
Modernes Training weltbester Mittel- und Langstreckler
Berlin/München 1966

Nöcker, J.
Die biologischen Grundlagen der Leistungssteigerung durch Training
Schorndorf 1974

Nöcker, J.
Physiologie der Leibesübungen
Stuttgart 1964

Rauck, Volke, Paturi
Mit dem Rad durch zwei Jahrhunderte
Aarau-Stuttgart 1978

Roskamm, H. u. a.
Die physiologischen Grundlagen der verschiedenen Trainingsmethoden
In: Der Sportarzt 3/4, 1962

Scharch, W.
Der radfahrende Athlet
Teningen 1974

Simes, J.
Winning bicycle racing
Chicago 1975

Stegemann, J.
Leistungsphysiologie
Stuttgart 1971

Tittel, Kurt
Beschreibende und funktionelle Anatomie des Menschen
Jena 1981

Ulmer, H. V.
Die Abhängigkeit des Leistungsempfindens von der Tretfrequenz bei Radsportlern
Sportarzt und Sportmedizin Heft 10, 385 (1969)

Ulmer H. V.
Die Tretgeschwindigkeit von Radsportlern bei Bahnrennen und Ergometerversuchen
Sportarzt und Sportmedizin 1973, 4, S. 77

Ulmer, H. V.
Ein rechnerisches Kriterium zur Bestimmung der Dauerleistungsgrenze
In: Int. Zeitschrift f. angew. Physiologie 27, S. 299–310/1969

Weineck, J.
Optimales Training
Erlangen 1980

Wölzenmüller, F.
Richtig Radfahren
München-Bern-Wien 1979

Zaciorskij, U. M.
Die körperlichen Eigenschaften des Sportlers (Trainerbibliothek Bd. 3)
Berlin/München/Frankfurt

Sportfachbücher

Die gesunde Ernährung des Sportlers

von Dr. Peter Konopka und Werner Obergfell
Leistungsförderung durch Integration der
Ernährung in den Trainingsprozeß
Rezeptteil mit abwechslungsreichen
Menüvorschlägen und erfolgreichen
Ernährungsrezepten für alle Sporttreibenden
ISBN 3-921 432-12-X
280 Seiten Inhalt, 6 Farb- und 15 Schwarz-
weiß-Fotos, 40 Abb., 61 Tabellen,
sowie 10 Seiten Nährmitteltabellen
Pappband, 15 × 21 cm

Verhandlungen

von Hans-Dieter Brunowsky
Ein Lernprogramm für Führungskräfte und
Verhandlungspartner
ISBN 3-921 432-432-16-2
124 Seiten Inhalt,
57 Illustrationen
von K. H. Grindler,
Pappband, 15 × 21 cm

Basketball-Lehrbuch 1

von Istvan Kozocsa
Band 1 – Methodik der Technik mit
Übungsformen für Schule und Verein
ISBN 3-921 432-08-1
280 Seiten Inhalt, 204 Fotos und
Reihenbilder von D. Baumann,
407 textergänzende Illustrationen
von K. H. Grindler
Pappband, 15 × 21 cm

Basketball-Lehrbuch 2

Band 2: Methodik der Vortaktik
mit Übungsformen für Schule und Verein
ISBN 3-921 432-17-0
248 Seiten Inhalt, 14 Fotos und
171 Reihenbilder,
422 textergänzende Illustrationen,
Pappband, 15 × 21 cm

CD-Verlagsgesellschaft Böblingen